青少年演讲素养提升100篇

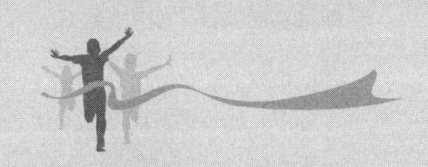

武海志 ◎ 著

我们华夏泱泱几千年的璀璨历史中，语言文化的博大精深可谓独树一帜，各个时期人物的经典语录不胜枚举，短短的几句话，道出的是人们的智慧与经验的总结，这些浓缩的精华，影响并启发着一代又一代人。

新华出版社

图书在版编目（CIP）数据

青少年演讲素养提升 100 篇 / 武海志著.
-- 北京：新华出版社，2024.9.
-- ISBN 978-7-5166-7587-8

Ⅰ . H019-49

中国国家版本馆 CIP 数据核字第 2024G3J568 号

青少年演讲素养提升 100 篇
作者：武海志
出版发行：新华出版社有限责任公司
（北京市石景山区京原路 8 号　邮编：100040）
印刷：文畅阁印刷有限公司

成品尺寸：170mm×240mm　1/16	印张：16　　字数：210 千字
版次：2024 年 11 月第 1 版	印次：2024 年 11 月第 1 次印刷
书号：ISBN 978-7-5166-7587-8	定价：49.80 元

版权所有·侵权必究
如有印刷、装订问题，本公司负责调换。

微店	视频号小店	抖店	京东旗舰店	请加我的企业微信
微信公众号	喜马拉雅	小红书	淘宝旗舰店	扫码添加专属客服

作者的话

　　人的说话这一项技能，是与生俱来的。言语间的你来我往，大大提高了人们做事的效率，但要把它运用得恰到好处，发挥到极致，却不是一件易事。

　　说话很简单，用不着多大力气，日常生活中的沟通交流就可以做到几乎没有任何障碍；说话也很难，在为人处世时，能做到对答如流、准确无误，让交谈双方轻松自然，并不是谁都能随口就来。

　　每个人都希望自己拥有一副好口才，能在任何场合侃侃而谈，也希望自己说出的话能得到他人的认可与尊重，这就要求话语者在说话时，要有审时度势的眼界，有清晰明朗的逻辑思维，有良好的表达状态，有一针见血的独到见解。可以说，一个人的言谈举止，体现的是一个人的综合素养。

　　为什么有些人可以轻松自如、精准无误、毫无障碍地同他人进行沟通交流呢？这种优秀的口语表达能力是天生的吗？答案当然是否定的。因为，人来到世上，一切从零开始，所有的知识与技能，都是经过后天的学习培养而来的。口才的优秀与否，除去自身天赋外，还与一个人的成长环境、接触的事物、自身的文化学识与经验阅历脱不开关系。

就以播音员与主持人为例，他们优美的声音、清晰的吐字、自然的播报、游刃的主持，都是经过一系列的专业系统训练得来的，如果没有千锤百炼的练习，就不会有百炼成钢的效果。

我们华夏泱泱几千年的璀璨历史中，语言文化的博大精深可谓独树一帜，各个时期人物的经典语录不胜枚举。短短的几句话，道出的是人们智慧与经验的总结，这些浓缩的精华，影响并启发着一代又一代人。

虽然我国的语言文化内涵丰富，但国人自古以来儒雅内敛的性格，使得人们在表达上缺少了一些主动性，心中有沟壑，却不善言谈。

为了更好地发挥我国语言文化的优势，便于全国人民语言交流，促进社会交往，国家开始推广普通话，这一举措，对于社会经济政治、文化建设和社会发展具有重要意义。

在"推普"的同时，国家文化主管部门还着手大力推进专业语言艺术（传媒方向）向社会层面的发展，这样既可以满足人们一部分精神领域的需求，又能把中国语言文化推向新的高度。

精神文明建设要"从娃娃抓起"，语言艺术推广普及也要从小培育。经过十几年的发展，语言艺术已成为孩子们喜欢的兴趣爱好。

学校里主持一场晚会，活动中朗诵一首诗词，竞选时精彩的演讲，与人沟通时的精准表达，辩论时清晰的逻辑思维及独到的见解，不同场合的自信发言，无不体现出孩子们自身的蜕变。

但这种蜕变不是一蹴而就的，它没有想象中的那么简单，需要老师们认真培养，需要孩子们下苦功夫，这一过程，虽有苦涩，但收获的是甘甜。

那么，少年儿童该如何锻炼自己的口语表达能力呢？该从何处开始呢？

首先，要说好普通话。规范的语音、清晰的吐字是语言艺术表达的基石，只有把基础打牢了，才能为其添砖加瓦。

其次，掌握相应的语言表达技巧。积极的表达状态、清晰的条理逻辑、语句的重音停连、语气的正确运用、节奏的整体把控、真情实意的流露，都是语言艺术表达技术的支撑，唯有把技术掌握熟练了，才能使语言有血有肉。

再次，加强有稿和无稿练习。不同文学体裁的诵读，可以更好地提升情感表达的诸多技巧；无稿话题的演说，可以加强自身的口语表达能力。

最后，要做到，有稿表达锦上添花，无稿表述出口成章。

我们不必艳羡他人的"能说会道"，因为他人的伶俐口齿，必是经过了台下十年功的磨砺；也不必总是妄自菲薄，因为只要认真努力，必然会有台上精彩的绽放。

《青少年演讲素养提升100篇》作为少年儿童语言艺术系列图书的第三册，属讲演作品集。本书创作时，贴近青少年自身特点，贴近日常生活学习，贴近语言艺术表达特性。同时，结合时代背景、紧跟热点话题、紧扣思想动态、紧抓正能量导向，让孩子们在学习语言艺术的同时，关注生活百态，剖析己身，珍惜当下，学会自我成长。

《青少年演讲素养提升100篇》分四篇，对应四个季节，分别是：第一篇——春的畅想；第二篇——夏的绽放；第三篇——秋的金黄；第四篇——冬的积蓄。每部分有25篇小文章，文章内容主要涉及人生理想、亲情、友情、自省自悟、爱国等热点演讲话题。

《青少年演讲素养提升100篇》中不同风格的作品，是有针对性地训练有声语言艺术的口语表达能力，通过对不同文章的模拟练习，有助于练习者更好地掌握口语表达时的情感、语气、节奏等表达技巧，进而为日常发言做服务。

有稿演讲，属语言艺术二度创作。演讲前，要分析作品，在充分理解、消化、吸收文章内容后，通过规范的语音发声，辅以语言表达技巧，声情并茂地自然表达即可，忌念稿、忌夸张。

有关讲演的相关理论知识，已在有声语言艺术系列图书之一——《朗诵艺术阶梯训练教程》里涉及，本书中不再提及。

武海志
2024 年 4 月 9 日　星期二

目 录
CONTENTS

第一篇　春的畅想 / 1

春的畅想 / 2
人生的意义 / 3
把根扎在肥沃的土壤 / 5
温润的爱（一）/ 8
温润的爱（二）/ 10
苛责的爱（一）/ 12
苛责的爱（二）/ 14
成功路上多坎坷 / 16
在平凡中实现价值 / 19
拒绝诱惑 / 21
清明又至（一）/ 23
清明又至（二）/ 25
与脆弱说再见 / 28
我们需要五分钟 / 30
该锻炼身体了 / 32
我喜欢主动 / 35
执着需要灵活 / 36

机遇与努力 / 39

自信源于实力 / 42

没有金刚钻，不揽瓷器活儿 / 44

行事，重在行动 / 47

让情绪正确释放 / 49

小鬼也能当家了 / 52

为自己加油鼓劲儿 / 54

无悔青春 / 57

第二篇　夏的绽放 / 61

夏的绽放 / 62

读万卷书，行万里路 / 64

用青春谱写青春（一）/ 66

用青春谱写青春（二）/ 69

美与时尚 / 72

当你仰望他人时，却有人羡慕你 / 74

不求回报的快乐 / 77

用真情培养真情 / 79

我的动物朋友 / 81

只拣儿童多处行 / 84

心存敬畏 / 86

这样的"气"不能争 / 88

别总是跟着感觉走 / 91

不要让善良伤了心 / 92

参与了就要尽力 / 95

梦醒时分 / 97

放缓脚步，看看沿途的风景 / 99

爸爸妈妈我想对你说 / 101

你们真正了解我吗 / 105

你理解父母的苦心吗 / 107

苦中作乐 / 109

吃货的快乐 / 111

念乡 / 113

用黑暗寻找光明 / 115

情满华夏 / 117

第三篇　秋的金黄 / 121

秋的金黄 / 122

说说我的偶像 / 124

特殊的兴趣爱好 / 126

互赠座右铭 / 129

赢了面子，输了里子 / 131

敢于承认错误 / 135

控制住贪婪的心 / 136

追求小幸福 / 138

内卷初体验 / 140

青少年也要有效社交 / 142

把目光望向远方 / 144

学会自我调节 / 146

与人工智能学幽默 / 148

不要总在一个地方摔倒 / 151

失败后的演说 / 153

抉择 / 156

成长 / 158

月圆中秋 / 160

紧握的大手 / 164

在感动中学会成长 / 166

人生的不同境遇 / 168

香山的叶子红了 / 171

我骄傲，我是中国人 / 174

我是一个兵 / 176

向国旗致敬，向英雄致敬 / 179

第四篇　冬的积蓄 / 183

冬的积蓄 / 184

国家荣誉感 / 186

特殊的几年 / 189

热爱生命 / 191

顽强的姐妹花（一）/ 193

顽强的姐妹花（二）/ 195

直抵心灵深处的课堂 / 198

少一些说教，多一份热情 / 200

不要总"替"他人着想 / 202

无声的答案 / 204

不要沉浸在过去 / 207

辞旧迎新 / 209

穷养与富养 / 212

独处的妙处 / 214

福中知福 / 217

责任 / 219

冬天里的童话 / 222

王者归来 / 224

孤独的勇者 / 227

最后一枪（一）/ 230

最后一枪（二）/ 232

答记者问 / 234

藏锋于鞘 / 237

回家 / 239

青春因拼搏而精彩 / 241

第一篇

——

春的畅想

春的畅想

当北风不再呼啸，冰雪逐渐消融的时候，被寒冷与冰冻包裹的冬天即将远去。随着东风轻拂而来，大地开始慢慢复苏，听得见小溪潺潺的水声，看得见土地上小草的嫩芽，一场雨水降临，大地万物生机勃发，都争先恐后地迎接春的到来。

人们把春天当成希望的象征，在诗人与作家的笔下，春天赋予了万物新的生命，给人们带来无限的憧憬。

"好雨知时节，当春乃发生。随风潜入夜，润物细无声。"这是唐代诗圣杜甫的名篇佳作《春夜喜雨》里的诗句，描绘了春夜雨景，表达了诗人喜悦的心情。"'一年之计在于春'，刚起头儿，有的是功夫，有的是希望。"这是现代作家朱自清先生对春的盼望。

春天不似夏日的激情狂热，不比秋天的凉爽柔顺，没有冬季的寒冷萧瑟，她有自己独特的气质，微寒中裹挟着温柔，萌芽中带着一丝躁动，这种躁动不是心急而是萌动，由内而外地透出无穷的力量，把所有阻碍都甩在身后，而后静等百花盛开、蝴蝶自来。

她的这种无畏的气质，正是人们所追求的不惧艰难、自我奋斗的精神，这也是人们喜欢春天的缘故吧。在枯寂中重获新生，在生长中厚积薄发，直至披红染绿、色彩斑斓。

我喜欢春天，微风轻轻地吹拂，洋溢着灿烂的心情；轻而柔的雨滴，能直射人的心底；到处呈现的新绿，承载了人们无限的希冀；含苞待放的花朵，拉开了生命的序曲。

如果春天有年龄，有时候我觉得她跟我一般大，因为她处处充满青春的气息。有时候我又觉得她是一位大姐姐，哪怕有时生气，但绝不会乱发脾气。如果与她比美，我必一败涂地。

我该用什么词汇来形容她呢？温柔、善良、十分美丽，还是热情、阳光、充满活力，我好像找不到比拟她的词汇，她是那么的完美无瑕，又是那样的自信潇洒，美貌与智慧并存，细致与果敢同在，她让我心动着迷，也让我膜拜顶礼，她使我充满无限遐想，她更值得我努力学习。

如果春天是一首诗，我要用最真挚的情感来表达；如果春天是一首歌，我要用最美的声音歌唱她；如果春天是一幅画，我要用最多情的目光欣赏她；如果春天是一本书，我要随时带在身边，细细地品读她。

春天就像祖国母亲，用慈爱的目光注视你，用温暖的臂膀拥抱你，给你无限的安全与无穷的力量，在母亲的呵护下，我将快乐地茁壮成长。

置身于春天的画卷中，人们脸上都洋溢着喜悦的笑容，从心中迸发出奋进的力量。看，街上的行人精神抖擞，公园晨练的老人面色红润，上班族干劲十足，农田里劳作的人们已撸起袖子。

听，树林里小鸟的欢快鸣叫，它在告诉人们春天已来到；工厂里机器的轰鸣，诉说着祖国蒸蒸日上；校园里琅琅的读书声，表达了学子们的抱负与理想；日常生活的喧嚣，印证了人们的幸福与安康。

作为青少年的我们，沐浴着春天的朝阳，如水珠一样晶莹，像虫儿一般勤劳，同小草一起坚挺，与百花携手绽放。

我喜欢在春天里畅想，畅想美好的未来，畅想祖国的繁荣富强。

人生的意义

人生的意义是什么？

这个略显沉重又充满哲学色彩的话题，人们一直在思考，在探寻。不同的人，有不同的答案。有人说，人生的意义就是做自己喜欢的事情；

有人说，人生就是奋力拼搏，实现自我价值的过程；还有人说，人这一辈子随缘、随心、随性就好……

这些答案，都有道理，字面儿意思很好理解，但对于作为青少年的我们来说，却是深邃懵懂。

我想，这时有人就要问了，既然弄不明白，何必再去纠结，专心学习，有个好成绩不好吗？

我认为，作为新时代的青少年，在学习书本知识的同时，多在现实中追寻未知的新鲜事物，对于自身成长有莫大的帮助。弄清楚为什么而活，才能活得明白。探索人生的意义，是一个老话题，但这个老话题，虽老却不陈旧，不管在哪个时代，都是人们谈论的焦点。

如果只为活而活，人生似乎缺失了一些色彩，倘若一味地寻找生存的意义，又觉得好像脱离了现实，难道鱼和熊掌真的不可兼得吗？

直到有一天，一个人的一句话，打开了我的思路，那人说道："人，天生喜欢追寻美好的事物，对美好事物的向往，让人产生了为之拼搏的动力。"这句话，还有进一步解释：人，情也，欲也。丰富的情感，让人在社会生活中承担相应的责任；切合实际的欲望，让人产生无穷的动力。

从这句话以及这句话的解释中，我似乎明白了人为什么而活着了。人活着的意义，其实非常简单，就像百姓生活一样，通过努力学习，不断满足自己阶段性的需求，这种需求是层层递进的，这就要求人们只有不断地进步，才能实现心中的理想。很明显，今天奋斗的人们，都在为明天做准备，只要生活有了目标，人生就有了方向，实现了人生价值，生活就有了色彩。

"不识庐山真面目，只缘身在此山中。"人们生活在日常中，日常的生活就是人生的意义，就如一位农民伯伯说的那样，只要觉得日子过得有滋有味，有奔头，活着的价值就体现出来了。

人上一百，形形色色，每个人都是独一无二的，如何过完这一生，还得由自己来选择。而我要做的，是不负韶华，努力拼搏。

人的生活是多彩的，而生命是有限的。当看到人类唯一生存的家园——地球，在浩瀚无垠的宇宙空间中，如一粒尘埃，漫无目的地漂移时，我感觉到，人类是多么的卑微与渺小，惊叹历史长河的亘古不变，感慨人们生命的短暂。

在人生近百年的生命周期中，人们会选择怎样度过呢？是碌碌无为一生平庸，还是与日月争辉光彩夺目，抑或心无所恃随遇而安。我想，每个人都有自己的决定。

在五彩缤纷的世界中，在茫茫的人海中，我愿做一朵小小的浪花，徜徉在这多姿多彩的生活中，为了明天而努力，为了未来而争取。

人生是学习创造的过程，在实现自我价值的道路上，没有谁总是一帆风顺，也没有谁会处处碰壁受阻，因为，花开花落间自有一场争奇斗艳，云卷云舒时会收获一份美好。不要为了一时的失败而一蹶不振，也不要因有了些许成绩而沾沾自喜，更不要为了目的而不择手段。

就像汪国真先生《热爱生命》里说的那样："既然选择了远方，便只顾风雨兼程。"所以，我们要始终坚信，狂风暴雨后必然现彩虹，荆棘坎坷后必将是坦途。

迷茫的人生不可怕，可怕的是找不到走出迷茫的方向，而现在，有了对人生意义的清晰理解，有了追寻美好事物的向往，有了奋发拼搏的动力源泉，有了面对困难的旷达心态，我们青少年定然不会再感到迷茫，只要迎着朝阳阔步前行，一定会拼得一个美好的未来。

把根扎在肥沃的土壤

中华民族几千年璀璨文化，孕育出了无数卓越非凡的华夏子弟，祖国的日新月异，得益于几千年悠久历史的深厚底蕴，得益于国人前仆后继创造的辉煌成绩。站在时代潮头的我们，需要继往开来砥砺前行，祖辈们留下一片荫，我们要打造一片晴，根扎得越深，树长得越密，花开得鲜艳，果儿才能挂满枝头。

当清晨的第一缕阳光照在华夏大地的时候，校园里已有了琅琅的读书声，整齐划一铿锵有力的诵读，声声诉说着属于我们青少年的奋进。

读书为了什么？老校长告诉我们，读书为了积累知识，读书为了立足社会，读书为了报效祖国。读书的过程，是祖国的未来扎根的过程，只有把根深深地扎进肥沃的土壤，才能健康茁壮地成长，当一棵棵幼苗长成参天大树，成为国家的栋梁，才能延续整个民族的辉煌。老校长的一番话，让我们明白了读书的真正含义——薪火相传，继承发展。

读书的过程，是扎根的过程，把根深深地扎进肥沃的土壤，汲取充分的营养，才能茁壮成长。如何才能找到肥沃的土壤呢？这是我一直在思考的问题，不过在生活中，我找到了答案。

一次，与父母乘飞机出行，候机时，有位老爷爷在我的身旁，他问我这是第几次坐飞机了，我回答说已经好多次了，老爷爷一脸感慨，他说他第一次坐飞机，以前没有条件，现在有了，就体验一下。他还说，你们成长在新中国真幸福，科技发达，不愁吃穿，到处欣欣向荣，校园里更是窗明几净，在这样好的环境下学习生活，真是教人艳羡。临别前他还嘱咐我，要好好读书，别浪费了这么好的环境。

与老爷爷的一番对话，使我茅塞顿开，苦苦追寻的问题，在他的话语中得到了答案。优良的社会环境，不就是肥沃的土壤吗？

正如老爷爷所讲，他所处的社会环境还不是很好，条件非常有限，也许学习是一件奢侈的事情，所以他才嘱咐我好好学习，不要浪费了光阴，虚度了年华。

这让我想起了《凿壁借光》与《悬梁刺股》的故事，也记起了"小萝卜头"牺牲后手里紧握的那半支铅笔，想到了身处大山深处与我同龄的那些孩子，他们在那样艰苦的条件下，还依然刻苦读书，而处在优良环境中的我们，有什么理由不好好学习呢？

我喜欢田野山间绽放生命的小花小草，不管身处怎样的恶劣环境，它们始终积极向上，哪怕被狂风暴雨肆意摧残，哪怕被烈日浓光整天暴晒，只要给它们一晚的时间，就能继续绽放独特的光彩。

我知道这是为什么，因为它们把根扎得足够深，在迎接大自然洗礼的同时，及时汲取大自然馈赠的养分，日复一日的点滴积累，才有了自我保护的能力，也造就了它们顽强不屈的性格，即使经历燎原野火，但来年，它们长得更旺。

作为学生的我们，如何运用好今天来之不易的大好环境呢？我觉得这是一个自我认知的问题。是在前人铺就的路上奋力前行，还是在浓茂的树荫下悠然乘凉，我想大多数人都会选择前者，因为谁都不想一辈子碌碌无为，谁都想有一番成就、有一番作为。

和平进步的华夏大地，是我们扎根的肥沃土壤，书本知识与实践技能，是土壤中的重要养分，只要我们把根扎得足够深，及时摄取充分的营养，何愁自身能力不强？何愁没有未来的方向？

学习不是给家长学的，不是给老师学的，更不是为了学习而学习。学习是为了证明自身能力，是为了体现自我价值，是为了回馈社会。学习是学生的工作任务，与广大工作者是一样的，在自己的岗位上比学赶帮超，赢得属于自己的荣耀。

都说"三百六十行，行行出状元"，"状元"一词，是古代科考制度对参加科举考试的学生的最高评价，可见在各个行业中，扎实的基础知识与过硬的实践技能的结合，是行业"状元"的根本所在。

我们在校园里所学习的知识就是基础知识，只有把基础夯实打牢，才能把层数加高。这个过程是点滴积累的过程，急不得，躁不得，需要极强的耐心，就如跑马拉松，合理分配体能，关键时刻冲刺越线，尽管拿不了第一，但至少获得了成功。

"过来人"常感叹，学生时代是最轻松快乐的日子，虽然现在还不甚明白其中的道理，但我不想长大后也发出这样的感慨。老话讲，在什么样的年龄做什么样的事情，所以我们要珍惜青春，不负韶华，牢记使命，在学习的岗位上奋力争先。

温润的爱（一）

你们喜欢下雨吗？我是喜欢的，尤其是春天的雨。春天的雨，总是下得不急不缓，淅淅沥沥的小雨落在干巴巴的土地上，慢慢地、一层一层地浸润，像极了一位母亲用甘甜的乳汁在喂养一个婴孩一样，把温度与量控制得刚刚好，以便让孩子快乐地吮吸。

被雨水浸润过的土地，散发出浓浓的香土气息，它毫不吝啬地以这样的方式来报答雨的馈赠。为何春天的雨都是小雨呢？那是因为缺少水分且干裂的土地经不起大雨的浇灌，唯有温润的小雨，才能让土地得以滋润，而后焕发出蓬勃的生机。

世上万物皆有灵，你给他一个微笑，他回你一个拥抱，这种互爱，早已融入世间万物中，成为亘古不变的无形的约定。

如果说，这世上有不求回报的，那只能是母爱。在诸多的爱中，母爱最纯洁、最真挚、最长久。它没有男女之爱那样浓烈，没有亲情之爱那样若即若离，也没有父爱那样苛责严厉。母爱，就像蜿蜒且绵长的小溪，清澈见底、缓缓而行，那清脆婉转的水流声，给人以美的享受。

人世间，赞美母亲的词汇与美文从不匮乏，但母亲们从不受这些好词儿、好文章的影响，更不会因此有一丝一毫的骄傲，她们的爱，从不掺杂任何尘垢，付出的爱，从未想过得到回报。

"狗不嫌家贫，子不嫌母丑"，这句话是用事实印证过的。天地有阴阳，动物分雌雄，人类有男女，不管是动物还是人类，只要是孕育生命的一方，她们都有一个共同点——为下一代，送上无私的奉献，这是与生俱来的，也是刻在骨子里的。

世上有诸多的不平等，但享受母爱却是平等的。母爱没有高低贵贱之分，没有三六九等之别，只有先来后到之说。谁先降临人间，谁先享受这份爱，而后诞生的，作为母亲的，也从不亏待。

我的母亲是一位普通的不能再普通的普通人，没有显赫的家世，没有光鲜的工作，也从不穿华丽的衣着，但她那善良淳朴且大大咧咧的性格，以及乐观阳光的心态和带有调侃味儿的话语，都深深地影响了我。正如她所讲，她的主要职责就是陪伴。

因为从小体育成绩非常出色，在上初中时我被异地一所学校特招，所以早早就开始了独立生活，而母亲的爱，没有因为距离而有丝毫的改变。

独自一人，远在他乡，想家是必然的，这个时候就与家人在电话里相聚，以解思乡之情。与我通话最多的，当然是我妈，电话中妈妈的叮嘱，我都牢牢地记在心中，这是以往所没有过的。在家时，对于母亲的唠叨，绝对是应付了事，现在身处异地，听得格外认真。我也会把我的事情，与母亲诉说，当然只拣好的提，不好的只字不提，怕他们担心，但是总逃不过细心的母亲的法眼，没办法，只能如实相告。

来到这所学校已经半个多月了，马上就要进行体育成绩测试，可不知是水土不服，还是其他原因，我的运动成绩总是没有以前好，如果在测试那天没有达到相应标准，就要被退回所在的城市，对此我心急不已。风风光光离家，悄无声息地被退回去，我的"面子"不仅过不去，就连"里子"也过不去，最在意的还是怕他人议论。

听到这些，母亲直接说："那太好了，还是回家好，当初我就不想让你走，但是你喜欢，也就遂了你的心愿。不行就回家，别人议论是别人的事儿，我们管不了，做好自己就行了。"

"做好自己就行了"，这句话让我眼睛一亮，来到新环境，就想着如何表现自己，还想着不能被退回去，这两种心理充斥着我的身心，让我疲惫不堪，成绩自然也发挥不出来。也许是找到原因了，我感到非常轻松，对妈妈说："知道了，不行就回去，没什么了不起的。"

测试日很快到来，调整好心态的我，早已放下包袱，在那天我跑出了比以往还好的成绩，在众多测试者中脱颖而出，甭提多高兴了。

测试结束，我赶紧把这一好消息告诉家人，母亲却说："我的希望破灭了，你个臭小子还是留在异地了，不过不回来也好，省得惹我生气。"这时，父亲的身影出现在电话中，说道："别听你妈瞎说，她怕你测试成绩不好，好几天没有睡好觉。但想你是真的，自从你到异地读书，她每天偷偷抹眼泪。"

听到这些，我眼眶开始发红，强忍着泪水不让它流下来。我知道那种思念的滋味儿，原来母亲的"轻描淡写"，都是做给我看的，儿行千里母担忧，让她怎能不惦念？

温润的爱（二）

时间就这样一天一天地悄然流逝，我也一点一滴地慢慢成长，从小离家独自生活的我，心智方面比同龄人要成熟一些，越长大越能体会到父母对自己的爱，尤其是母亲。

独自在外求学，最怕过节日，"每逢佳节倍思亲"的感觉，让我体会得明明白白，那种孤独，那份思念，只有游子才能真正理解。

再有几天，就是我的生日了，想起这个日子我就发愁，心中总是念叨：谁发明的节日，又是谁提起的过生日这一说法，这不是存心与我过不去嘛。往年过节、过生日都有家人的陪伴，现在可好，孤零零一人，真是愁上加愁。

生日那天，我没有接到父母的电话祝福，心中不免有些失落，打算中午去食堂点一碗面，就算过生日了。正想着，突然学校广播站的喇叭响了起来，播音员的话语提到了我，说校门口有人找我，让我听到广播赶紧过去。

于是我边往外跑边想，能是谁呢？心中闪过无数个身影，都觉得不可能，算了马上就能见到了，到时就知道了。还没跑到校门口，我就听到了熟悉的声音："儿啊，这边，快过来，妈妈来陪你过生日了。"

循着声音望去，不是我母亲大人还有谁？可是她这一嗓子，把周围的人全都叫得回了头，大家都用惊疑的目光瞅着我们，让我好不尴尬，恨不得找个地缝儿钻进去。

我赶紧说道："妈呀，别喊了，我这不出来了吗？您这声音别把大家吓着了。"

母亲直接道："哎呀，我不喊你能听见嘛？嫌我声音大，你再换个妈好了。"

这话大家都听到了，他们站在原地笑得合不拢嘴，我的脸瞬间红到了耳根。

出校门，来到了父母近前。妈妈穿着她那朴素但干净的衣衫，胳膊上挎着一个大菜篮，父亲还是一副老学究的打扮，这让我感觉格外亲切。思忖时，母亲又道："怎么了，看我们这身装扮嫌弃了？"我赶忙解释，是久违的熟悉好不好。母亲说："算你小子会说话。"

这时，父亲接过妈妈手中的篮子递到我身边，说道："这里装的都是你喜欢吃的东西，有韭菜鸡蛋馅儿的饺子，还有野蘑菇炖小鸡，都是一大早你妈妈做的，本来还想给你拿一碗长寿面，可是怕坏了，就没拿。"

抱着装满爱的菜篮子，我再也控制不住自己的情绪，眼泪止不住地往外涌，把这两年所隐藏的情感一股脑儿的全部宣泄出来了。

人们把父爱比作高山，把孩子比作高山上的树木花草，让孩子踩在自己肩膀上快乐地成长，这是父亲巍峨的爱。而母亲就是高山中的流水，欢快地、不知疲倦地滋润着每一寸土地，让孩子汲取营养，这是母亲温润的爱。

我的母亲普普通通，从不讲什么大道理，也没有轰轰烈烈的壮举，但她总是身体力行，用她的方式照顾着我，她说她的主要职责就是陪伴，而我觉得，非常温暖。

苛责的爱（一）

"爸不懂得怎样表达爱，使我们一家人融洽相处的是我妈。爸爸只是每天上班下班，而妈，则把我们做过的错事开列清单，然后由他来责骂我们。"

这段文字，出自《爸爸的爱》这篇文章。文章讲述了爸爸对家人"另类"的情感表达——嘴上不说，心里情浓。

不知道别人家的爸爸是怎样表达情感的，我的爸爸与文章中的爸爸属于同一类人，不善言语，只把爱埋在心底，他那"别具一格"的情感表达，只有理解他的人才能懂。

我的爸爸是一个急性子的人，我与他的性格相似，做事从不拖泥带水，讲究干净利索。这种性格的人，一般都缺少耐心，如果遇见拖拖拉拉的人，肯定忍不住要唠叨几句。

我与爸爸虽然性格相似，但其他方面却不尽相同，比如在语言表达方面，我有需求就会讲，有委屈就要诉，有欢乐就要分享，心情永远写在脸上，而我的爸爸，颇有"喜怒不形于色"的感觉，要我说呀，他这是故作深沉。

爸爸对家人的关心可谓是奇葩加另类。上小学的时候，我走路不小心摔了跤，妈妈赶紧上前把我扶起，看看有没有摔坏了，而爸爸站在那里，不咸不淡地说："笨死了，走个路还能摔跤，这要让你上战场，还没冲锋上阵呢，自己却摔倒了，这仗还怎么打。"

听了他带有讽刺的话语，让我倍感恼火，小脸憋得通红，一句话也说不出来，两只眼睛紧紧地盯着他。爸爸看到我这个表情又说道："怎么着，自己笨还不让人说了。我小时候，身体素质可没你这么差，各项体育成绩都是第一，再看你，走路都不利索，如果被你的小伙伴儿看见了，还不得笑掉大牙。"

他的这番话，让我无言以对，这时妈妈笑着说道："爸爸不是在讽刺你，他是在鼓励你，慢慢你就懂了。"

我懂，这我怎么懂，明明是刺激人，怎么就成了鼓励了。对此，我没有再说一句话，而是暗自下决心，一定要把身体素质练上去，省得有人小瞧自己。

第二天，我就报了学校体育队，经过一段时间的刻苦训练，我的体育水平得以提高，运动会比赛拿了三个第一，回到家，我把奖状与奖品放在爸爸的面前后，转身回到了自己的房间。

到了初中阶段，随着学科不断地增多加难，我的学习成绩提升得较为缓慢，遂有了想报"学习班"的想法，可爸爸却说："我和你妈，上学的时候可是从没报过什么提高班，全凭个人努力，各科成绩在全年级都是名列前茅，现在的年轻人啊，累了就要喊，败了就要哭，不行了就求人，真是一代不如一代。"

这打击人的话语，让我感到非常委屈。我没有不好好学习好嘛，报班还不是为了提高成绩，不同意就算了，何必在这里挖苦人。

这时，妈妈又上前安慰道："你和你爹，都是急脾气。成绩上不去，先找找原因，是自己没弄懂，还是不够努力；如果没弄明白，就静下心来好好研究；如果努力了，是不是方向出了问题。现在你的情绪比较焦躁，明天周末，给自己放个假，好好调整一下，你要相信办法始终比困难多。"

妈妈的一番话，让我心里好受许多，心里暗想道：这人与人之间的差距怎么就这么大，同样是说话，效果截然不同，还好有个"明事理"的妈妈，要不我的日子时刻都处在水深火热之中。

倔强且不服输的我，哪能被轻易打败，周末好好放松了两天，新的一周开始，便以崭新的姿态迎接学习。不知是调整好了心态，还是不服输的心作怪，在学习时，头脑从未有过的清晰，老师所讲的重点都能听明白，各科成绩都有所提升，这让我欣喜不已。我要让经常刺激我的爸爸看到，我能行。

苛责的爱（二）

时光飞逝，转眼间初中的学业结束了，我以不错的成绩考上了重点高中，正当我沾沾自喜与妈妈商量如何庆祝一下时，父亲的声音响起了："看把你高兴的，万里长征才走完第一步，以后的路还长着呢！不仅长而且还充满荆棘，现在还不是庆祝的时候，'革命'还未成功，小同志还需努力。"

一盆冷冰冰的水，瞬间泼在我的头上，把我这颗火热的心浇得透凉。终于忍无可忍，我爆发了，把这些年的郁闷一股脑儿地都发泄了出来："你是我亲爹吗？从小就对我各种打击，我在你心里就这么不堪吗？做错事有批评，做好事没表扬，遇见挫折了没鼓励，取得好成绩了没褒奖，这么多年了，我受够了，一盆盆冷水泼个没完，你应该去参加泼水节，肯定能拿第一名。"

我的气话，说完痛快了，也冷静了，知道自己过分了，但还是不服软，一副任由你审判的样子。谁知，听完我的话，爸爸哈哈大笑起来，摇了摇头，背着手走开了。

他的这番操作，着实把我给整不会了，接下来不是批评教育的时刻吗？怎么笑着走了，这是什么情况？

这时，妈妈把我领到书房，从书桌最上方的格子里拿出一个鞋盒大小的木盒，木盒非常精致，深红色的漆面上刻有金色的图案——一龙一凤。妈妈把木盒递给我，转身走了出去。

怀着忐忑的心情，我小心翼翼地打开了木盒，木盒一开，我就呆立了，原本以为是给我准备的礼物，谁知……

映入眼帘的，是我各个时期获得的各类奖状与证书，奖状与证书内芯都是用透明塑料塑封好的，我知道，这是以防岁月的侵蚀。最底下，有一个笔记本，翻开第一页，"吾儿成长记"，五个字非常耀眼。

接着往下翻：

某年某月某日、某时某分某秒，有个小家伙儿出生了，出生的样子很难看，像个小老头儿；

某年某月，小家伙儿第一次喊爸爸，兴奋得我一晚上没睡；

某年某月，小家伙儿上了幼儿园，开始了集体生活；

某年某月，小家伙儿上学了，开始学习知识了；

某年某月，小家伙儿长大了，有了自己的思想了；

某年某月，小家伙儿与我一般高了，不能叫他小家伙儿了，得称"大号"了；

某年某月，我对他有些苛刻，但是温室的花朵，怎能经历风雨，但愿他不要怪我；

某年某月，他的学习成绩提升了，考入了重点高中；

某年某月……

与我有关的一切，爸爸都记在这个本子上了，通过记录的文字我能感受到父亲的爱，有喜悦、有激动、有着急、有自责、有欣慰，他的这些情绪，是伴着我的成长而出现的，我知道，我错怪他了。

描龙画凤的盒子，不就是家长们望子成龙成凤的愿望吗？不停地泼冷水，不就是怕我骄傲吗？妈妈每次和谐的发声，不正是黑脸与白脸的搭配吗？

这一刻，我全懂了，懂得了父母的良苦用心，懂得了家长的殷切期盼，也懂得了父亲"违心"后的那种痛。

抱着沉甸甸的盒子，我感觉，我是人世间最幸福的那一个。

成功路上多坎坷

每个人都向往成功，每个人都会在通往成功的路上奋力前行，大到国家治理，小到个人目标，所行之事，最终能有个不错的结果，那必将是件幸事。

人们通过总结发现，越是重要的、越是想达到圆满的事情，往往不会那么称心如意，结局有了折扣已经算不错，出现偏差或未能完成，就只能接受失败的苦果。是我们不够努力吗，还是把事情想得太简单了？

人们常说，做事要讲究天时、地利与人和，这几个重要因素不可或缺，倘若草船借箭缺了东风，最终也不会有完美的结局。

为什么成功的路上多坎坷呢？我认为，最主要的是人们无法预料未来将要发生的事情，以及未来将要发生的事情对事件本身造成怎样的影响。

举个例子,假期期间,一家人欢欢乐乐地外出旅行,每个人心中都充满愉悦,希望这次旅途能够快乐开心,这个欢愉的心情,是出门游玩儿的人们普遍的心理。可是出门在外,往往不能称心如意,一些不可控的因素会影响出行的快乐。比如路遇堵车、飞机晚点、上当受骗等等,这些未知的、不以个人意志为转移的因素,往往使出游的人们身心疲惫、苦不堪言,甚至出现焦虑的情绪。

外出旅行,本是一件放松身心的快乐之事,但是因为一些不可预知的小插曲的出现,影响甚至破坏了出行的初衷。可想而知,在处理其他事件时有多么不容易。

这一点,我自己深有体会。为了提高写作水平,我做了一个详细的计划,并为之付出了辛苦。前一阶段,计划实施得有条不紊,观察能力与思考领悟能力有了显著的提高,写作时往往能信手拈来,创作的文章也比较满意,自我感觉收效颇丰。可正当我为了小小的收获而沾沾自喜时,我的计划出现了一些变动,致使当初制定的目标没能按期完成。

受同学之邀,参加了学校组织的社团活动,为了不影响团队的成绩,只能牺牲个人时间,久而久之,我的写作计划受到了影响,写作水平也止步不前,当初所想的是两方面同时兼顾,现实情况根本就是鱼和熊掌不可兼得。没有办法,只能让写作暂时搁浅。

这件事,让我想起了寓言故事《小猫钓鱼》,做事不能三心二意,要有持之以恒的决心。实践也再次证明,要想做成一件事情,没有想象的那样简单。

通过总结,我们不难发现,一件事情成功与否,受诸多因素影响。其中,最重要的是内在因素与外在因素。

内在因素指的是个人能力,包括学识积累、业务水平、综合素质等;外在因素包括强劲的竞争对手、残酷的竞争环境、充满诱惑的大千世界,以及不可预知的突发事件等。

所以，成功之路多坎坷，绝不是空谈。

那该如何应对呢？

我认为，首先要摆正自己的心态，不要自以为是想当然。生活中，经常出现这样一种现象，在做一件事情时，很多当事人从心底深处自认为这件事情必然会成功，事情还没开始执行，就开始想象最终完美的结局，殊不知，有这样想法的人，往往得不到自己想要的结果，最终以失败而告终。

有一位创业的青年人，得到了一笔创业资金，他可以大施拳脚了，这让同样创业的朋友羡慕不已，这位青年人无比喜悦，感觉自己是天选之子，所有的好处都被他一个人得到，以至于飘飘然，项目还没有运行，就认为自己已是成功人士，待人接物再没有之前的谦虚客气，而是一副久居上位者的模样，让熟悉他的人感觉到陌生。他的这一变化也被投资人看在眼里，认为他不能胜任新项目负责人的职位，在项目运行前期，投资人找了个理由把这位还没有成功的青年人换掉了。至此，这位青年人的创业之梦也做到头了。

良好的心态，不仅要深知所处的环境，还要摆正自己的位置，遇事冷静思考，不因一点收获而得意，不要遇到挫折就放弃。

生活中，长辈们经常告诫年轻人，做事之前要掂量掂量自己几斤几两，意思是你的个人能力能不能胜任这项任务，要对自己有清楚的认知，不能盲目前行，不要好高骛远。

俗话说："多大的缸，装多少的水；多大的脚，穿多大的鞋。"做事要限定在自己的能力范围之内，不能小马拉大车，自己辛苦，又没有效率。

经验丰富的人，行事之前都会做出一系列的工作部署，提前预判事件过程中容易出现的问题，做好应对突发事件的预案，把风险系数降到最低，同时对事件本身的结果，也做好了最坏的打算，不因失败而懊恼丧气，为自己留有余地。

世上没有哪个人能随便成功，不经历风雨，怎能见到美丽的彩虹？

都说长江后浪推前浪，那是因为我们后人踩在前辈的肩膀上，只要不惧困苦迎难而上，前方的曙光必然映照在你坚毅的脸庞上。

在平凡中实现价值

我出生在一个三线城市，家庭也很普通，虽然物质上不能想要什么就有什么，但我的精神世界非常富足。爸爸妈妈都是普通公职人员，挣不了多少钱，但他们对人生的思考以及面对生活的态度，都深深地影响着我。而我，"深受其害"，在思想上与同龄孩子有所不同，具体表现在哪儿，我想用一句话来总结：穷人的孩子早当家吧！

在我六岁过生日的那一天，收到爸爸妈妈的第一份礼物是"逛大街"。"逛街"的时候正值下班高峰期，三人走在人行横道上，边走边看着路上川流不息的车辆以及步履匆匆的人群，谁也没有说话，那时我一头雾水，根本不知道爸爸妈妈是什么用意。

在走上一座天桥的时候，他们停下了脚步，转身问我："孩子，你说路上都是什么人呢？"我不知所措，思考了一下，回答道："下班的人。"

妈妈又问："下班的人，又是什么人呢？"这个问题我不知道怎么回答，只能用懵懂、疑惑的眼神直勾勾地看着两位大人。

看我答不上来又着急的样子，爸爸说："他们都是普通人，是平凡的人，在平凡中实现自我价值的人。"我问："那我们是什么人？"爸爸接着说："我们和其他人一样都是平凡的人。"我问："那怎样才能做不平凡的人呢？"爸爸说："人出生时都是普通的、平凡的，只有做出不平凡的事，才可能成为不平凡的人。"听着爸爸如绕口令般的答案，我的脑子顿时成了一团糨糊，怎么思考也不明白。

这时妈妈说："比如你敬重的一位英雄，他在出生时就是一个普通人，经过成长，他做出了伟大的事，所以他就是不平凡的人。"

听了妈妈的解释，我似乎懂了，但懂得又不是那么真切，带着朦朦胧胧的思绪，我们回到了家。切蛋糕，收祝福，许愿，一家人高高兴兴地过了一个美好的夜晚，但父母与我的对话，一直萦绕在我的耳畔。

现在，我已经上了高中，那个问题早已有了确切答案：每个人生来都是平凡的，如果想变得不平凡，就应该有所作为，改变命运的权利就握在自己的手中，看你如何使用它。

人生的起跑线都是一样的，不同的是起跑的人。也许在"装备"上有精良和简陋一说，但起到关键作用的是人。一个不思进取、心存侥幸、攀比挥霍、事事都靠他人的人，给他再好的装备也无济于事，只会优势变劣势；相反，一个心怀抱负、踏踏实实、懂得珍惜、敢打敢拼、敢于担当的人，哪怕装备很差，也能实现弯道超车，让劣势变为优势。就如当年的革命先驱，不就是用"小米加步枪"等简陋的装备打下了江山吗？同一起跑线上的我们，还怕啥呢？

学习之余，我喜欢爬山。喜欢爬山时欣赏沿路的风景，寸寸脚步丈量山路，处处呈现不同景色，哪怕汗水打湿了衣衫，仍不觉得疲惫。

我敬佩那些生长在悬崖峭壁、沟壑缝隙上面的小花和小草，它们没有因生长在恶劣的环境中而抱怨，它们用顽强的生命力去穿透面前的一切阻力，直挺挺地屹立在险要的地势上，用不屈不挠的精神战胜一切困难，当与小花小草对视的一瞬间，我仿佛听到它们在自豪地说："我们是打不败的！"

对，它们是打不败的，在逆境中求生，在险境中成长，在平凡中崛起，怒放自己的生命，任凭风吹日晒，管他雷雨交加，更不在乎有没有人欣赏，只为绽放生命的精彩。

作为人的我们，该绽放怎样的精彩呢？庆幸的是，我已经有所收获。

在父母的影响下，我学会了独处，懂得了感悟。

独处，能让我捋清乱如麻的思绪；感悟，能让我一刹那醍醐灌顶。生而为人，短短百年，总不能碌碌无为吧！所以，我们要在有限的青春中，绽放无限的光彩，哪怕失败了，但至少证明努力过，站起来，拍拍身上的土，给自己打打气：我们不怕失败，因为我们还年轻。

拒绝诱惑

每个人，在过往的记忆中都有难忘的经历，在我的记忆中，有一段曾经的画面，直到现在，仍清晰完整地保存在我的脑海中，这个画面，是父亲与我的一段对话。

那时的我，上小学三年级，已经逐渐懂得追求自己的"美"，新书包、新玩具、新衣、新鞋加新帽，每当与家人一起出去旅行的时候，大千世界中的美好事物，无不让我心驰神往，想要得到的东西实在太多太多，于是总是跟父母索要。一开始都能如愿以偿，可后来，随着张口的次数多了，索要的东西已经超出我的年龄范畴，父母开始拒绝我，还严厉批评了我。

被批评的那件事，直到现在我依然记忆犹新。父亲说："你现在看到了大千世界中的美好事物并想得到，这本没有错，每个人都想拥有自己心仪的东西，正确的方法应该是通过自己的努力去得到，而不是一味地索要。比如你们这些小孩子，没有经济能力，只能靠父母来满足你们的需求，一般学习生活上的需求，家长都会给予你们，但你们见到喜欢的东西就想拥有，而且还想拥有超出年龄范畴的东西，这种行为就成了贪欲，这种行为的本质是——想不劳而获得到想要的东西。解决的方法是拒绝不切实际的欲望。"

在谈话中，父亲解释了什么是贪欲与欲望，也详细说明了这种行为的弊端，那时的我，虽然懵懵懂懂，但我还是牢牢地记在了心中。

现在我长大了，已经见识了许许多多的新鲜事物，心里有了衡量，做事有了判断。面对花花世界中的新奇，再也不像儿时那样只会一味地索要。

拒绝诱惑，是我制胜的法宝。我们现在所处的社会环境中，充满诱惑的事物比比皆是，有自己想要真正拥有的东西，也有别人想要得到的东西，得到的方法：1. 自己努力；2. 别人给予；3. 歪门邪道。这就要求我们要有一颗抵制诱惑的心，有一双能准确分辨"套路"的火眼金睛。

对于我们的青少年来说，最大的诱惑就是新奇且好玩儿的事物，比如网络游戏。在虚拟的网络游戏中，往往能得到在现实生活中无法拥有的东西，身份更是让人瞠目结舌，摇身一变，就成了身家万贯的花花公子、富甲一方执掌大权的商贾权贵，换个角色，就是劫富济贫的英雄好汉、江湖中的侠义剑客。当然了，想要获取虚拟世界中的这些身份角色和财富地位，需要现实生活中的货币。

有多少伙伴深陷其中无法自拔，有多少家长心力交瘁无能为力，沉迷网络游戏，已经对青少年身心健康产生了巨大的危害，也给许多家庭带来了无法弥补的损失。有家长们联名力荐，取消网络游戏，也有社会人士呼吁，制定一些行之有效的措施，防止青少年沉迷其中。

面对这些防不胜防的致命诱惑，还需我们青少年自身坚毅，在心底筑起一道防火墙隔离有害病毒，多参加一些社会活动融入现实生活中，我坚信，只要自己提前设防，就不会被轻易破防。

社会上，总有一些"好人"，想方设法让你"暴富"，好像你不富裕，他们都不能心安一样，大多数人识破了这些"好人"的伎俩，可还是有认为天上真的会掉馅儿饼的人，接受了他们的"好处"，最终被骗上当，轻则气愤难耐，重则走法律程序。

这些人，正是抓住了一些人爱贪图小便宜的心理，步步跟进，精准下套，有人上当，当当不一样，当有人经不起诱惑，想吃免费的午餐时，殊不知自己已经身陷"套路"。

都说打铁还需自身硬，可是人家现在拥有熔铁的"器具"，这就要求我们"塑造金身"，把坚毅的心和铁打的身，再提升一个档次，任凭他们如何花言巧语，不管他们怎样生拉硬拽，我自岿然不动，只有这样才能不被破防，才能保护自己，保护好自家的财富。

新的时代，需要新的思想来装备。面对社会日新月异的快速发展，面对五彩缤纷的大千世界，我们要与时俱进，在学习上、技能上、工作上下苦功夫，跟上时代步伐，才能不被社会淘汰；生活中别再抱有任何侥幸心理，拒绝他人的千面诱惑，让那些苍蝇无缝可钻。

清明又至（一）

每年清明节前后几天，天气都是阴沉沉的，有时还伴有淅淅沥沥的小雨，雨水中还弥漫着一些莫名的情绪，家中老人说，这是人们寄托对离人的哀思，就连老天都跟着悲泣。

在唐朝诗人杜牧的笔下有深切的体会，"清明时节雨纷纷，路上行人欲断魂"短短两句，就把清明节期间，阴雨连绵的天气与人们思念亲人的低落情绪描绘出来了。

在秀美的江南一座小山坡下，有一座孤零零的小坟，说是小坟，那是因为葬在这里的是一位小姑娘，一位只有八岁且聪明懂事的小姑娘。她的名字叫福宝（化名），周边十里八村的村民都认识她，因为她那动人的故事，一直记在村民的心中，不会因为她的离世而忘记。

每到清明节，周边的村民都会自发来纪念她，在纪念人群的队伍中有一条土狗，它与当地的村民一同前来，但每次都是最后一个离去。当人们远去独留它自己时，土狗就趴在福宝的坟上默默地抽泣，它悲伤的情绪，就像一个无家可归的孩子，守着唯一离去的亲人，不知道接下来该怎样面对孤寂的生活。

福宝，是村中一位老奶奶在村边捡来的孩子，捡她的时候，正值深秋，天气已经转凉，当时她只有几个月大，被放在一个简易编制的篮子里。篮子里的她，盖着一个小花被，被下有一个小奶瓶，奶瓶还有一些温度，说明孩子被放在这里的时间不算太长。当老奶奶抱起小女娃四处张望时，远远地望见一位村妇急匆匆地离去，想来是福宝的亲娘。老奶奶的腿脚追不上那位妇女，只能深深地叹口气，把还在熟睡中的女娃抱回了自己的家。

福宝的名字，是老奶奶给她起的，寓意有福的孩子，她把福宝当成自己的亲孙女一样悉心照料。有了名字的女娃，就这样与奶奶一起生活。

时光飞逝，转眼五年过去了，福宝已是一个聪明伶俐、可爱漂亮的小姑娘了，她与奶奶相依为伴，二人的生活过得有滋有味，有福宝陪伴的奶奶，每天都是喜笑颜开。

快乐的生活过得飞快，福宝到了上学的年龄，她渴望上学，渴望学到知识，每每看到一起玩耍的小伙伴们都有了新书包，已为上学做好了准备，她的心底深处在无声地呐喊，但她只字不提上学的事情，因为幼小的她已经听到了别人议论她的只言片语，知道了自己是被奶奶捡来的孩子。也许是为了来之不易的幸福生活，也许是不想给奶奶再添麻烦，福宝乖巧懂事得就像往常一样，帮奶奶做家务。

福宝的心思，自然逃不过奶奶的眼睛，暗地里，奶奶早就为福宝准备好了新书包和其他一些学习用品，只为给她一个惊喜。这一天，奶奶把福宝叫到身前，问她想不想上学，福宝沉吟半晌后，说不愿意上学，愿意陪着奶奶、照顾奶奶。

奶奶拿出了为福宝准备好的开学礼物，故意打趣道："那这些为你准备的上学的东西就给别人吧。"看着崭新的书包以及学习用品，福宝再也按捺不住激动的心情，一步上前，扎进奶奶的怀里大声哭泣。

哭了一会儿，福宝抬起头看着奶奶的眼睛，害羞地说："谢，谢谢奶奶。"奶奶搂着小福宝，也流下了两行热泪。

开学第一天，小福宝穿着奶奶做的新衣裳，背着新书包，欢欢乐乐地与小伙伴们一起迈进了向往已久的校园。对知识的渴望，使她学习格外认真，每次考试都是第一名。对奶奶的恩情，她从不忘记，放学第一件事就是帮奶奶做家务，等奶奶睡了，她才写作业，第二天一早，做好早饭，与奶奶一起吃完，才急匆匆赶到学校。

日子就这样在幸福平淡中度过。这一年的秋天，小福宝八岁了，奶奶为她过了一个快乐的生日，小伙伴们也来到家中，送上了生日的祝福。这一天，小福宝开心了一晚上，躺在床上，自己还喃喃道："虽然我是个孤儿，但我一点儿也不孤独，有奶奶的疼爱，有伙伴们的陪伴，我很幸福。"

入夜已深，小福宝还处于兴奋之中，睡不着的她，准备去院子里走走。一出门，点点雨滴打在她的脸上，于是，她赶紧回到房间拿上雨伞，又急忙向外跑去，把白天晾晒的衣服与粮食收拾回屋中，接着又把家禽的窝盖上了一层塑料膜，回到房间，她的衣服已被雨水淋湿。

清明又至（二）

此时，雨越下越大，还伴着阵阵雷声，蜷缩在被子里的小福宝才想起天气预报说后半夜有雷雨大风及强对流天气，部分地区有山体滑坡、泥石流等自然灾害。提示大家做好相应的防护措施。

福宝所在的村庄，正处于低洼地，属于下游，每年都会出现泥石流等自然灾害。想到这里，她忧心忡忡，看看时间，已是凌晨三点，人们正处在熟睡当中，于是她起身下床，穿好衣服，来到奶奶房间，把奶奶从睡梦中唤醒，说了她的担心及想法，奶奶慈爱地抚摸着福宝的脸颊，叮嘱她千万小心，做事不能逞强，随后，从杂物间找出一件雨衣以及一个旧锣，一并交给了福宝。

福宝穿上雨衣，拿着手电筒和锣出了房门，一出房门，狂风暴雨迎面袭来，打了小福宝一个措手不及，一下子摔倒在雨水中，她顾不得再次被雨水弄湿的衣服，捡起手电筒和旧锣就冲出了院子。

出了院子，她用锣槌狠狠击打锣面，叮叮当当的敲击声，透过暴雨狂风，透过无边的黑暗，传向四面八方。福宝一边敲锣，一边向村长家的方向跑去，她要与雷电急雨争鸣，她要与时间争分夺秒。

一路泥泞，一路艰辛，小福宝跌跌撞撞地来到了村长家门口，处在熟睡中的村长被锣声惊醒，披了件外衣就往外走，打开门后，村长看见一个在雨中凌乱的小姑娘，狂风已把她的雨衣帽子掀翻，冰凉的雨水打在她那稚嫩的脸上，顺着脖子流到了身上。

村长想接过福宝手中的锣和锣槌，但福宝并没有松手，而是握得更紧了，她趴在村长的耳边，大声地说了几句话，就跑远了。村长看着小福宝的背影，叹了口气，急匆匆转向另一个方向。

福宝离开村长家，就跑向了紧邻的村子，在她的锣声下，村民纷纷起床开始行动起来。小福宝在雨中迈着沉重的步伐，艰难地又奔向下一个村庄。

就这样，小福宝一口气跑遍了附近所有的村庄。在通知完最后一个村庄后，她再也坚持不住了，软软地倒在了雨水中。等她醒来后，雨依然未停，村里的道路已被洪水淹没，小福宝踉踉跄跄走了几步又停下，她隐约听到有狗叫的声音，她拿着手电筒，循着声音传来的方向走去，看见一只瑟瑟发抖的小狗，正在一个小土坡上绝望地哀嚎，福宝蹚水过去，把它抱在怀里，准备寻找回村的路。

就在这时，一座房屋在雨水的浇灌下再也坚持不住，顷刻间轰然倒塌，小福宝被眼前的景象吓坏了，慌乱中，她抱着小狗，随便选了个方向径直走去。

话分两头，几个村庄的村民得到了福宝的及时通知，在村干部的指挥下，躲到了安全地带，在清点人数的时候，才发现没有小福宝的身影，几个村干部经过商议，派出几队人分路寻找小福宝。

几经寻找，在最后一个村落外的一棵大树的树杈上，发现了小福宝的身影，寻人的队伍是发现了福宝的手电筒的亮光才找见她的。此时，大树周围已被洪水吞没，营救小福宝又成了难题。

经过短暂的商量，大家行动了起来。一会儿工夫，有人找来绳索，几个水性较好的人系上绳子，慢慢地靠近小福宝所在的那棵大树，在大家的通力配合下，小福宝和小狗得救了。当人们把福宝抬到紧急避险地的时候，福宝已经失去了意识，可是怀里还紧紧地抱着那只绝望的小狗。

在连夜送往县城医院的路上，小福宝艰难地睁开了双眼，看着围在身边的人们，她有气无力地说了一句话："我来过，我很乖。"说完这句话，她微笑着，慢慢地闭上了双眼。

"我来过，我很乖。"是小福宝留给这个世界的最后一句话。在她这短暂的八年岁月中，她没有淘气过，没有撒过娇，更没有任性过。八年，她不知道自己的亲生父母是谁，更没有体会过父母的疼爱，就连一句爸爸妈妈都没有喊出过。

可是小福宝这八年的短暂人生，比许多人都活得精彩。司马迁说过："人固有一死，或重于泰山，或轻于鸿毛。"小福宝凭一己之力，挽救了那么多人的生命，她的恩情重于泰山。

她走了，带着微笑离开了人间；她走了，却把"福"留在了人间。

清明又至，小雨还是淅淅沥沥地下个不停，人们像往年一样，去坟前纪念福宝。让人意想不到的是，在小福宝的坟边多了一个坑，坑中有一只土狗乖乖地趴在那里，已安然地睡着。

与脆弱说再见

如果有人问，你想做强者还是做弱者，相信所有人的答案都是一致的，因为没有人喜欢当弱者。那么，强者都具备哪些条件呢？我认为，拥有一颗勇敢的心是最重要的，这颗心应该充满坚韧、充满阳光，应该有无穷的力量，既能直面生活中的各种挑战，又能击碎挫折失败所带来的苦楚，在布满荆棘的强者之路上，心之所向，披荆斩棘。

可不知为什么，许多人都缺少这样一颗强者之心，接受不了他人的意见建议，直视不了自己的差错缺点，听不得别人的批评教导，很难面对残酷的竞争比拼。也许是脸皮薄要面子，或许是内心脆弱受不了半点儿打击。

高尔基的散文诗《海燕》里有这样一段描述：

海鸥在暴风雨来临之前呻吟着——呻吟着，它们在大海上飞窜，想把自己对暴风雨的恐惧，掩藏到大海深处。海鸭也在呻吟着——它们这些海鸭啊，享受不了生活的战斗的欢乐：轰隆隆的雷声就把它们吓坏了。蠢笨的企鹅，胆怯地把肥胖的身体躲藏在悬崖底下……只有那高傲的海燕，勇敢地，自由自在地，在泛起白沫的大海上飞翔！

我喜欢高尔基笔下的海燕，只身在苍茫的大海上，面对乌云压顶狂风呼啸，它全然不惧，在乌云和大海之间，犹如黑色的闪电，在高傲地飞翔。

海燕正是凭着一颗无敌的强者之心和高超的飞行技能，才能在大自然恶劣的环境中展翅飞翔，因为它深信，乌云是遮不住太阳的。

经常听见有人这样赞美我们青少年，说我们是一群奋激勃发的雏鹰，未来的广阔天地必将属于我们，相信我们一定能展翅腾飞遨游苍穹。

我知道，这样的赞美语句，是对我们青少年的鼓励与鞭策，鼓励中充满了浓浓的期许。面对这样的赞誉与期许，我感觉有些汗颜，扪心自问，我做得不够好。

实话实说，我在强者之路上有一颗脆弱的心，虽然努力在改变自己，让自己的内心更加强大，但是总觉得还有不少差距。

做事喜欢追求完美的我，非常在意他人对自己的评价，得到肯定的评价自然高兴，如果是否定的评价，就会心灰意懒，甚至一蹶不振，进而会自己否定自己。我经常认为，我就是《海燕》中那些胆小、蠢笨的生灵，甚至还不如它们。

脆弱的心的另一种表现是——喜欢对号入座。看到身边有人在谈论话题时偶尔看我一眼，我就认为他们在议论我，于是脑海中快速思索，最近有没有做错什么事情，这种感受，使我心情非常糟糕，想上前询问大家在谈论什么话题，可是内心与行动是脱节的，踌躇不定，最终还是放弃了。

我非常讨厌这样的自己，不能直视自己的问题所在，不能接受他人的批评意见，还总是疑神疑鬼，这种滋味难以言表，只能一个人默默地承受。

今天，站在演讲台上，我把我的缺点与不足，大胆地、一股脑儿地向大家表达出来，我感觉很轻松，身上沉重的镣铐好像消失了，心中层层的枷锁也被打开了，有种重获新生的感觉。

其实，在通往成功的路上，最大的"敌人"永远是自己，确切地说，是自己内心深处潜藏的那颗使人脆弱的种子。如果任由它生根发芽，开花结果，那么它将会成为人生路上最大的绊脚石，所以，我们要勇敢面对它，并且战胜它。

就像生活中做家务一样，经常把那颗脆弱的心拿出来洗一洗、晒一晒，让流水涤荡内心的尘垢，让阳光穿透内心的深处，这样我们的内心就能长久地保持光明。

我们要知道，人无完人，做事也不可能十全十美，每个人身上都是优缺点并存，发挥自己的长处，弥补自身的不足，才能不断进步。

如果有谁存在与我一样的问题，那么，请你不要担心，今天的我，已为明天的你做了一个表率，接受自身的缺点与不足，并把它们曝到日光下，经过阳光的洗礼，你会发现，你所在意的问题已不是问题，你会轻松地，与脆弱说一声再见。

成长的路上多坎坷，这些坷坎，不正是进步的考验吗？所以，让暴风雨来得更猛烈些吧，只要内心足够强大，我们就能勇闯天涯。

我们需要五分钟

五分钟很短，在时空运转时可以忽略不计，在历史长河中不值一提，在人生百年中转瞬即逝，在学习生活中与人们擦肩而过，它如一朵快乐的浪花，热情地奔赴广阔无垠的大海，转瞬间便消失不见；五分钟很长，在等待中却无比煎熬，在期盼中遥遥无期，在痛苦时悠久漫长，在彷徨时久不离去，它就像一个黑色的精灵，在不快时只有它懂你，陪伴着你不离不弃。

在学习生活中，五分钟时间，是那么不起眼儿，没有人真正去在意它，游戏间弹指灰飞，发呆时无声流逝，它总是在不知不觉间悄然而去，从不抱怨，永不谄媚。但五分钟时间，真的很重要，可在短暂里创造无限可能，竞技场上可以转败为胜，救援现场可以挽救宝贵生命，它总是在默默等待，只要你需要，它会快速地投入你的怀抱。

生活由无数碎片组成，碎片则由时间来填满，合理安排不同事项，利用好每分每秒，相信得到的永远比失去得多。

我特别喜欢《与时间赛跑》这篇文章，文章中有几段话深深地影响了我：

"有一天我放学回家，看到太阳快落山了，就下决心说：'我要比太阳更快地回家。'我狂奔回去，站在庭院里喘气的时候，看到太阳还露着半边脸，我高兴地跳起来。那一天我跑赢了太阳。以后我常做这样的游戏，有时和太阳赛跑，有时和西北风比赛，有时一个暑假的作业，我十天就做完了。那时我三年级，常把哥哥五年级的作业拿来做。

"后来的二十年里，我因此受益无穷。虽然我知道人永远跑不过时间，但是可以比原来快跑几步。那几步虽然很小很小，但作用却很大很大。

"如果将来我有什么要教给我的孩子，我会告诉他：假若你一直和时间赛跑，你就可以成功。"

是呀，只要能比原来快跑几步，虽然步子很小，但作用却很大。每当我偷懒耍滑、想糊弄了事的时候，就想起了这篇文章，这几段话就在我的耳畔萦绕，仿佛在说：我看着你呢，别想偷懒。于是我又打起精神，与时间争锋，与自己赛跑。

渐渐地，我培养了合理规划事项、精准掌握时间的自我约束力，我发现我的学习、生活都发生了改变，眼睛更加明亮，心情也格外透亮，做事质量也提高了。

快节奏的生活，总是会遇到意想不到的事情发生，这就要人们及时做出调整，给自己五分钟，给他人五分钟，也许坏事变好事。

当与他人发生争执时，耐心五分钟，好好倾听别人阐述的观点，也许会收到不一样的答案，尊重他人就是尊重自己；遇到让人恼火的事情，冷静五分钟，也许事情会有另一种结果，给自己一点时间，给他人一个机会；紧张焦虑时，放空五分钟，调整思绪、放松心情，捋清事情脉络，你会发现柳暗花明又一村；当被人误解时，沉默五分钟，解释还是无视，完全掌握在自己手中；面对批评时，思考五分钟，找到问题关键点，总结经验教训；与他人相约时，提前五分钟，懂得礼仪文化，处事自然轻松。

人们常说，浪费时间就是浪费生命，所以，合理规划事情，精准掌控时间，体现了一个人的自我约束力，同时也是个人能力的体现。

五分钟，在人生当中不过刹那，如果能管理好、利用好，那么个人的优势就会慢慢显现出来，你会发现做事不会那么困难了。

乔布斯说过一句话："在你生命的最初 30 年中，你养成习惯；在你生命的最后的 30 年中，你的习惯决定了你。"

其实，所有的不平凡，都源自一个个平凡的小习惯。平时未雨绸缪，关键时刻便能决胜千里。习惯的力量是强大的，每一次看似不经意的小行为，一点一滴地成长起来，就能带给我们脱胎换骨的变化。

只要你愿意摒弃有害身心的坏习惯，养成终身成长的好习惯，你的未来也会悄然改变。

管理好每一个五分钟，让它形成一种习惯吧。

利用好每一个五分钟，让它成为生活的自然吧。

也许它不能直接给你带来收获，但经过长年累月的洗练，你会收到一份意想不到的宝贵财富。

也许它不能短时间让你改变，但持之以恒地实践，肯定会让你完成华丽的蜕变。

该锻炼身体了

前段时间，我参加了学校组织的身体素质测评，几项测评内容完成后，气喘吁吁，脸色苍白，浑身无力，腿脚发软，心跳的速度更是前所未有。

测试的结果也让人唏嘘不已，只是勉强合格。

拿着这份测试单，我的手抖得好像在筛糠，曾几何时，一向标榜自己为"体育健将"的我，差点儿不及格，这让我情何以堪？这是我学生生涯以来，在身体素质测评上第一次遭遇滑铁卢，拿到了最低分数，我引以为傲的长项，已然变成了弱项，心中哀叹不已。

其实，像我一样勉强合格的同学也寥寥无几，大部分"战友"都是不合格，看着他们横七竖八地摊在地上，瞧着那颓丧的表情，我已知晓，他们心痛得比我还严重。

记得以前的我，每次参加运动会都是前三名，短跑、中长跑、跳远、跳高、投掷以及足篮排，哪一项不是手到擒来，不说样样精通，但肯定样样不稀松。难道真的应了"好汉不提当年勇"这句话吗？看来任何事情都不能掉以轻心，尤其是觉得稳操胜券的事情，没准儿就会来个大反转。

对于这份"破纪录"的成绩单，我也分析了原因：1. 自以为是；2. 不够重视；3. 也是最重要的，太久太久没有锻炼身体了。

回想一下，儿时每每想出去玩儿，不是被家长制止，就是被控制时间。但是，上学以后，随着学习担子逐渐加重，出去玩儿的心思越来越少了，更多的是没日没夜地与书本较劲儿，有时还是被父母强制推出家门，他们告诉我做事要劳逸结合，不要学成"傻子"。

听着爸妈的话语，我真是哭笑不得，小时候管控我玩耍的时间，长大了又常被他们推出家门，难道事情都是这样吗？心里所想与现实情况就不能合拍同频吗？

唉！有时好想再快点成长，成长到经济能自足的时候，就能独立自主了。可是，总听大人们说，学生阶段是最好的时期，等你真正走向社会的时候才能明白。确实如此，现在的我，真的一点儿也不明白。

言归正传，继续说身体素质测试的事情。体育测试完第二天，老师给全班同学开了班会，班会的主题当然是围绕身体素质测试展开，听到这一话题，大家如同霜打的茄子——一个个蔫儿头巴脑，看着大家被打击的样子，我心中不觉有些想笑。

戴眼镜的一大片，身体超重的不在少数，弱不禁风的大有人在，再打量一下自己，也好不到哪儿去，只能轻轻地一叹。心想，这就是祖国未来的花朵，这就是展翅翱翔的雏鹰，这就是青春的激情澎湃……拉倒吧，别自欺欺人了，除了年龄，这些赞美的词汇和语句，好像与现在的我们根本没有任何联系。

未来的花朵，那是随意地盛开；翱翔的雏鹰，怕是没飞到半空就会掉下来；青春的激情，也只能在心中澎湃。此时我觉得，年轻的我们有些未老先衰，萎靡的神情、疲惫的身体、消极的心态，无不透着沮丧与黯然。

可喜的是，经过老师的总结梳理，大家已经意识到问题所在，拥有一个健康且达标的身体是一切的根本，大家找回了因打击而丢失的积极心态，纷纷表示要改变现状，并且马上付诸行动。

超重的减肥运动，瘦弱的加强锻炼，挑食的注重营养，近视的合理用眼，熬夜的早睡早起……就这样，一场积极改变自身陋习的行动已悄然开始。

经过一段时间的身体力行，大家都有了很大的蜕变，精神状态更加积极，一举一动充满朝气，脸上挂着自信的笑容。其他班级同学看见我们全新的容貌，纷纷过来取经，一个班级带动另一个班级，另一个班级带动整个年级，最后全校所有年级都行动起来了。

操场上多了跑步的人群，球场上一片欢腾，健身房里挥洒汗水，课间休息也被利用上，校园里的全民运动已然成风。

我想，这就是青春吧！不以成败论英雄，不惧苦难往前冲，明天的明天会怎样，我们不会去想，但面对未来我们会一如既往。

我喜欢主动

前不久，与一位长辈聊天，话题是"主动与被动"。他问我，做事情你是选择主动多一些，还是选择被动多一些。我的回答是：我喜欢主动。

我是一个性子比较急的人，做事喜欢雷厉风行说干就干，不喜欢瞻前顾后、拖泥带水，这种性格有明显的优缺点。优点是执行力比较强，缺点是有时粗心莽撞。总的来说，给我带来的是利大于弊。

做事为什么喜欢主动，源于我的家庭生活。相信有许多同学都有和我一样的经历。在我的家庭中，可以说每个人都分工明确，父母工作照顾家庭，我只负责学习，以至于在生活上，我很"白痴"。在上初中之前，我在家中任何家务都没有做过，擦桌扫地、洗衣叠被等都被父母包揽，我想帮着做一些家务，但他们怕耽误我学习，禁止我做任何家务，还明确指出，我的第一责任是学习，只要学习成绩好，父母累点儿没有关系。

带着学习的责任，我接受了父母的观点，唯学第一，在我心中深深地扎了根。直到参加一次夏令营，我对父母"唯学第一"的观点产生了动摇。

那次夏令营，不只考验学习能力，更考验一个人的综合素养以及团队的配合能力。在文化测试中我名列前茅，但是在动手实践与团队配合方面，我明显与其他同学有很大的差距。主要原因是我生活实践能力太弱，个人主观色彩太强，缺乏团队精神，以至于拖了小组的后腿。

看着小组其他同学相互协作娴熟且井然有序，我却只能在一旁观望，心里的苦涩只有自己知道。竞赛结束，成绩很糟，小组同学们没有抱怨我是个累赘，相反还主动出言安慰，让我不要在意一次的得失，并相信我会改变一切，做得更好，说完每个小组成员都上前与我紧紧拥抱，对，是那种紧紧的拥抱。在拥抱中我感受到了团队的力量，这力量如涓涓细流滋润着我颓废的心田，这力量浩瀚如龙所向披靡一往无前，这力量化腐朽为神奇无坚不摧，这力量经久不衰心头萦绕。

听着真诚的关心的话语，感受着强劲有力的臂膀，我颓唐自责的心渐渐被感化了，我萎靡不振的眼神坚定了，但那种无能为力、只有无奈沮丧的滋味，我再也不想尝试了。我暗暗下定决心，一定要改变现状，我要主动出击，不要被动挨打。

回到家中，我把夏令营经历的种种都告诉了父母，并明确提出我要改变，我要变强，不只是在学习上努力赶帮超，在生活上也要做实践小能手。父母听了我的话，欣慰地笑了，对以前"唯学第一"的做法表示歉意，并且告诉我，如果自己的观点与父母的观点有悖，就大胆提出来，一起交流沟通；认为是对的事情就努力去做，父母给我把关。

以上就是我被动变主动的故事。现在，我对于主动的认知又有所进步。主动不是心血来潮逞匹夫之勇，主动不是抢占先机而有心无脑。主动应该与能力相匹配，主动要与环境相协调，不自量力的主动只会徒增烦恼，不合时宜的主动会笑料百出。

有人说，谋定而后动岂不是更好！也有人说，上赶的不是买卖！

我想说，谋定而后动固然重要，如果在能力允许、环境适宜的情况下，还要去瞻前顾后。上赶的不是买卖，这是人们的经验总结，说的是当你主动的时候，往往就已经被动了。

但是我认为，主动何尝不是一种筛选呢，不必费尽心思去暗示，不用低三下四去巴结，筛掉不符合的答案，找到想要的结果，不是更好吗？

执着需要灵活

大千世界无奇不有，生活百态苦辣酸甜，面对色彩斑斓的世界，需要我们有一颗敬畏的心，也需要有顽强拼搏的精神，不管学习还是工作，奋勇向前、持之以恒是必然，做事灵活、不钻牛角尖是需要，两者结合方显智慧。

人的一生，应该如一名出色的驾驶员，方向盘稳稳地握在自己手中，驾驶车辆时，方向与速度随环境变换，有时快速通过，有时低速爬坡，有时弯道超车，有时紧踩刹车，保持车况良好，掌握驾驶技巧，才能翻山越岭，到达最终目的地。

人的一生，犹如一场考试，从出生到死亡的过程，就是答卷的过程，单选题、多选题、阅读题、解答题、写作题、思考题……所有题型随机且反复出现，这就要求我们不仅要掌握书本的基础知识，还要懂得生活能力的技巧，既要果断裁决，也需面面俱到。

经常听见他人的教导，成功来自坚持，执着创造奇迹，做任何事情都要有一颗恒心，不要半途而废，只要保持一种执着的态度，离成功也就不远了。故而，"执着"一词，成了成功的重要因素。

执着，指对某一事物坚持不放，后来也指固执、拘泥。从定义中可以看出，它属于中性词，做事坚持不放是一种良好的态度，值得人们推崇；做事只坚持不放，却不懂灵活变通，就是固执、拘泥。

生活是多姿多彩的，人类是简单而又复杂的，事物不是一成不变的，倘若做事不能随环境变化而适应、随事物发展而调整，就永远处于被动之中。

在以前，常有人说我做事"一根筋"，认准的事情，就会坚持到底，不会轻易改变，哪怕撞到南墙头破血流，也要拆了南墙继续前行。这种固执的行事风格，让我有所收获，但更多的是苦中作乐，生活上一意孤行、爱钻牛角尖，学习上按部就班、固执己见，以至于接受新鲜事物越来越慢，身边朋友越来越少，就连父母也摇头叹气，说我是认死理儿的家伙，简直不可理喻。

其实，我的父母、老师和同学，都苦口婆心地劝解过我，把道理掰开了揉碎了帮我分析，任凭他们口吐莲花，我却不以为然，结果就是不欢而散，气得同学说我是茅厕里的石头——又臭又硬。直到一件小事的发生，才让我大彻大悟。

我有一部手机，不在学校时，用于与家长联系。一天，手机莫名其妙地收到一条扣费信息，金额较大，家长看后，给了我客服电话，让我自己咨询。头一次拨打客服电话，我还有点儿紧张，接通电话后，一个熟悉的声音出现了：普通话请按1……

一通操作，总是让我不停地按数字，不仅没有解决问题，还给我弄迷糊了，弄生气了，于是我对着话筒说："您就会说这几句话吗，您就不会变通吗？"

说完这句话，我就听见父母在旁边大笑，笑得前仰后合，笑得得意扬扬，仿佛全世界的笑话，也不如我说的这句话好笑。看到他们非常开心的样子，我一气之下挂断了电话，气呼呼地一个人坐在那里。

这时，妈妈走过来说："你跟一个人工智能较什么劲儿啊！"当时，我就蒙圈了，急忙问："您说什么，刚才与我通话的是人工智能？"妈妈给了我肯定答复，并说人工智能都是程序控制，它们怎么能变通呢？

怎么能变通呢？这句话仿佛是对我说的，说我就像程序编码，不懂灵活运用，故步自封。

我沉默了，回想我自己做的事情，想起家长、老师和同学的劝解，我突然觉得自己错了，错在不敢尝试，错在刚愎自用，错在把"执念"当作"执着"，更错在对关心帮助我的人不理不睬的态度。我感觉，我像一个实心的铅球，浑身硬邦邦的，没有缝隙，没有孔洞，外界的一丝一毫都渗透不了我的身体，只有表面光滑，只有自身重量，任凭人们投来掷去，我却不知不觉。

明白了自己的错误，知道了自己的缺点，我开始尝试改变自己。接受不同的新鲜事物，接纳他人的意见建议，主动寻求他人的帮助。渐渐地，我发现我的生活更加美好了，身边的朋友多了，家长老师们笑了，我的学习成绩也提高了，整个人完全蜕变了。

人们常说，人的任何经历，不管是成功还是失败，都是一笔宝贵的财富，在成功中懂得珍惜，在失败中总结经验，那么，生活就会回馈你、眷顾你。

机遇与努力

机遇是什么，我给它起了个名字叫"幸运天使"，它的出现没有任何预兆，每每降临人间，都是在人们没有任何准备的情况下进行随机抽选。有人把握住了，就成了大奖得主；有人后知后觉，只能与其擦肩而过。得到大奖的人，如果不去珍惜努力，机遇所带来的奖项就会随之而去。

人们常说，机遇都是留给有准备的人，这种准备不是临阵磨枪，也不是临时抱佛脚，而是个人综合素质的优质体现：高尚的道德品质、精湛的业务能力、良好的团队协作、不错的表达沟通、与生俱来的超强天赋。说得通俗一点儿，机遇择人，如同工作招聘一样，有一系列的应试流程，有完善的择人标准，最终花落谁家，就得各凭本事，倘若有人心存侥幸或想蒙混过关，那只能是天上掉馅儿饼，痴人说梦。

工作岗位凭实力说话，身在校园的学生，以成绩论高低，在竞选大队委、班干部、课代表时，都是优中选优，所以，机遇都是留给这样有准备的人。

有一种特殊情况，机遇也会青睐有加，那就是个人与生俱来的超强天赋，具体表现为在某个领域有得天独厚远超他人的天赋能力，或是音乐，或是舞蹈，或是体育。

古往今来，具有这种超强天赋并为之努力付出的人，无不走在所属领域的巅峰上，他们不因自身的优势而骄傲，而是把优秀做到了极致。

虽然我不在这个范畴之中，但在我身边就有这样的人。他的名字叫一凡，正如他所讲的，他的名字的意思是当好一个普通的凡人。人如其名，在学校他低调处事，从不张扬，就如芸芸众生中的一粒尘埃，普通至极。倘若他开口说话，那浑厚磁性的声音，极具吸引力，让人觉得他又是那么的不平凡。

学校举办一场大型文艺晚会，邀请一位播音前辈前来助阵，这位前辈对主持人的要求非常高，学校广播站的几位同学都没能达到他的要求，于是学校临时准备了一场主持人海选活动，同学们赶紧把这一消息传递给一凡同学，让他前去试试，在同学们的强拉硬拽中，一凡才来到面试现场。

此时海选活动被淘汰的同学已有很多，播音前辈的脸上挂有一丝失望的神色，正当他准备要说话时，同学们一起把一凡同学推了上去，脸红羞涩的一凡面对充满诧异神情的前辈，一时说不出话来，场面一度陷入尴尬之中。

这时，不知哪位同学喊了一句："老师他是前来面试主持人的。"面试官（播音前辈）看着面红耳赤的一凡说道："你是来参加选拔的？非常抱歉，你已经被淘汰了。主持人是整台晚会的灵魂，要驾驭全场，活跃氛围，你这胆怯害羞的样子，不能胜任这项任务，请回去吧。"

一凡向老师鞠躬致谢准备离去时，又有一位同学说道："老师他的声音非常好听，给他一次机会呗。"其他同学也纷纷开口，为一凡争取机会。面试官眼见这么多同学为一人求情，他没说话，但是他把主持稿递给了一凡。一凡双手接过稿件，大致浏览了一下，直接开始了展示。

声音一出，面试官的表情随即发生了变化，一双如同发现新大陆的眼睛直勾勾地盯着一凡，同学们看到这一幕，都知道这事儿十有八九成了。

同学们鼎力相助，一凡用行动给同学们长脸，十几页的主持稿他一气呵成，不管是男生部分，还是女生部分，他都拿捏得非常到位，节奏情感把握得刚刚好，其中还有自己的即兴发挥，当他的声音结束时，全场响起了热烈的掌声，我们班的同学最是兴奋，拍得手都红了。

此时，面试官盯着一凡半晌才开口："你学过播音主持？"一凡答道："从来没有学过，如果看春晚算学的话，那就学过吧。"

他的回答，让面试官无言以对，沉思片刻后激动地说道："天赋，是天赋，没错了，绝对是天赋使然。我差点儿错过了一个播音主持的好苗子，恭喜你入选了。"

看着面试官前后两种截然不同的神情，同学们都笑了，微笑中有骄傲，也有欣慰。

离晚会开幕还有几天时间，在这几天里一凡早进晚出，熟悉稿件反复练习，操场上、小河边、树林中都有他的身影，尤其是他那具有穿透性的声音，已经成了校园里一道亮丽的风景。同学们说，他的声音就好像千军万马，一个人拉起了一支队伍。

晚会举办得非常成功，毫无意外，一凡成了晚会的亮点，好听的声音、控场的节奏、情绪的渲染、即兴的发挥，好像整个舞台就是为他量身打造的，站在舞台上的他充满自信尽情发挥，仿佛变了一个人，也许这就是天赋使然吧。

之后，一凡水到渠成地成了校园广播站的播音员，还与其他播音员创办了几档栏目，深受老师和同学们的欢迎。对此，一凡没有骄傲，而是更加刻苦努力，在学校依然早进晚出，他发起的早读行动，得到了大家的积极响应，清晨校园中的琅琅读书声，成了我们学校的一张名片。一个人带动一片人晨读，这就是语言艺术的魅力所在吧。

机遇在每个人身上都有发生，关键是能不能抓住它，而核心则是如何珍惜它。

自信源于实力

学前班毕业，即将上小学的时候，父亲与我说了一番话，他说："当你迈入校园的时候，你的人生就开始真正地参与到竞争之中，道德品质、脾气秉性、为人处世、身体素质、学习成绩，这其中的任何一项，都会成为别人评价你的标准，要想在激烈的竞争中脱颖而出，就要付出成倍的辛苦和智慧，家庭只是你的后盾，个人成长还需靠你自己，一切以能力说话，自信源于自身的实力。"

那时的我，还处于玩心大盛的阶段，对于学习满不在乎，更别说竞争了，根本没什么概念，感觉世界如此的美好，人与人为什么要去"争"呢，大家一起快快乐乐的不好吗？

对于父亲的那番话，我自然没有放在心里，觉得他对我就是过于严厉苛刻，不像妈妈经常宠着我，有应必答。可现实打得我措手不及。

新学期开学，父母极其重视，他们一起把我送入校园，临走时还不忘嘱咐，在学校要听老师的话，要好好学习，对于他们的这种叮嘱我早已习以为常，认为就是没趣的唠叨，心里还想着，这上学不就是换了个学校吗，至于那么大惊小怪吗？

到了班级，我这自来熟的性格被发挥得淋漓尽致，不一会儿工夫，就与班里的小伙伴熟络了，这种情景与在幼儿园、学前班没什么差别，突然觉得父亲那番话言过其实，而我心里也暗自得意。

前两节语文课，老师讲得非常生动，我也听得很明白，回答问题也特别积极，自我感觉很是良好。接下来是数学课，虽然都听明白了，但是不像语文课那样效果明显，回答问题也不积极，因为心里没底，不知道是对还是错，严重缺乏自信心。

中午放学回家，"答记者问"这一环节肯定少不了，第一次上学，父母还是要询问一二的。什么"在学校感觉怎么样啦、上课能听懂不、与班里同学相处愉快不……"这些问题，我都轻松予以应对。

时光飞逝，期末考试结束，成绩有好有坏，语文优，数学良，父亲说的"竞争"已有确切答案，我不得不接受这残酷的事实。

经过一学期的切身体会，我逐步印证了父亲言论的真实性，竞争无处不在，班干部竞选、课代表竞争、运动会名次先后、成绩分数高低，就连脾气秉性、兴趣爱好等，都成为人们的谈资。

同学们"争"的还不止这些，"比"的范围更加广泛。衣服的牌子、旅游的地方、消费的场所……只有你想不到的，没有什么比不了的。

关于我的评论也有很多，每天嘻嘻哈哈地傻乐呵，就是一只没心没肺的"二哈"，跟谁关系都很好，却没有一个真正的朋友。对此，我相当受挫。

回到家，父母看到我的表情不是很好，就关心一番。我把学校的一些情况反馈给父母，他们笑了，尤其是父亲笑得最得意，意思是说，早就提前给你打过预防针了，你不在意，现在吃亏了吧。

经过妈妈的一番安抚，我受伤的心才得以缓解。父亲说，认清现状、了解了事实，就该做出改变和调整，还是那句话，自信源于实力，学习成绩第一，同时把综合素质提上去。

说改变就行动，说调整就实施。整个一个假期，我都没有出去游玩，刻苦学习、适当运动、阅读书籍、有规律地生活，不知不觉间，我的心沉静了下来，原来那种"事事不上心"的性格，在悄然间发生了转变。

新学期到了，经过一个假期的努力，终于有了属于自己的收获，模拟考试成绩双优，得到了老师们的表扬，平日里大大咧咧、嘻嘻哈哈的我，也玩儿起了深沉。老师同学们都说我变了。

是啊！只有弱者人们才去同情，只有失败者才让人可怜，只有无能的人才去刻意讨好别人，而强者是不需要这些的。

你认识谁不重要，重要的是谁认识你。灯光只能照在你的身上，而自带光环才是我们努力的方向。

竞争并不可怕，可怕的是没有竞争的意识；失败也不可怕，可怕的是被颓唐的心所占据；坎坷也不可怕，可怕的是没有应对的方法。

只有经历了，才是真正的成长了。现在长大了，父亲的这番话，一直记在我的心中，始终鞭策我不停地去践行。

我感谢那些无数次的失败，是它们让我找到了成功的方向；我感谢我所有的竞争对手，是他们让我看到自身的不足，并让我一直处在行动当中。

说一千道一万，不如自己的"真枪实弹"，竞争路上有你我，大家都不孤单。自信源于实力，实力来自努力，让我们一起撸起袖子加油干！

没有金刚钻，不揽瓷器活儿

在玄幻题材小说中，凡人为了长生不老，不惜付出生命代价，也想修仙得道，如果侥幸入了"仙门"，就是在修仙路上迈出了第一步。修仙者把"修仙"视为"逆天改命"，他们一边顺应"天道"，一边对抗"天罚"，如果哪个修仙者，他的资质过于逆天，做了惊世骇俗的事情，那么就是"天理不容"，会受到天道的惩罚，降下"雷劫"予以严惩，被"天罚"的修仙者，扛过去后可以更进一步，扛不过去的，只能饮恨当场。

现实生活中，"知识改变命运"，可以说是真实版的"逆天改命"。人们通过学习来积累知识，通过知识掌握技能，用知识与技能创造财富，以达到更好的生活状态。

人类作为世界万物当中的特殊种群，通过一步步缓慢的进化，学会了直立行走，有了独立思考的能力，懂得了经验总结，进而改变了原始的生活状态，再经过无数年的努力创造，人类有了属于自己的文明，成为万物的"主宰"，这个过程，可以说，是人类种群改变命运的过程。

任何艺术创作，都来源于生活，玄幻题材小说也不例外。与天争，与地斗，与人搏，不过是现实生活中人们奋力拼搏的缩影，只是在小说中有了创作的升华，有了主人公的"角色光环"，才使得故事中的人物命运有了惊天的逆转。

回到现实，没有了故事中主人公的光环，每个人都处在激烈的竞争中，所谓的"天选之子"几乎不存在，只有靠自己不断地去争取、去创造，才有可能出人头地。

例如，人们在学习方面，起跑线大都一致，也许在教学资源配置上有所差别，但学习的态度取决于个人，身处偏远地区的学生，在装备简陋的情况下，依然能实现弯道超车，比拼的是刻苦与努力。

在学习方面，付出多大辛苦都不为过，通过知识改变命运的例子不胜枚举。但在做事上，不能一意孤行、直撞南墙。常言道，做事要讲究"天时、地利、人和"，这是人们在做事中得到的经验总结，意在告诉人们，做事情不要勉强，要量力而行、顺势而为，才能水到渠成。

有人不信邪，非要做那逆天之举，结果一败涂地。所以，做任何事不是光有胆，就有产，需要有与之相匹配的实力，才会避免"小马拉大车"。

拿我举个例子。我身体素质不错，非常热爱运动，足篮排都有所涉及，每次运动会上都是"金牌"大户，在同学们眼中，我是运动健将，对此称呼，我毫不客气欣然接受，心里还暗自得意。

因为运动成绩比较突出，我被学校体育总队选中了，作为"全能型选手"，各个队都给我抛出了橄榄枝，因个人特别喜欢篮球运动，最后我选择了篮球队，并为接下来的比赛做准备。

经过一段时间与球队队员的磨合，我很快就融入集体当中，还成为球队的主力控卫，甭提有多高兴了。

马上就要进行全市中小学篮球比赛了，学校教练说："我们学校以往最好的成绩是第八名，今年有了你们几位的加入，也许能让我校的成绩再提升一下，几位主力球员要相互配合，不要逞个人英雄主义，要赛出水平，打出好成绩。"

我们几个主力球员都认真地点头回应，可心里，却不以为然。自认为，打遍校园无敌手的我们，不会输给任何人，凭我们的技能，拿个第一不在话下。

紧张激烈的比赛开始了，小组赛我们以第一的成绩进入半决赛，这使得我们信心大增，照这样下去取得第一名，不是不可能，幻想着自己站在领奖台上，那是多么光荣。

半决赛第一场，我们遇到了强劲的对手，经过一番较量，最后以惨败而告终。赛后总结，大家一致认为我们轻敌大意，决定下一场好好表现。

可是，接连三场，我们均以战败而结束。整个球队的气势受到了前所未有的打击，人人沉默不语，个个垂头丧气，几个主力的精神更是萎靡不振。不出所料，半决赛最后一场，我们含泪落败。

赛后，教练员要求我们集体观看最后的决赛。决赛的每一场，我们都观看得非常认真，发现自己球队的实力与进入决赛队伍的实力存在较大差距，根本不存在轻敌大意的问题，对此，我们羞愧难当。

事情往往就是这样，当你自认为可以的时候，现实总能给你一记响亮的耳光，不同的是，有人被打得晕头转向，有人被打得清晰透亮。

我们在不知道对手实力的情况下，坐井观天，认为自己已无敌手，这是多么可笑的一件事情。所谓"吃一堑，长一智"，认清自己，面对现实，唯有实力才能让你走得更远，来年比赛，肯定不会让这样的事情再次发生。

生活中，你有这样的经历吗？做事不去调研，不清楚竞争对手的真正实力，只凭一腔热血，仅凭自己的想象，如果有，那么恭喜你，与我一样，你将被现实重重打脸。

走在街头巷尾，看到商家广告牌上用得最多的两个字是"正宗"，我想，究竟正不正宗，不是商家自己说了算，而是顾客说了算。

行事，重在行动

人从出生到死亡的过程，是人们实现自我价值的过程，自我价值的体现，完全在于事情完成的程度，可以说，人的生命周期就是不断地处理事情的过程。生活、学习、工作，纷繁复杂的事情接踵而来，人们被"杂事"包围，不是在处理事情，就是在处理事情的路上。

时间观念强、统筹能力强、执行能力强的人，面对诸多事情可以有条不紊、井然有序。相反，缺少时间观念、生活上杂乱无章、喜欢纸上谈兵的人，办事效率就会大打折扣，不仅影响自己，还拖累他人。

人的一生，大多数时间都在与自己赛跑，要在短暂的生命周期，完成无限的可能。勤奋好学的人，能够自我约束，实现自我价值的可能性就越大；懒散无求的人，心态随遇而安，不争不抢，且活且珍惜。

作为青少年的我们，处于人生的黄金期，有激情活力相伴，有无限热血沸腾，有昂扬斗志迸发，面对挑战直接迎难而上，面对失败可以从头再来。无所畏惧是青春的代名词，永不服输是年少的座右铭。可以说，天时、地利与人和都站在我们这一边，所以，我们绝不能肆意挥霍时间，任性放纵自己。

时间如白驹过隙，青春在生命周期中也只是昙花一现。你可还记得，第一次走进校园时的心动；你可还记得，系上红领巾时的喜悦；你可还记得，加入共青团时的誓言；你可还记得，自己的远大理想抱负。

这些，我都牢牢地记在心里，并且一直在努力践行着。

青少年以学习为己任，约束自己言行，管理好作息时间，显得尤为重要。这一点，大家都知道，而且都有自己的计划和目标，但在完成事情的程度上却有很大差异。

为什么呢？我认为，除了学习天赋与个人能力外，出现差异的最主要因素是在行动上。有的人把每天的计划安排得非常详细，看着自己耗费巨大精力制作的事件表格很是满意，可在行动上属于三天打鱼，两天晒网，每每出现内疚，却以种种理由自我安慰。有的人没有制订完美的学习计划，只是把今天的事情做好，记住明天该做的事情，长此以往却有了不错的收获。

有这样一则故事。著名教育家班杰明曾经接到一个青年人的求教电话，说是他向往成功，渴求指点。待青年如约而至时，班杰明的房门敞开着，房间里乱七八糟，狼藉一片。这让青年很意外。

没等他开口，班杰明就招呼道："你看我这房间，太不整洁了。请你在门外等候一分钟，我收拾一下。"班杰明一边说，一边轻轻关上房门。不到一分钟时间，班杰明又打开房门，并热情地把青年让进客厅。这时，青年眼前展现出另一幅景象：房间内的一切已变得井然有序。

可是，没等青年将有关人生和事业的满腹疑问提出，班杰明就非常客气地说："你可以走了。"青年人一下愣住，既难堪又非常遗憾地说："可是，我还没向您请教呢……""这些……难道还不够吗？"班杰明一边微笑，一边扫视自己的房间，"你进来又有一分钟了。"

"一分钟……一分钟……"青年人若有所思，"我懂了，您让我明白一分钟的时间可以做许多事情，可以改变许多事情。"他向班杰明连连道谢后，开心而去。

这则故事告诉我们，利用好每一分每一秒的时间，点滴成线就会有所收获。

有人说，我也珍惜时间，可收获却甚微。

有句话叫：勤能补拙，笨鸟先飞。很多人都不是靠天赋成功的。

梅兰芳幼时去拜师学艺，师傅说他眼睛没有神采，不适合唱戏。因为梅兰芳小时候眼睛有轻度的近视，眼珠转动不灵活。

梅兰芳学艺的决心没有被动摇，回到家中，他每天用双眼紧盯空中飞翔的鸽子，或注视水底游动的鱼儿。十年时间，从未间断，持之以恒，终于恢复了视力，练出了眼神。

后来，他在舞台上表演时，梅兰芳用眼神传达了人物内心的细腻情感，人们都说梅兰芳的眼睛会说话了。正是经过常年的勤学苦练，梅兰芳才成为世界闻名的京剧大师。

我喜欢看体育赛事，运动员争分夺秒的激烈对抗，充满了激情的个性张扬，敢打敢拼永不言败的拼搏，是奥林匹克精神的绽放，这是体育的精彩与魅力，但精彩的背后，却是无数日月汗流浃背的刻苦训练。

其实，成功没有所谓的秘诀，做事也没有任何捷径，唯有脚踏实地、珍惜时间、付诸行动，才能有所收获。

让情绪正确释放

生活中，每个人都会做梦，五花八门的梦境让人沉迷其中，一个好梦能让人一天精神抖擞，一个不好的梦能破坏一天的好心情。

平日里喜欢仙侠的我，特别期待有一天能在梦中得到高人指点，学到上乘的武林秘籍，成为绝世强者。都说日有所思夜有所梦，我的这一期待还真应验了。

梦境中我身处修仙世界中，在一片茂密的竹林里与一位身着道袍、鹤发银髯的老者相对而立，这位老者用慈善的目光与我相视，而后一道空灵的声音从他口中传出:"生活是什么?"

这个问题使我呆立在当场,心道:不是应该传授我修仙功法吗,不是应该试炼后成为亲传弟子吗?怎么问起问题来了?这一幕,让我患得患失。

正当我踌躇不决,不知如何作答时,眼前的画面突然斗转星移,切换到了现实生活中,在现实中我看见了两样物品和两种植物,它们分别说了一句话:

炉灶说,生活是不可或缺的油盐酱醋;橱柜说,生活是叮当作响的锅碗瓢盆;鲜花说,生活是来日方长的人情世故;白杨说,生活是只争朝夕的奋力拼搏。

四句话刚结束,紧接着又听见了那位老者的声音,他说:"人们在平凡生活中体味酸甜苦辣,尝尽世间的人情冷暖,历经种种的悲欢离合,这其中既有欢笑喜悦,也有难过哀伤,这何尝不是一种修炼呢?

"生活中,因不同事件而表达多种情绪,高兴的事情使人心情愉悦,难过的事情让人痛苦哀伤,如果能在兴奋激动中保持清醒冷静,在悲伤沮丧中不失分寸,那就需要人们能正确管理好自己的情绪。

"人生如坐过山车,时而缓慢爬坡,时而急速坠落,能者在跌宕起伏中总结经验,智者在大起大落中追寻真谛。"

老者的话让我陷入沉思,沉思中慢慢睡熟。第二天醒来,老者的一番话还在我的记忆中,并在话语中得到了一些感悟——在复杂的环境中让自己保持清醒。

对于我们思想单纯、爱憎分明却涉世未深的青少年来说,距离遇事能镇定自若、处变不惊,还存在很大差距,我们需要通过实践逐渐掌控自己的情绪,进而规范自己的言行。

我觉得,管理好情绪,首先要学会正确释放自己的情绪。拿我来说,我的性格刚正中带一点儿急躁,优点是做事一丝不苟、实事求是,缺点是心直口快、缺少耐心。有时，因一点小事非要与人争个高低、论个胜负，偶尔心急还发个小脾气，伤了他人，难过了自己。事后静下心来，觉得没有必要，对自己幼稚的做法感到可笑，事情有多种处理方法，而我选择的是最愚蠢的办法。

在实践中总结经验教训，在经验教训中展开自我剖析，在剖析中找出方法，经过一段时间的反复论证，我在自我情绪掌控上有了很大的提高，做起事来也轻松不少。

比如，遇见让人兴奋激动的事情，千万别得意骄傲，故事反转的例子可不少；遇见让人气愤难耐的事情，让自己冷静思考，解决的办法绝不是以暴制暴；被人误解冤枉，可以微微一笑，水落石出时自会还你公道；伤心难过时，痛快地大哭一场，因为泪水也是一剂良药；被人欺负时，忍气吞声只会让他人更加嚣张，要相信，法律绝不会让恶人当道。

在快节奏的生活和学习中，学生也有自己的压力，管控情绪不代表压抑自己，学会正确释放自己的情绪，让自己的生活充满正能量显得尤为重要。高兴的事情就不说了，大家都有独特的庆祝方式，我要说的是，别让负能量坏了自己的好心情。

日有乌云遮天，月有阴晴圆缺，事情有好有坏，心情有喜有悲，这些都属于自然状态，所以，我们在面对事件时都要保持一个良好的心态，除去突发事件外，大多数事件的发生都是必然形成，所谓有因必有果，就是这个道理，做事提前预判，会减少许多不必要的麻烦。

通常情况下，我在遇见不好的事情发生时，首先尝试自己处理解决，无能为力时再求助长辈家人，虽然事件本身会让人不悦，但是有家人长辈的帮助，你不会觉得孤独落寞，心中的负能量会被家人的温暖所冲淡。

在心情郁闷的时候，我会选择运动，在球场上与伙伴们一起燃烧激情，让坏心情随着汗水排出体外，运动过后心身都得到放松。

其实，调节心情的方法有很多，与家人朋友倾诉，去公园散步，爬上山顶最高处，只要找到适合自己的方法，就不会让负能量成为束缚。

小鬼也能当家了

记得第一次与父母分床睡，是在我即将上幼儿园的时候，那年我四岁，因为种种原因，我比同龄的小伙伴儿晚上了一年。

儿时的我，对父母特别依赖，干任何事情都想让爸爸妈妈陪着，只要他们在身边，我心里就莫名其妙地踏实，如果他们不同意，我只能用我的对策，一哭二闹三上吊，一整套下来，我的这种赖皮手段每每都能得逞。对此，父母只能表示深深地无奈，看我还小，没有动用强力的措施。

眼看就要上幼儿园了，我这自理能力着实让二位大人担心，死马当活马医，妈妈想出了最后的办法。小孩子爱看动画片，喜欢与同龄人一起玩儿，妈妈就是利用这一天性，改掉了我"坚守"四年喜欢依赖的毛病。

一天，爸爸妈妈把我叫到客厅，说有一部特别好看的电影要与我一起分享，电影的名字叫《小鬼当家》。一听有好玩儿的电影看，我的眼睛立刻放光，迫不及待地要马上观看，眼见我中了圈套，他们也暗自高兴，于是我们就一同观看。

电影讲述的是，一位外国小朋友用自己的办法保家护国、保护自己，同时还能解救他人的故事。他那遇事沉着冷静的心态、奇思妙想的花招、因地取材的方法，着实让人佩服，再加上无脑蠢笨的对手的倾力配合，使整部影片妙趣横生，让观影人从头到尾都处于欢乐当中，最后一家人团聚，更是点睛之笔。

观影结束，我还沉浸在影片当中，久久不能自拔。妈妈见我还处于傻乐的状态，便问道："电影好看吗？"我回答："太好看了！"妈妈又道：

"电影中的小朋友棒不棒？"我重重地点头道："太棒了，他简直就是我的偶像。"妈妈紧接着说："他和你一般大。"我听出了妈妈的言外之意，不就是说我不如他嘛！哼！我这小倔脾气上来了，说道："别小看人，他能做到的，我同样也能，今晚我就自己睡，自己的事情自己做，有什么了不起的！"

看我气呼呼的样子，父母二人相视一笑，显然是一副计谋得逞的样子。爸爸顺便来了一句："我们看你表现哦！"我扔下一句"等着瞧吧"，就跑回卧室了。

现在想起这一幕，觉得又好笑，又好玩儿。好笑的是，我那天真可爱的傻模样；好玩儿的是，被人下了圈套，还全然不知，关键还努力配合。唉！只能怪我当时太天真了。如若放在现在，哼哼！

回到我们的房间，也就是与爸爸妈妈一起住的房间，就开始收拾自己的东西，枕头被褥、衣帽鞋袜、玩具零食等等，一股脑儿地都搬到了属于自己的房间。说起这个房间，是爸妈专门为我量身设计的，风格也是我喜欢的，就是因为太依赖他们，所以一直没住过。这次，我要好好享受我的一人世界了。

可是，该如何收拾自己的房间呢？面对刚刚搬进来的一屋子东西，我傻了，根本不会呀，就想着电影里那位外国小朋友，参照他的房间布置，开始忙碌了起来。铺床、摆放物品……忙着忙着，一阵困意上来，就睡了过去。

等醒来的时候，发现我躺在爸爸妈妈的床上，我很不解。听到我的动静，妈妈走进房屋，说："你在你房间的地上睡着了，你自己的床还没铺好，爸爸就把你抱来我们的房间了，一会儿吃完晚饭，我们陪你一起收拾房间，你认真观看，以后自己收拾。"

晚饭后，一家人在我的小屋子里开始忙活了起来。如何把床铺得平整，怎样叠好衣服，怎样把物品摆放整齐，妈妈都手把手地教我，一边动手一边讲解，可谓是细致入微。爸爸则是拿着摄像机，把这一幕记录了下来。现在，这段珍贵的视频被我保存在自己的电脑里，偶尔还会点击观看，每次观看都潸然泪下，可怜天下父母心，就是这个样子吧。

现在，我已经是高中生了，开学半个月的集中军训，我获得了多个奖项，全勤奖、优秀标兵、内务小能手、优秀大队长，每拿到一个奖项后，我就急匆匆回到宿舍，打开电脑观看记录我成长的视频，每一段视频，记录的都是父母的良苦用心，抱着奖状观看视频的我，不时发出阵阵傻笑，想象着，等军训结束，把这些来之不易的奖状作为最好的礼物送给爸爸妈妈时，他们应该会很欣慰吧。

每天军训过后，我都会找个安静的角落观看一家人的生活记录，这也成了我的一种习惯，我知道，我对父母的依赖从来没有变过，只是我学会了克制与隐藏。

爸爸妈妈，你们口中的小屁孩儿已经长大了。

爸爸妈妈，你们的"小鬼"有本事了，也能当家了。

为自己加油鼓劲儿

鲜花与掌声人人都喜欢，但想获得并不那么容易，那得有超群绝伦的成就或卓绝非凡的贡献，小到为集体争光，大到为国家增荣。得到嘉奖的人站在聚光灯下，是那样的光彩夺目，可是在荣耀的背后，是百倍的努力与千万滴汗水的汇聚。没有谁能随随便便成功，说的就是这个道理。

作为一个普通人，每天与锅碗瓢盆相处，天天与酸甜苦辣相伴，鲜花的味道与热烈的掌声，似乎离平凡很遥远，不是不想得到，而是不容易得到。

在南方沿海一座城市中，有这样一个小渔村，村民靠海吃海，祖祖辈辈都以打鱼为生，渔民们似乎早已习惯了这样的生活，对于外面的花花世界并不是非常向往，就连年轻人也很少外出务工，通过高考走出去的大学生，毕业后大都会选择返回家乡，继续为"打鱼事业"做贡献。

小渔村有位老村长，已是耄耋之年，但身体格外硬朗。渔民们每次出海前，他都会把大家召集在村中的广场上，说是广场，其实就是一块空地，别看这小小的空地，可是起了大作用，平日里开个会、举行个仪式什么的，都在这里。

每次出海前，广场上都是锣鼓齐鸣、鞭炮震天，这是专门为出海人送上的平安祝福，也是为他们打气助威，希望此次出行能有更好的收获。老村长还会把自己多年的打鱼经验分享给年轻的打鱼人，帮助新生力量早日成为主力军。

出海仪式持续大约两个小时，之后在村民们的集体目送中，浩浩荡荡的海上大军开始破浪前行，向深海处驶去，直到消失在人们的视线里。这时，老村长就会招呼大家从港口返回村中。

返回村中的老村长并不是回到自己家中，而是挨家挨户地"做客"，与邻居们聊聊天唠唠家常，缓解他们的紧张情绪。因为出海作业的人，都是村子里留守人的丈夫、孩子、亲戚或好友，出海并不是一项简单的任务，而是存在一定的危险性，家人担心在所难免。

这样的安慰，一直持续到出海人凯旋的那一天，少则半月，多则一个半月，老人乐此不疲地天天如此。

有人问老村长，至于这样做吗？他们都是成年人，应该有成年人的担当。言外之意，您老这心操得有点儿多。

老村长回道："这里的人啊，世世代代守在这里，都是普通人，更没见过什么大天儿，家人、亲友就是他们的天，如果天塌了，让他们怎么活啊？他们虽然没有得过什么荣耀，但常人该有的加油鼓劲儿得让他们感受到，要不人与人相处的那股热乎劲就会被冰冷所替代，平淡的日子、平凡的人，也需要鲜花和掌声，你说是不是这个理儿。"

其实，每个人都是大千世界里的一个普通人，有些人在某个领域或某件事情上，赢得了人们的赞誉，不管得到的褒奖是大还是小，都只是短暂的，没有人能一直活在他人的赞扬中，鲜花与掌声过后，还会归于平淡的生活。

如何把普通的日子过得有滋有味，这是值得人们思考的话题。上班族也好，学生党也罢，大都过着两点一线的生活，久而久之，这样的忙碌就会让人产生疲惫与枯燥感，更别提那些已经退休的老人们了，看了一辈子孩子的他们，到老了还是给孩子看孩子，单调乏味的生活充斥在人们周围。

在老村长的身上，我看到了不同，小渔村人们的幸福指数相当高，没有得到过鲜花与掌声的人们，在老村长加油打气的鼓舞中日子过得津津有味，同样是一日三餐，同样是工作创造财富，但他们的生活明显比大多数人的日子过得精彩。

至于为什么，我觉得这与他们与世无争的心态不无关系，但关键之处，在于他们有着常人没有的阳光积极的乐观心态，为自己加油鼓劲儿，只要有收获就是幸事，有了这样的满足感，再平淡的日子也会充满色彩。

我也试着为自己摇旗呐喊，把发力点用在日常的小事中，经过多次试验，得出惊人结果：把大目标分成若干个小目标，并逐一进行攻破，每个小目标的成功，都是前进的动力，点滴的积累就如滚雪球一样，大目标就会不攻自破。不断激励自己前行，是制胜法宝。

生活就是这样，你不理它，它哪能理你，只要你肯拿出时间认真对待，枯燥的日子就会变得有趣，纵使没有他人的赞誉，"自娱自乐"的进步，何尝不是生活的丰富？

无悔青春

青春是什么？

小花说，青春是美丽地绽放；小草说，青春是倔强地挺立；小树说，青春是茁壮地成长；小溪说，青春是流水潺潺的清脆悦耳；江河说，青春是勇往直前的川流不息；海洋说，青春是波涛翻滚的激情四射。

有人说，青春是花枝招展的小姑娘，她有着朝阳的万道霞光，虽然光亮但不闪眼，给人无限的美好；她从头到脚散发着春的气息，一阵微风拂过，轻轻地撩起了萌动的心弦。

也有人说，青春是健壮的少年，他有着钢铁般的意志，虽然勇敢但从不横冲直撞；他从内到外透出强劲的力量，一缕阳光洒下，悄悄地映衬出无怨无悔的面庞。

处在最美年华的我们，面对这样的赞美，心里美滋滋的，不免有一些骄傲，但我们知道，"路漫漫其修远兮，吾将上下而求索"，虽不曾走过前人的道路，但从字里行间中深知，最灿烂的岁月，应该用真挚友善、奋力拼搏的状态与行动来对待。

在物质上，我们尚且不能自给自足，处世之道也不尽圆满，也许在有些人眼中，我们只是被惯坏的熊孩子，浑身上下尽是小缺点，还被贴上"叛逆"的标签，家长忍让、老师包容、他人迁就，被誉为花朵的我们，真的就这般不堪吗？真的只是摆设吗？除了年龄上的优势之外，就别无他物了吗？

在这里我想说，我们不是初生不怕虎的牛犊，只会无畏蛮干；也不是温室里的花朵，经不起风吹日晒；更不是娇纵任性的公主王子，只想得到他人的称赞。

我们是一群热爱生活、懂得珍惜、为了追寻理想而不断奋进的青少年，朝气蓬勃是我们的真实状态，敢爱敢恨是我们的真情流露，敢打敢拼是我们的坚强意志，敢作敢为是我们的责任担当。

　　也许在挫折面前我们会痛哭流涕，也许在烦躁的时候会不管不顾，也许在伤心的时候沉默寡言，也许在观点不同时据理力争，也许在为人处世上幼稚可笑，可是，这些都是我们内心情感的真实写照。

　　请相信我们，人生的诸多道理我们都懂，长辈的谆谆教诲我们牢记在心，家长的温情呵护我们没齿难忘，他人的迁就礼让我们心知肚明。

　　生活中，有许多事我们确实做得不好，有时粗心大意，忽略了他人的感受；有时骄傲自满，开始得意忘形；有时愤怒交加，听不进他人的劝说；有时固执己见，不接受他人的观点。

　　也许这些就是我们身上的"顽劣"吧，明明自己都知道，但做起事来依然无所顾忌，这不是年轻的资本，这或许是年轻的任性。

　　其实，在我们内心深处藏有无声的呐喊，渴望有人懂得，好想被人理解，不想被动接受，期待心与心交流。

　　或许，在父母眼中我们一直是个长不大的孩子，事事由家长做主操办。父母千叮咛万嘱咐常挂嘴边，久而久之就成了孩子的管家。

　　在这里，我要对父母说：你们昔日悉心呵护的婴孩现在已经长大了，能力范围的事情可以做好了。我知道你们唠叨是因为放心不下，生怕意外发生。请你们相信，大鹏遨游九霄不是溺爱出来的，必是在艰难困苦中经千锤百炼而后才能，如果孩子一直生活在父母的羽翼下，那么他（她）会失去展翅飞翔的翅膀，永远不能直冲云霄。

　　说这些，并不是要挣脱家长的管教，而是希望在父母的保驾护航中，更多地锻炼自己、磨砺自己，相信经过生活洗礼的我们，会变得更好、更强。

　　也许在老师眼中，我们只是好好学习、天天向上的莘莘学子，需要万般叮咛；在他人认知中，有可能我们就是涉世未深的小朋友，需要忍让迁就。也请你们放心并且相信，在学习上我们会比学赶帮超，现实中我们也能成为生活的小雏鹰。

放心吧，在最好的时期、最美的年华中，我们不会让岁月蹉跎。年轻的我们已经褪去稚嫩，双翼的羽毛已经逐渐丰满，力所能及的事我们会认真对待，拿捏不好的事会虚心请教，在父母的保驾护航中、在老师的倾囊相授中、在他人的热情帮助中，我们信心百倍，艰难坷坎不再是阻碍，失败颓唐都已成过往，伤心难过不过是情绪的释放。

面对诸多挑战，我们会奋勇向前，哪怕汗水与泪水一同洒下，哪怕摔得遍体鳞伤，我们依然面带微笑，依然敢于亮剑。我们要做自己的骑士，在战场上所向披靡；我们要让胜利的凯歌回荡在无怨无悔的青春岁月中。

第二篇

夏的绽放

夏的绽放

"绿树浓阴夏日长，楼台倒影入池塘。水晶帘动微风起，满架蔷薇一院香。"从唐末将领高骈诗作《山亭夏日》中，我们看到了一幅色彩鲜丽、情调清和的夏日图画。

不管人们处于何种环境，都缺少不了对生活的感悟。在世俗中体会生活，用文字记录感触，都表达了人们对生活的热爱，经过几千年的积淀，留存下了大量的名篇佳作，一首首动人的诗篇、一篇篇多彩的文章，在世间经久流传、广为传诵。

如诗如画的四季，让人们感受到了多彩的生活。

春天好比含苞待放的花蕾，清雅娇嫩中散发着青春的气息。秋天犹如沉甸甸的谷穗，饱满充盈中流露出虚怀若谷的沉稳。冬天好似雄伟肃穆的山峰，寒冷冰封中尽显苍劲与巍峨。而夏天如同完美绽放的鲜花，浓郁鲜艳中透出了成熟的味道，她更像一杯浓烈的美酒，等着人们来品尝。

翁郁茂密的植被，争鲜斗艳的花朵，日夜啼叫的虫儿，大街小巷的喧嚣，这些都是夏天的标志，激情张扬是她的个性，潇洒豪迈是她的本我，主动大方是她的处事风格。即使你是一位性格内敛的人，也会被她的热情奔放所感染，情不自禁地走入她的节奏中。

四季好比四位使者，带着各自的使命降临人间，让人们在季节交替中更好地感受生活的斑斓绚丽。春的使命是希望，让人们充满奋斗的渴望；夏的使命是绽放，提醒人们忙碌中别把多姿多彩的生活相忘；秋的使命是收获，让人们知道只有付出才能获得相应的回报；冬的使命是积蓄，告诉人们厚积薄发才能爆发真正的力量。

生如夏花，寓意让人们在世间如绚烂多姿的花朵般绽放，用热情的笑靥去面对生活，用炽热的目光聚焦蹉跎，在花开花落间奋力拼搏，走到尽头也将逍遥洒脱。

在夏日里的一个夜晚，我独自走在一条寂静的小路上，小路上点点微弱的灯光，在如墨的夜里排班站岗，天空不时飘过轻柔的雨滴，完全打湿不了路上的土地，好像不想吵醒已经熟睡的人们，路边栅栏上盛开的花朵，在夜晚依然绽放它的美丽，从不考虑有没有人欣赏，也不管日夜交替，它要用短暂的周期，来诠释生命的意义。

看着它们一朵朵地傲然挺立，让我懂得了生如夏花的真谛，从骨子里流露出的顽强，让它们在岁月中站直了身躯，纵然烈日暴晒狂风暴雨，即便身处黑暗面对孤独，花朵们依然争先恐后地展现最美的一面，不是为了取悦讨好，也不是为了谗言献媚，它们就那样地自然开放，直至枯萎都不曾露出一丝哀伤。

花，在常人眼中，只把它当成房间里的点缀、调节周遭氛围的工具，欣赏它、赞美它，不过是因为它美丽的外表罢了，真正懂它的人，少之又少。

那一刻，我很庆幸，因为我懂得了花的娇艳美丽是多么的不容易，从那时起，我不再为了它的容颜而喜爱，不再为了它的婀娜而心仪，而是真真正正地欣赏它、敬佩它。

整个夏天不就是一朵盛开的花朵吗？从入夏开始，她就热情似火，尽情地绽放她浪漫的生命。人们在她的带动下，心中澎湃激情四射，纷纷走出家门，要在最美的季节展现自己最美的一面。在繁华的都市，在恬静的乡村，在热闹的景点街市，在风平浪静的海边，处处洋溢着人们的欢声笑语，体现了人们对夏天的喜爱。

而我唯独喜爱夏天的百花，它们不能选择自己生长的环境，但是它们能选择在环境中怎样地生长。人也一样，不能选择出生的环境，但是能选择用怎样的方式成长。

我愿生如夏花，不在乎身处何种环境，不去想有没有人欣赏，只管做好自己，在最美的季节绽放独特的魅力。

读万卷书，行万里路

书中自有颜如玉，书中自有黄金屋，我喜欢徜徉在浩瀚的文字海洋。海洋中的每个文字都蕴含知识的能量，等着你去探索认知，只要你肯努力，它会毫无保留地给予你充分的营养。

把不同文字进行重新组合，就会赋予它们新的生命，好听的名字、精美的文章、绝妙的诗词、动人的旋律……识文断字，不仅让我们学到更多的知识，还陶冶了人们的情操，我且享用这无边的浩瀚的文字海洋。

在完成自身的学习任务后，我喜欢寻一处安静的角落，心无旁骛地享受读书的乐趣。公园里、石桥边、小溪旁、榕树下都有我的身影。宇宙的奥秘、世界的版图、种族的划分、历史的演变、人类的进化、动物的蜕变，只要你想了解的，在书中肯定能找到答案。

读书，不仅满足了我的求知欲，还激起了我的好奇心。随着阅读量的增加，我对大千世界有了初步了解，一个世界那么大，我想去看看的想法，已在我萌动的心中生了根。

想领略大自然的鬼斧神工，想体验不一样的风土人情，想攀登世界的第一高峰，想浏览各地的名胜古迹，想尝遍不同的美食小吃。

我想要做的事情是那么多，该如何去实现，成了现实问题。作为一个学生党，不用考虑家里的琐事，已经是一件幸福的事了。世界那么大，我想去看看，奈何囊中羞涩，只能买个地球仪，不仅能看看，还能转转。但是心动了，就想行动，老话讲得好，办法总比困难多。

找方法，找谁呢？当然要去黄金屋寻找了。功夫不负有心人，只要心里有所想，书中自会有答案。在一本《小孩子赚钱的百种方法》里，我找到了赚钱的办法。人在幼儿时，自身携带的最大技能就是模仿，现在长大了，虽然模仿技能有所退步，但照葫芦画瓢还是没问题的。

做家务、打零工，体力劳动获取一份报酬；帮辅导、拼技能，脑力劳动又有一份薪水。细水长流、点滴积累，再加上自己存的"私房钱"，心动就想行动的愿望马上就要实现了。

在一次暑假中，我完成了人生第一次独自出行的愿望。上有天堂，下有苏杭，中间还有个周庄。身为北方的好儿郎，对于辽阔广袤土地上的大山大景已经非常熟悉了，向往着去江南，感受那里小桥流水人家的细腻婉转。

为了安全，父母还特意让南方的朋友关照一下我，并把叔叔阿姨的电话给了我，让我有事儿第一时间联系他们。这让我想起朱自清先生《背影》里的一段话："我心里暗笑他的迂；他们只认得钱，托他们只是白托！而且我这样大年纪的人，难道还不能料理自己吗？唉，我现在想想，那时真是太聪明了。"

其实，我心里所想，与那时的朱自清先生的想法差不多，我都长大了，能照顾自己了。但是，为了不让父母担心，我还是痛快地答应了。

父母送我去高铁站，买了送站票，送我上车，到了车厢，他们帮我把行李箱放好，把准备好的吃食放到座位的小桌上，然后一直叮嘱我外出时一定注意的各种事项，眼见快要发车了，妈妈让我开车后看一下手机，就与爸爸匆匆下了车。

车子启动了，缓缓驶离站台，透过车窗看着他们一直挥动的手臂，我鼻子一酸，眼泪掉了下来。

高铁驶离车站，就如脱缰的野马，迅速地直冲起来，我平复一下刚才的心绪，拿出手机看着妈妈发的信息："儿子，父母知道你已经长大了，许多事情都能自己胜任了，见证了你的成长，我们非常欣慰，也许有一天，你不再需要我们了，但是父母永远是你最坚强的后盾，祝你玩儿得愉快。"

这段话的下面，是妈妈的转账信息——两千元钱，看着温暖的文字，感受到父母的疼爱，我不禁"头涔涔而泪潸潸了"。

是啊！儿行千里母担忧，在父母的眼中，不管自己长多大，都是他们的孩子，他们永远心系自己的骨肉。

我庆幸这次出行，它让我切身感受到了在书本里感受不到的那份动人的场景以及家人平淡的真情，也让我真正地明白了孩子在父母心中的含义。

车子依然在快速行驶，而我的路还在遥远的前方。我不知道，前方的路是有迹可循，还是等着我前去探索，但我知道，既然选择了远方，就只顾风雨兼程，不管未来是平坦还是泥泞，只要砥砺前行，一切都在意料之中。

读万卷书，要行万里路。

世界那么大，等你去看看。

用青春谱写青春（一）

她，从大山中走出，用自己独具韵味的动作，舞动了乾坤，看过她舞蹈的人们，无不被她的灵魂舞姿所深深吸引。

她，出身贫寒，但老天没有弃她而去，而是赋予了她无与伦比的技能，从会走路的那一刻起，她就展现了惊人的天赋，在没有老师教导的情况下，她跟着影像画面自学成才。

她，对舞蹈不是喜爱而是痴迷，家里饲养的家禽是她的模仿对象，山间丛林中的小动物是她的忠实观众，她喜欢一个人在大山上忘我起舞，微风是她的音乐，小雨是她的舞伴。

她的名字，叫凌燕（化名），人如其名，平日里她恬静素雅，可是一听到音乐，她就像一只灵动的小燕子，随乐曲翩翩起舞，让人惊奇的是，她舞动的姿态能与不同音乐完美契合，舞随音动，音伴舞行，仿佛这音乐就是为她的舞蹈量身定制一般，人们都说，她是为舞而生。

这一年，小凌燕上学了，恰巧学校刚来了一位下乡支教的舞蹈教师，这份巧合，好像是专为她一人打造。不出所料，她的舞蹈天分很快就被老师发现了，舞蹈老师还给了她至高的评价，说如果她能坚持下去，那么她在舞蹈的造诣上必能一飞冲天、一鸣惊人。

大山里的孩子都是朴实单纯的，看着老师激动的神色，听着老师夸赞的话语，小凌燕红着脸，羞涩地低下了头，从未走出过大山的她，虽然听不懂老师的那些话语究竟是什么意思，但从老师的神情中，她能领会一些。

这位年轻的舞蹈教师，与小凌燕是同类人，在舞蹈天赋上有着超乎常人的表现，不同的是，她在城市中成长，从小就由专业老师悉心教导，所以，她的舞蹈之路非常通畅，并如愿考上了国内著名的舞蹈院校，在大学生舞蹈比赛上，她力压群雄、技惊四座，一支由她自己独创的舞蹈曲目使她一舞成名，在斩获大赛冠军的同时，也让更多的专业领域的人士记住了她，大学还没毕业，就有多家单位向她抛出了橄榄枝。

大学毕业后的她，选择继续攻读研究生，研究生毕业后，她选择了留校，成为一名舞蹈教师，她想用自身所学，去发现指导更多的爱好舞蹈的人。一次，她受邀去乡村参加一场公益演出，在演出的过程中，她发现了在乡村中有许多喜欢跳舞的好苗子，但奈何没有专业的老师进行指导。这一现象引起了她的注意，一个大胆的想法随之出现在脑海中，去乡村支教的念头被她提上了日程。

经过多方打听，几经周折，最后如愿踏上了支教之路，她要用青春谱写青春。

刚来到新学校，她就遇见了"知音"。小凌燕那绝佳的舞蹈资质，是她得到的最好欢迎礼，而小凌燕也终于有了自己的舞蹈老师。

在老师的指导下，小凌燕的舞蹈天赋很快就被挖掘出来了，由于她从小与家禽为伴，与山中小动物为伍，经常在大山上一人起舞的她，身体素质特别好，模仿能力超级强，领悟能力更是一点就透。一个悉心指导，一个用心领会，师徒二人的默契程度就像乐曲与舞蹈的绝美融合，这对组合，是无私与渴望的融会贯通，是青春与青春的激情碰撞，同频的她们，必能绽放出光彩夺目的花朵。

日子久了，小凌燕渐渐地与老师越来越熟悉了，胆子也变得大了起来，偶尔也会与老师开个小玩笑，可是她的玩笑并不好笑，好笑的是小凌燕开玩笑时那一本正经的样子，每次都能把这位年轻的老师逗得前仰后合，看到老师开心的样子，小凌燕就经常给老师讲笑话听，而老师呢？自然享受这份难得的快乐。

这位年轻的教师，不仅是小凌燕专业上的指路明灯，还是生活中的大姐姐。有了姐姐的指导与关心，小凌燕甭提有多幸福了。但是她心中有一个问题始终没有问出，几次想开口询问，可是话到嘴边又被她生生地咽了回去。这一次，她鼓足了勇气，问出了她心中一直想问的问题，小凌燕的问题有两个：一个是她想知道老师的名字，另一个是她想询问这如花般的老师为何要来他们这穷乡僻壤来教书。

老师的名字叫上官瑞雪（化名），因为她出生在一个落雪的冬季，家人看着窗外鹅毛般的大雪随风而舞，此时又临近春节，有瑞雪丰年之兆，故起名为瑞雪。上官瑞雪没有辜负这个名字，她用她那灵动的舞姿，演绎出了雪花纷飞的奇妙景象，自己创编的舞蹈《雪中舞》，更是她的骄傲。上官瑞雪最喜欢的花是雪中的寒梅，在冷风中生长，在冰天里绽放，寒梅那不惧严寒的傲骨，是她向往的追寻。

虽然上官瑞雪出生在冬季，喜欢梅花，但她的性子并不孤冷傲然，相反她是个活泼又善良的姑娘。这个在长辈眼中的小姑娘心中有着自己的大爱，她要化作一方肥沃的土壤，去滋养那些急需营养的幼苗；她要像雪花飘舞那样，把纯洁的美丽洒向人间。

小凌燕如痴如醉地听着眼前大姐姐的讲述，她的内心燃起了一团火，这团火包裹着一颗萌发的种子，等这颗种子成熟的时候，必然格外的璀璨。

用青春谱写青春（二）

花开花落，转眼一年过去了，小凌燕在老师上官瑞雪的精心指导下，舞蹈水平得到了显著提高，因此有了走出大山历练的机会。老师给她报了当地青少年舞蹈大赛，小凌燕终于可以到城市中去看一看了。

出发那一天，小凌燕把自己平日里舍不得穿的那套衣服穿上了，这套衣服是凌燕的奶奶手工制作的，每一针每一线，都满怀奶奶的疼爱。穿着新衣服，小凌燕更像是一只不舍离家的燕子，一步三回头地与老师踏上了征途。

第一次走出大山的小凌燕，由于对家的思念，一路上都沉默寡言，到了城市，她闷闷不乐的情绪被新鲜事物所取代，这儿瞅瞅，那儿看看，一脸惊奇的样子，就像《红楼梦》中的刘姥姥进了大观园，眼睛都不够用了。

老师上官瑞雪则是当起了向导，为小凌燕介绍城里的新鲜事物，听着老师耐心且细致的讲解，小凌燕不住地点头，眼中尽是新奇的色彩。老师问她喜欢这里吗，小凌燕点头表示喜欢，老师又问想在这里生活吗，小凌燕陷入了沉思。老师知道她的心思，便转移了话题。

来到大赛报名处，看着人山人海的景象，小凌燕有些胆怯，从未见过这种阵仗的她，不由得停下了前行的脚步，这时，一只充满温暖的纤纤细手搭在了她的肩膀上，一股无形的力量在她身上蔓延开来，让她那停住的脚步又有了动作。

报名现场，男生们英俊潇洒，女生们亭亭玉立，看得小凌燕目不转睛，她问老师上官瑞雪："这些大哥哥大姐姐，都是来参加比赛的吗？他们长得怎么那么好看，就像童话故事中的人一样。"

小凌燕那童真的话语、那天籁般的声音，极具穿透力，周围的人们都纷纷看向了她，而她以为自己说错了话，赶紧低下了头，此时的她，就像一个犯了错的孩子等待着批评一样。

老师拉起她的手，用悦耳的声音说道："你说得没错，那些哥哥姐姐们都是来参加比赛的，为此他们还做了精心的打扮，连老师看着都心动，而你也有你的精彩不是吗？你并没有说错话，更没有办错事，你那些话都是夸奖的话，怎会有人不喜欢被人夸奖呢？尤其是被这么好听的声音所赞美，所以，他们想看看这好声音出自谁的口。"

老师的一番解释，让小凌燕松了一口气，她紧了紧怀中抱的那个包袱，用坚定的目光看向老师，老师则以同样的眼神予以回应，两个眼神的默契碰触，已经不需要言语来表达。

小凌燕怀中包袱装着的，是老师从网上给她购买的参加比赛时用的舞裙，小凌燕把它视作珍宝，一直把它带在身上。她只穿过两次，一次是试穿，另一次是排练舞蹈，而后她再也舍不得了，她要留着比赛时再穿。

为此，老师上官瑞雪也没多说什么。其实，老师给她准备了两件，一件练习用，一件比赛用，可是从小就会过日子的小凌燕，根本"奢侈"不起来，她把另一件舞裙锁在自己的小箱子里，老师看得哭笑不得。直到出发前，老师为了保险起见，才苦口婆心地劝说凌燕把那件也带上，犹豫了半天，小凌燕才同意，并把箱子中的舞裙交给老师来保管。

第二天，比赛开始了，从未参加过比赛的小凌燕特别紧张，她担心自己跳不好，害怕辜负了老师的辛苦，后场中的她，手心满是汗水，小脸尽显苍白。

老师在台下看着这一幕，向她挥了挥手，不知是默契还是心有感应，处在紧张之中的小凌燕，这时也看向了自己的老师，两人一对视，老师在场下，当着所有人的面舞动起来，老师舞的正是凌燕参赛的舞蹈，虽然没有音乐伴奏，可是丝毫没有受到影响，那轻盈的舞姿，那娴熟的动作，那专业的水准，引来无数观看的眼睛，这时的上官瑞雪，就是一只翩跹起舞的精灵，她那由内而外的美丽，震撼了所有的人。

简简单单的几个动作，让紧张的小凌燕完全沉浸其中，当上官瑞雪的动作停止的时候，该凌燕上场表演了，此时的她，心中只有舞蹈，眼中尽是舞蹈的画面，随着音乐声响起，她开始舞动了，在台上的她，就是全场的焦点，随音乐而舞，伴节奏而动，表情与动作完美契合，眼睛与情感紧密相连，每一个细胞都在跳跃，每一根汗毛都在鼓动，那浑然忘我的状态，惊艳了评委，看呆了观众，人们仿佛走进了一个舞者的世界，享受着她带来的精神愉悦。

一曲终了，动作停止，全场一片寂静，片刻后，雷鸣般的掌声响了起来，而在台上的小凌燕，抬起头望向了老师的位置，眼中的晶莹，最终化作成串的泪珠，顺着稚嫩的脸颊无声地滑落。大家随着凌燕的目光看到了台下的上官瑞雪，此时的上官瑞雪，激动得无以复加，那喜极而泣的泪水，也在悄然地滴落。这一幕，看得场内所有人都为之动容，紧接着又是一阵雷鸣般的掌声。

不出所料，小凌燕第一次参加比赛就得到了全场最高分，站在领奖台上，她内心无比沉静，她知道，自己能有今天的成绩，全凭大姐姐老师的精心指导，她要把这第一次拿到的奖项送给自己的老师上官瑞雪，以报培育之恩。

转眼三年过去了，小凌燕的舞蹈水平有了质的飞跃，在这三年中，师徒二人辗转大大小小的赛场若干，斩获的奖项摆满了她们制作的小橱窗。而凌燕还被城里的一所学校破格录取，可谓是喜上加喜。

三年了，上官瑞雪支教的时间马上就该结束了，当小凌燕知道这一消息时，伤心极了，她早已习惯了老师的指导，早已眷恋姐姐的陪伴与关心，这晴天霹雳般的消息、这残忍的现实，她怎能接受，但她不能不接受。

老师离开的那一天，小凌燕忍住悲痛，前来与大姐姐老师做最后的告别，望着老师那远去的背影，小凌燕使出全身的力气喊道："大姐姐老师，是你给了我新生，是你给了我未来，请你放心，也请你相信，你走的路，也是今后我要走的路，不管前路如何坎坷，我也要追随你的脚步，用星火点亮夜空，用青春谱写青春。"

声音在大山深处久久回荡，就如上官瑞雪此时此刻的心情——不舍离去。

美与时尚

爱美之心人皆有之，自古以来，人们对美好事物的向往从来没有停止过，每个时代，人们对于美的追求不尽相同，但差别不大。

别具风格的园林，精心布置的房屋，做工精美的物件，光鲜靓丽的衣着，丰富营养的菜肴，醇馥幽郁的酒水，芬芳四溢的茶汤，神秘高雅的艺术，玲珑强健的身躯，纯洁高尚的品格，这些无不体现出人们对美的追求。这些追求，既有对物质生活的美好向往，也有对精神富足的无限追寻，更有对道德品质的完美塑造。

对美好事物的喜爱，就需要人们有一颗善良纯洁的心，有一双发现美的眼睛，有一个饱满有趣的灵魂。

人从儿时起就有了分辨美丑的能力，一个只有一岁半、刚刚会走路的小姑娘，在穿上爸爸妈妈给她买的新裙子后，高兴得手舞足蹈，可见美从童心中发出，是多么快乐、多么纯洁。

随着人们年龄的增长，学识的广泛，阅历的增加，处事的多面，人们对美的追求有所改变，美很少从心底发出，单一视觉的美开始引领时尚，欲望、攀比、炫耀、嫉妒，让美失去了真正的色彩，也让美蒙上了一层"丑"的面纱。

有人说，人们自古以来对美的追求都处于时尚前沿，对美的向往从来没有松懈过，有人的地方就有竞争，有竞争才能推动事物向前发展，何谈变了味儿？

在这里，我要说，竞争应该体现在业务上、水平上、技能上，它应该是良序的、公平的、规范的，这样的竞争才能发挥人们的真实水平，才能找到自身的不足，才能知道差距在哪里，才能推动事物向前发展。心存侥幸、嫉妒、抱怨，不仅不能推动事物向前发展，反而会阻挠事物前进的步伐。

而单纯的美的竞争体现在哪里呢？视觉的美，除去大自然的鬼斧神工，只剩下人工的精心雕琢；心灵的美，才是真正的美，既能赞叹大自然的风光无限，又能欣赏人工创造的多彩世界。

一味追求视觉的美，用视觉美去与他人竞争，最终的结果不就剩下欲望、攀比、炫耀、嫉妒了吗？所以，美应该是人们精神充盈的表现，而不是与人攀比的手段。

现实生活中，人们把"时尚"当成了"美"的象征，追寻符合时代潮流的新鲜事物无可厚非，但没有风尚，体现不出时代风气，只是盲目地"跟风"，这种时尚，与美还有很大差距，多了对物质的渴望，少了对精神的培养。

在许多人眼中，时尚与"新、贵、稀、大"挂钩。今天你买了件新衣服，明天他入手一件奢侈品；有人购置了车辆限量版，有人搬进了大房子；

你的儿子高富帅，他的姑娘白富美。无休止的"时尚竞争"，不中断的"物质博弈"，有人乐在其中，有人打肿脸充胖子，心中的冷暖只有自己知道。

在校园里，这样的情况也屡见不鲜，相互攀比早已成风。比穿衣吃饭，比家庭条件，比父母工作，比任性蛮干。有的同学为了一部新款手机，苦求父母无果，"逼"上了校园贷；有的同学盲目追星，疯狂模仿，毁了自己的人生观；还有的同学为了追求所谓的时尚，把自己弄得"花枝招展"，走了另类路线。

美是什么？它与丑相反，是人们从视觉到心灵的认知，是好的体现，是人们追寻好的事物的潜意识。从认知到潜意识，美让人们产生创造的动力，人们从美中得到精神上的陶冶，只有视觉美与心灵美完美融合，才能体会真正的美。

时尚是什么？它是时代的产物，它是一个时代潮流的风向标，它要体现出时代的风气和习惯。它不是单一呈现，而是多样化展现。每个时代都离不开人们的继承与发展，更离不开所在时代的思想与内涵。

对于青少年而言，能有发自心里的对美的认知，并为之奋斗，就是对美的尊重。

新时代的我们，应该把"腹有诗书气自华"作为衡量时尚的标准，把"勇立潮头敢为先，奋楫扬帆谋新篇"作为行动的指南，不负韶华，不辱使命，展现属于我们青少年的时尚气息。

当你仰望他人时，却有人羡慕你

随着夕阳西下，一天的高温热浪也渐渐归于沉寂，每到这个时候，校园里的球场就会被另一波热浪所占据。球场上队员们大秀球技对抗拼搏，球场下加油声、呐喊声此起彼伏，晚霞映射下的校园彰显着青春的活力。这样热闹的场景，几乎每天都在校园中上演，那欢快的叫喊声，充满整个夏日。

　　夏天是绽放的季节，也是四季中最繁茂的季节。整个校园被五彩缤纷所包围，花草芬芳、树木葱郁、百鸟争鸣、流水潺潺，在这宛如天上人间般的仙境中学习、生活，让很多人感到艳羡。

　　一场激励的争锋在太阳落山前结束，意犹未尽的同学们约定好明天再战。随着同学们的陆续离开，校园中那热闹的氛围慢慢消散，只剩下树上的蝉声与水里的蛙声，这时的校园如同一座城堡庄园，显得无比神圣、威严。

　　每次离开校园时，我都是最后几个人之一，因为我喜欢欢愉的场景，也钟爱寂静的无声，白天与傍晚的校园，呈现出完全不同的一面，这种闹与静的鲜明对比，使我喜不自胜。

　　今天的我，打完球后，在"庄园"中独处了一会儿，准备离开时，与几位同学相遇，他们是我球场上的队友，我们打完招呼，一同往校外走去。

　　球赛刚结束，几位队友相遇，肯定要有一番交流，球技呀，防守啊，配合啊，你一言我一语，边走边聊，那叫个起劲儿。

　　走出校园，正好路过篮球场，因为学校的篮球场紧邻我们所走的这条街道，将球场与街道隔离的不是一堵墙，而是一道很高很安全的防护网，从街道能直接看到校园球场的全貌，每当我们打球的时候，都会引来很多人在这里驻足观看。

　　走到这里时，一位队友指着校园的球场说道："咱们学校的球场地面都老化了，啥时能换新的呀？我上周去表弟学校打球去了，那场地别提多带劲儿了，整个球场与国际标准接轨，能举办大型赛事活动，在那里打球，根本不知道累，有机会我带你们去体验一下，包你们满意。"

　　他眉飞色舞地介绍时，流露现出一脸的艳羡之色，几位队友并没有多想，便一口应下。

我们继续边走边聊，走到街头拐角处，看见一个身材略显肥胖的男子正抓着学校的防护网向球场上观望，那观望的眼神中充满炽热、充满渴望，而他的身体紧紧地贴在网面上，似乎想冲破网面进入球场当中。

我们与他仅有几步之遥，可是他却没有发现我们，依然在那里忘情地看着，于是我们又上前两步，离他只有一步的距离，他还是没能发现我们，但我们可以近距离地观察他。

凭多年的打球经验，我们判断出，这也是一位篮球爱好者，从那渴望的眼神中，我们感受到了他的那份狂热和喜爱，紧紧抓着防护网的两只手，因为用力过猛，而在微微地颤抖，从那颤抖的手上，我们分明看到到了冲动与理性的相互对峙、互相撕扯，这是怎样的感受啊！

时间一秒一秒地过去，正当我们准备靠近与他打个招呼时，他那紧紧抓着网面的手渐渐地松懈了，最后无力地垂在了身体的两侧，而那渴望的眼神也被不舍与无奈的神色所取代，他转过头，用沉默且孤寂的声音对我们说道："你们都是这所学校的学生吧，我真的很羡慕你们，羡慕你们能在这样美丽的校园中学习，能在这么好的球场上打球，我能想象得到，那滋味肯定特别好。我今年十八岁了，辍学已经好几年了，现在是个车辆维修工，一辈子没出息了，每天与钢铁打交道，打球的滋味早就忘了，只能抽时间看着你们在球场上争锋，没人时看看这可爱的球场。你们都是好学生，要好好学习，别像我这样，一辈子废了。"

说完，他搓了搓那还未来得及清洗的双手。我们知道，他想与我们握个手，却怕他那没有清洗的手弄脏了我们的手，只能选择这个略显尴尬的动作来缓和他复杂的心理。

这时，我们每个人都面对他，郑重地进行了自我介绍，自我介绍完，都主动与他伸手相握，在我们的真诚相邀下，他缓缓地伸出了藏在身后的右手，与我们的手紧紧地握在了一起。

不求回报的快乐

在一处废旧的广场上，有一位衣衫褴褛的老人，他坐在广场的长椅上，他的身上和身边围满了各种各样的小动物，天上飞的、地下跑的，林林总总有上百之多。

老人旁边放着一个布袋子，袋子里装满了喂食小动物的东西，让人称奇的是，那些小动物并不会去哄抢袋子中的食物，因为它们都知道"见者有份"的道理，所以，它们都在耐心地等待着老人进行有序分发。

老人是一位非常注重细节的人，他在家中用布料缝制了百十来个小袋子，然后把小动物们所需的食物分门别类地放到里面，最后用大布袋子把上百个小布袋子装在里面。

分发食物采用就近原则，每个小动物领完自己的小袋子之后，就会赶紧离开，好让后面的小伙伴能在最短的时间领到属于自己的食物，毕竟排队等待可是需要时间的。

等到最后一个小动物领完，老人就站起身，拿起空袋子抖落抖落，再把袋子叠好放在身旁，而后背靠在长椅上惬意地晒着太阳，仿佛这一刻是天底下最幸福的时光。

大约过了一小时，陆陆续续地有小动物来到老人的身边，归还用来装食物的小布袋，然后它们会亲昵地与老人嬉戏一会儿，看到其他小伙伴接踵归来，这一波小动物们就会主动让出最前方的位置，以便让后来者在第一时间归还"餐具"。

等它们把袋子全部归还后，老人就把每个小袋子整齐地叠好，放入大袋子里面。放袋子的动作刚一结束，所有的小动物们就会蜂拥而上，只见老人的头顶上、肩膀上、腿上站满了密密麻麻的"小翅膀"，身边和脚下则是布满了陆地动物的身影，它们叽叽喳喳地不停歇，老人脸上也露出欢喜的神色。小动物们用这样的方式回报老人的投喂，而老人也乐在其中。

站在远处观望的我，是多么想参与到这欢乐的氛围中，可是身为陌生人的我，它们能接受吗？想到此处，那颗"勇敢"的心有些退缩了，抬起的脚也慢慢地收了回来。

当夕阳那和煦的霞光斜射在广场上的时候，我知道，此时到了分别的时刻了，随着老人缓缓起身，那些带翅膀的小动物们纷纷振翅盘旋在老人头顶上空，而那些不会飞的，则在老人身边不停地欢快跳跃。对于分别，它们并不会感到伤感，因为它们都非常珍惜每一次相聚，即便离别也欢喜。

当小动物们都离去后，老人向我走来，此时的我，有激动，有忐忑。激动的是，这也许是一个融入他们当中的一个机会；忐忑的是，万一实现不了呢？

正想着，老人已来到我的面前，笑眯眯地说道："看了有段时间了，为何不过去与它们打个招呼？"我支支吾吾半响，愣是不知如何作答。见我有些紧张的样子，老人又道："万物皆有灵，别看它们不会说人话，但它们都有独特的分辨能力，它们都是善良的小家伙，所以需要被善待。"

"在它们看来，我是个陌生人。"我说道。老人沉吟一下说："是啊，对于你，它们并不熟悉，难免会有戒备心理，这一点你考虑得很对，你不缺少一颗善良的心，你缺少的是一个过程，一个与它们从陌生到熟悉，再到信任的过程，我相信你能做到。"

"我该如何做呢？"我问道。老人答道："那就看你自己了，这个世上有很多事情，需要自己寻求解决的办法，而不是一味地参照他人的答案，如果这样，那就少了探索的乐趣。"说完，他笑着离开了。

老人一周来这里一次,而我有七天时间寻求与它们亲近的办法。朋友听了以后,觉得我可笑至极,认为只要拿些食物投喂它们,自然就亲近了。起初,我也是这样想的,但是被我否决了,因为用"利"换来的信任,不是我想要的结果。

用真情培养真情

都说来而不往非礼也,这个"礼"还得看用在何处,与人相处,讲究礼尚往来,这是维护两者之间的正常关系;与宠物玩耍,可以投其所好;与自然中的小动物交朋友,就耐人寻味了。

一周时间转眼而去。周六一早,我兴冲冲地来到广场,破旧的广场空无一人,我径直走向老人坐的那把长椅,模仿老人的形态坐了上去,坐上去之后,开始幻想着与鸟儿们一起玩耍,与小松鼠、小兔子们一起嬉戏的场景,想着想着,我不由得笑出声来。

正在独自得意时,一只小鸟飞到了我的头顶上空,它不停地拍打着小翅膀,嘴里还发出喳喳的叫声,那声音好像在质问:你是谁?为何坐在这里?

我想起身离去,但想到我今天的目的,就厚着脸皮继续坐着。看着我赖着不走,小鸟的叫声愈发紧密了,声音中还有愤怒的成分,我冲它摆摆手,而后假装没听见,继续独自行乐。

小鸟看我还是不肯走,它停止了嘶喊,振翅飞走了。我心想,就这么一点儿耐心吗?哪知道,它不是没有耐心,而是搬救兵去了。

不一会儿工夫,飞来了一群小鸟,在我头顶上盘旋,它们怒目圆睁,小翅膀拍打得啪啪作响,这架势仿佛要与我决斗似的,我心一急,管不了那么多了,冲它们说道:"我没有恶意,只是想与你们交个朋友,这里坐的老人我认识，不信的话，等他来了，你们就知道了……"

连说带比画的我，也不知道它们能不能听懂，但我的目光是真诚的，我的语气是友善的，希望它们能感受到。

我也像小鸟似的，叽叽哇哇说了半天，实在没词儿了，带着歉意的表情坐了下来。我的话，似乎起了作用，那些鸟儿的神态明显缓和了许多，而我也是暗自松了口气。

等待中，越来越多的小动物来到广场，它们与我保持安全的距离，以便随时都能快速离开。而我，依然不动，只是对它们投去友善的目光。

它们当中，有歪着头瞧我的，有用好奇的眼神打量我的，还有大胆地小心翼翼地向我靠近的。我知道，它们这是在尝试，尝试着与我接触，我自然不敢轻举妄动，只待它们主动接近。

时间一点点过去，它们警惕的心渐渐放松了许多。又过了一会儿，一只按捺不住自己的小松鼠跳到我的腿上，用忐忑的目光注视着我，并做好随时逃走的准备。看着它那可爱的小模样，我心花怒放，我知道，我离成功不远了。

见我没有伤害它，也没有试图捉住它，它的胆子变得更大了，一下子跳到我的肩膀上，细细地打量起我来，我依然不动，任由它瞧个够。

它又跳到我的头顶上，用它的小爪子拨弄我的头发，我知道，此时的小松鼠，完全没有了警惕心理，就伸出一只手，手心朝上，放在胸前，等着它跳到上面来。

看到我这一举动，它停止了动作，迟疑了一会儿，跳到了我的掌心处，用询问的目光看着我，仿佛在说："你找我干嘛？"我用温柔的声音说道："我想与你交个朋友。"而后与它四目相对。似乎感受到了我的真诚，他摇了摇蓬松的大尾巴，而我则用另一只手轻轻地摸了摸它的小脑袋，它没有抗拒，更没有不悦，而是一脸享受的神情。

小松鼠与我玩儿了一会儿，就跳了下去，找它的同伴去了。虽然它离开了我，但我没有丝毫的不舍，因为朋友之间相处，最重要的是不强求，唯有这样双方才觉得舒适。

回味刚刚的那一幕，我欣慰地笑了。我没有用"利"去诱惑它们，是我最正确的选择。

这时，那位老人也来到了广场，他走过来与我并排坐下，他说，他早就来了，之所以不现身，是想看看我怎样与大自然的小精灵们相处，我的做法让他非常满意。紧接着，他把装有食物的布袋子放在我的身旁，由我代他给小动物们分发食物。

那些小精灵们，则是纷纷来到我的近前，等待着领取自己的那份友善。

世界上用金钱可以买到许多东西，但也有很多东西是没法用金钱来衡量的。

我喜欢这种纯粹的、不掺任何杂质的情感，这种情感，需要用真诚来浇灌，需要用友爱来呵护，唯有这样，才能结出真善美的果实。

我的动物朋友

儿时，最快乐的事情就是去乡下的爷爷家里，每每到了寒暑假，总会迫不及待。那里是我童年的摇篮，有我最美好的记忆。

爷爷家在山村，依山傍水，风景秀美。夏日里植被葱葱郁郁，是避暑的绝佳之地，又是孩子们快乐的天堂，爬山、戏水、探险、露营，让我学会了好多生活上的小技能；冬日里则是白雪皑皑，仿佛进入了白色王国，打雪仗、堆雪人、滑雪橇、刻冰雕，在冰雪世界里有我憧憬的童话。

每当回忆起这些快乐的往事，我都会情不自禁地傻笑，一幕幕、一幅幅儿时有趣的画面活灵活现地浮现在我眼前……

当然了，在童年的回忆里，可少不了陪我一起"勇闯天涯"的好朋友——阿铁。它的出身可以说还是挺高贵的，它的妈妈是部队里的一条军犬，在军队里是一名出色的士兵，不过在一次军事训练中不幸负伤，提前离开了军营，后来，"结婚"生子，就有了现在的阿铁。

阿铁与我同龄，甚至还比我大几个月，如果论资排辈，我得管它叫一声姐姐，不过生活中它确实担得起姐姐这个称呼。

爷爷家的小山村，家家都养着鸡鸭猫狗，户户都饲有猪马牛羊。别看这些家畜平日里乖巧可爱、老实憨厚，那只是在主人面前讨好的伪装罢了，在我们小孩子眼中，它们就是以大欺小、恃强凌弱的恶霸。

爷爷家的大公鸡和大白鹅就是典型的乡村恶霸。在爷爷面前一副乖巧的模样，可是爷爷一离开，它们就恢复了本来的面目，大公鸡昂首挺胸步子迈得雄赳赳，大白鹅脖子一歪眼里尽是骄傲与不屑，它们两个恶霸，是我童年的天敌。

每当我身边没人时，它俩就欺身上前，一前一后，把我夹在中间，扑腾着翅膀，嘴里还不停地乱叫，像是在挑衅，像是在宣战，看到我吃瘪准备落荒而逃，它们叫得更欢了，翅膀扑腾得更快了，仿佛在说：小样儿，你不是很牛吗？有本事跟我们战斗到底啊！

正当它们扬扬得意的时候，一道儿黑影以迅雷之速出现在它俩的眼前，身悬半空，抬起前爪，张开血盆大口向它们咬去，大公鸡与大白鹅如同耗子见了猫，立马蹲下身子，两只翅膀哆哆嗦嗦地抱着自己，嘴里则发出凄厉的叫声，好像在呼唤主人，它们被欺负了。

阿铁似乎洞穿了它们的想法，为了避免大公鸡与大白鹅的打击报复，它就像保镖一样时刻陪在我身边，有了阿铁的卫护，我心里豪气冲天，有一种狐假虎威的感觉。

白天，我与小伙伴们带着阿铁外出游山玩水、探索未知世界；晚饭过后，我们一起看天边的夕阳，数天上的星星；到了说晚安的时候，阿铁一直等我睡着才肯离去，第二天一早，又准时叫我起床。

家中留我一人看门时，阿铁怕我孤单，戴着它的铁链子左右跑动，让我跳绳，哄我开心；玩累了，阿铁叼着水葫芦来到我的身边，我喝水时，它把它的狗窝铺满稻草，让我在里面休息。

当我写作业偷懒的时候，它就把书包叼在嘴里，眼睛直勾勾地看着我，意思是：学习时不能偷懒。看到阿铁为我做的一切，我的心里充满感动。

阿铁会的可不止这些，平日里它还要帮着主人做家务，把奶奶拌好的饲料分别送到家禽指定用食的地方，等它们吃完，再一个个把食盆叼回来。做完这些，便跟着爷爷上山放牛羊，当然这一环节肯定少不了我，在山上我们一边奔跑，一边放牛羊，满山都是我们的欢笑声。

最不舍的就是离别。快开学的时候，我就要与阿铁分开了，每次分别，我都是一步一回头地向前走，而阿铁则是默默地跟在我身后，当上了班车与它挥手告别的时候，我的泪水止不住地流。车子启动出发了，阿铁就会跟着车子跑，一直跑到看不见车影，它才孤单地一个人往回走。

每次离别，都让我难受好几天，直到开学被忙碌所充斥，才渐渐走出离伤。人们都说，离别是为了更好地相聚，等到了寒假，我们便又能相见了。

这一天很快到来，当得知我又要来到爷爷家的时候，阿铁激动得无满心欢跃，眼里充满喜悦，不停地摇摆它那蓬松的尾巴，还满地转圈圈。等到相见的那一天，阿铁早早来到村口等待，看到我的身影，便与我扑个满怀，我的脸上、身上尽是它的口水，这口水充满思念，这口水满是幸福。

这就是我与阿铁的故事，它让我的童年充满无尽的色彩，它让我懂得人生中最珍贵的是陪伴。它是我的朋友，伴我走过真挚的童年；它是我的战友，同我在大山里一起征战；它更是我的亲人——无微不至照顾我的"好姐姐"。

只拣儿童多处行

公园一角，有一块草坪铺就的空地，这片绿油油的场地，是孩子们的乐园，喊叫声、嬉戏打闹声此起彼伏，声音中，充满纯真与童趣。站在草坪边缘处，就仿佛置身在孩童的世界中，每每看到这样的场景，我总会回想起自己儿时的样子，想着想着，不禁傻笑起来，真的羡慕他们无忧无虑的生活。

正当我看得起兴的时候，不知何时，一个小女孩儿已站立我的身旁，她身穿一条粉色的公主裙，脚下穿着一双金色的公主鞋，头上戴着紫色的皇冠，手中拿着一根公主权杖。这身打扮，一看我就明白了，肯定是按照动画片里的公主形象装扮的，因为在我童年的时候，也经常模仿动画片里的王子去装扮自己。

小女孩儿，五六岁的样子，鹅蛋般的脸型非常精致，一双灵动的大眼睛眨呀眨的，好似在说话一样，身材不胖不瘦，那绝美的容颜，加上精心的装扮，活脱脱的一枚小美女，那莞尔一笑的瞬间，就像被露水打湿的水蜜桃，青涩中带有丝丝的甜蜜。

我不知道她站在这里多久了，但我很清楚她的心思，因为当我细细打量她的时候，小女孩儿的眼睛并没有看我，而是紧紧地把目光锁定在草坪上那些玩闹的小伙伴们的身上。

从她那迫切的眼神中，我知道，她想参与其中，但不知为何，她总是犹豫不前，其中的缘由，只有她自己最清楚。"女孩的心思你别猜，猜来猜去也猜不明白"，我认为，这样的结论同样适用于小女孩。

不去猜测，但可以询问，找了恰当的时机，我开口道："小妹妹，你怎么一个人呢，爸爸妈妈没有陪你吗？你是不是很想参加到小朋友的活动中啊？"

小女孩儿把目光投向我，仰着头对我说道："妈妈在不远处看着我呢，她对我的安全看得比什么都重要，不会让我一人出来。我非常想和他们一起玩儿，可是，可是……"

话未说完，她下意识看了看自己的一身打扮，然后就没有然后了。她的意思我秒懂，她犹豫不前的原因，是怕在玩的过程中把自己漂亮的衣裙给弄脏了，看得出来，她在生活中是个非常爱干净的孩子。

我说道："你穿得这么漂亮，是不是很开心？"她回答："是。"

我又道："你的衣着已经使你开心一次了，可是你还想在其他小朋友那里获得第二份好心情，但是又怕影响了第一份好心情，如果你想在一天当中收获两份快乐，就得放下你心中的担忧，痛痛快快地去拥抱快乐，衣服脏了还可以再洗，但快乐不是那么容易获得的。"

说完后，我看着她，等待回复的声音，可是她却默不作声。我心想，一定是我刚才那番像绕口令一般的话语让她听不明白，所以才不能做出回应。

正当我组织语言，准备重新说一遍的时候，小女孩儿说话了，她说道："我选择双重快乐。"

她的回答，把我惊呆了，不是因为她回应了，而是因为她完全听懂了我那绕口的逻辑关系，并在那七拐八拐的逻辑思维中捋清了自己的思路，然后通过思考做了最后的决定。

尤其是回答中提到的"双重快乐"，更是让我觉得匪夷所思，假设我与她同龄，我肯定不如她。

看着我一脸难以置信的样子，小女孩说道："谢谢你，大哥哥，我去寻找快乐了，下次再见。"说完，不等我回话，她就蹦跳着奔向幸福而去了。

看着她离去的身影，我感慨颇多，现在的小孩子都这么厉害了吗？

同时，又赞叹小女孩果断的抉择，哪怕现在的我，也断然不会有她那样果敢的举动。

回想自己在日常生活中的顾虑与担忧，从来没能像她这般处理得潇洒。

聪明智慧的小姑娘给我深深地上了一课，虽然她不知道自己小小年龄就当了某人的师长，但我这个大学生，却真真正正地学到了有用的东西。

借用冰心先生的一句话："'只拣儿童多处行'，是永远不会找不到春天的。"

而我收获的，可不仅仅只有快乐和春天。

心存敬畏

每个人身上都有自己的得意之处，美丽的容颜、健硕的身体、聪明的才智、精湛的技术……具备其中任何一点，都会自我感觉良好，但绝对不能骄傲。

一个人的好与坏，不由自己说了算，而是由众人来评判、得出的结论，取决于个人以怎样的姿态展现自己。乖巧懂事的模样，往往被大人称作"听话"的孩子；我行我素的样子，会被冠以"任性"的标签；满不在乎的神态，通常被以"桀骜不驯"来描绘。

一个人的优良品质，不是短时间能培养出来的，更不是有针对性地进行"人设"搭建。短暂的塑造，不代表长久的保持；临时的搭建，随时可能塌方。一个人的出众气质，取决于读了多少书、走了多少路、见过哪些人、遇见哪些事，最为关键的是，在其中得到怎样的认知，有什么样的收获。

正所谓，江山易改，本性难移，一个人骨子里自带的本性，不是通过包装就能轻易改变的，但可以做后天弥补。

周围人对我的评价是：热心、重义、聪慧、体健、倔强、自我。抛去好的不说，最后的"倔强"和"自我"，是前面四个词汇的转折，就是虽然与但是的关系。如果用生活语言来讲，就是有些小聪明，身体素质也不错，但那事事无所谓的随心所欲，让人感到惋惜和无奈。

究其缘由，我是个坐井观天的青蛙，只见过巴掌大的天地，没见过什么大世面，凭着身上那点儿微末的优势，自我飘飘然，对于身边的一切都用不屑的眼光来看待，用长辈的话来讲，我完全没有对大千世界的敬畏之心。

那时的我，根本不知何为敬畏，能做到不目中无人已经很好了，总是七个不服八个不忿的样子，现在回想起来，十分厌烦那时的自己。

随着环境的不断变化，接触的新鲜事物与日增多，我学会了观察，发现自己身边优秀的人数不胜数，他们每个人身上都有自己独特的闪光点，最主要的是，与他们相较之下，我的那点儿小亮光显得格外黯淡。

没有对比就没有伤害，从那些优秀的人身上，我知道了自己是多么的狭隘，自身是多么的渺小，那小小的成绩是多么的微不足道。

学会敬畏，首先要学会发现，并给予赞美。以往外出旅游，走过的景点都是走马观花草草看过，只能证明我来过。而现在不同了，不仅仔细了解景区的概况，还对历史的由来以及人物的事迹等产生了浓厚的兴趣，感叹前人的聪明才学，赞叹他们的高超技能，通过点滴积累，自己的认知逐渐从"幼稚"转变为"青涩"，离"成熟"也不是那么遥远了。

懂得敬畏，还需弥补自身的不足。在我好友的日记中，有对我的评价，评价的内容只有四个字：桀骜不驯。我知道这是他"手下留情"了，给我保留一些颜面。

但今天，我要当着大家的面说出这四个字的真正含义：对任何事情都满不在乎，破罐子破摔，往往让事情朝最坏的方向发展，事后不进行反思，更不会承认自己的过错。

这就是以前的我，根本不知什么是包容和理解，更不懂礼让和谦卑，我的字典里"妥协"一词从未出现过，只按照自己内心行事，全然不顾他人的想法与意见，这种固执己见的性格，让我失去很多。

不撞南墙不回头的我，学会了转弯，明白了事情有多个解决的办法，懂得了真情需要用真诚去浇灌，同时学会了为人处世的诸多道理。

渐渐地，我的世界开始变得美好，有挺立的小草，有绽放的小花，这五光十色的日子，使我陶醉。

生活中的苦涩与甘甜，取决于自己怎样去对待，我得到的结论是：学会发现，懂得敬畏，日子便色彩斑斓。

这样的"气"不能争

"佛争一炷香，人争一口气"，这句老话意在指做人要有志气，遇到挫折要无所畏惧、敢打敢拼。这口气，是努力之气、荣耀之气，而不是怄气，更不是找气。

可在现实生活中，人们经常把这口气用错了地方，逞口舌之争，辩是非之明，耍小性之举，都为了"争口气"，但奈何这口气并不好争，纯属伤敌一千，自损八百，双方都不好受，轻则气大伤身，重则医院看病，可是人们还是乐此不疲地去争这口气。

究其原因，人人都有一颗争强好胜的心。这颗心，不能受一点委屈，听不得半点批评；这颗心，从不选择忍让，更不会主动妥协；这颗心，不懂什么是退缩，只会针尖对麦芒。

这颗心，是细腻的，也是脆弱的。细腻得能在鸡蛋中挑骨头，脆弱得经不起任何风吹草动。

生活中微末的小事，被放大无数倍；朋友之间相处，把账目算得无比清晰；情侣之间的玩笑，听得比学习还认真；家中的琐事，总要争个高低；社会上交往，绝对不能吃亏。

有关自己的言论，不管真假都格外上心；做事总是谨小慎微，特别在意别人的评价；在挫折失败面前，显得孤立无援；在强大自信面前，又是那么楚楚可怜。

你不觉得，这样的心太敏感了吗？敏感得草木皆兵，敏感得弱不禁风。

但这样敏感的心，似乎很多人都有，我也不例外。

前不久，邀朋友一起吃饭，为此我特意准备了一番，亲自下厨烹饪美食，朋友吃得很是开心，同时表达了对我的感谢，二人边吃边聊，很是愉悦。

一顿用心准备的晚餐，理应让双方的友谊更进一步，但朋友的"多心之举"，使双方陷入尴尬的境地。

我认为，好朋友之间的礼尚往来，要轻松随意一些，不必那么斤斤计较，朋友相处快乐为主。可是那位朋友却非常重视，你请我一顿，我必须还回去，邀我下周一起用餐，我也没多想，欣然答应。

还没等到用餐的时间到来，朋友就打来电话与我再三确认，并说请客吃饭是他做出的承诺，必须完成，提醒我一定空出时间，不能爽约。他的做法让我哭笑不得，同时也感觉有些沉重，认为他小题大做。

一起用餐的时间到了，这次吃饭明显不如上次轻松愉快，他总是怕我吃不好，一直不停地询问饭菜可不可口。而我呢，被他的小心翼翼弄得特别不自然，连句实话都不敢说了，只能点头说好。

一顿饭，吃得身心疲惫，更没有品尝出饭菜的真正滋味，略显尴尬的场景，让二人都陷入了沉默，后来找了个双方都感兴趣的话题，才让冰凉的氛围有了些许温度。

后来，我们很长一段时间都没有见过面，他不主动联系我，我也不会主动联系他，但都从其他朋友那里互相打听对方的近况，我知道，我们在互相置气。

谁第一个主动，谁就输了，为此两人开始较起劲来。一天，两天，一周，两周，一个月过去了，谁也没有主动联系谁，但那份煎熬着实不好受。

两人无声的较量，最终以我主动认输而结束，两人的关系和好如初。事后，我给他起了个绰号叫"忍者神龟"，因为他太能忍了，为了争这口气，他把时间安排得满满的，让自己没有时间想这事儿。

而我呢，在"冷战"期间，通过一篇文章学会了与自己妥协，主动认输，二人的友谊得以恢复，我感觉无比轻松，也认为非常值得。

通过这件事，我发现了一个问题，越是在意的人，越是互相伤害，而不在乎的人，影响不了自己分毫。

但这个总结并不全面，两个陌生人也会产生矛盾，轻则互相指骂，重则拳脚相加，不出了心中的那口恶气，谁也不会罢手。

争这样的气，最终的结果——双方都得不到好。不仅影响了心情，还在公共场合出了丑，在自媒体爆发的今天，有可能成为网上热议的"热榜头条"。

我想，这样争来的"光辉形象"谁都不想要，毕竟冲动的惩罚从不会留情。

其实，解决问题的办法有很多，可人们偏偏选择最极端的那一种。说白了，还是自己的那点自尊心在作祟，争强好胜的性子在作怪，于是就有了"人争一口气"的疯狂举动。

只有在"争气"上有了深刻的教训，才会有真正的认知，才会在矛盾面前找寻更好的解决问题的办法。

常言道，实践出真知，但这样的"实践"、这样的"真知"，真的是你想要的吗？

别总是跟着感觉走

经常听到人们提起"第六感",这种感觉在我意识中比较模糊,有种想抓又抓不住,但在现实生活中似乎又确实存在一般,为了找寻答案,好奇的我特地查询了一番。

第六感,是标准名称"超感官知觉"的俗称,又称"心觉",此能力能透过正常感官之外的管道接收信息,能预知将要发生的事情,与当事人的经验累积所得的推断没有关系。

第六感,是人类除了听觉、视觉、嗅觉、触觉、味觉外的第六感"心觉",其与直觉相似,也指机体觉。

不查还好,一查吓一跳,让本就模糊的我,更加一头雾水,第六感究竟是什么,截至目前,还没有真正的答案。

这种虚无缥缈又确实存在的感觉,让我感到困惑,喜欢刨根问底的我,直到看到这样一段文字,才稍稍明白了一些。

通过总结,我个人认为,第六感,其实是一个人对将要发生的事情提前做出的带有主观意识色彩的预判,这种判断的依据,在于一个人对另一个人的了解程度,在于一个人对事物的熟悉程度,有了现实依据为参考,才有提前判断的可能,如若不然,就变成了盲目猜测。

现实生活中,有很多人就是凭借这种感觉为人处世的,他们有时会把这种对人和事的提前预判当成最终的结果,最后才发现,不过只是一厢情愿罢了,自认为的超强感知能力,在现实面前不值一提。

比如,A与B两个人日常关系比较好,A想找B帮忙办事,在开口求助前,A会提前做一个大概的评估,评估日常与B交往过程中的密切程度,评估B解决问题的能力,但并未考虑过B到底能不能帮助自己,如果不能帮忙，自己该怎样去面对。

仅凭着自己的直觉去找朋友或熟人办事的人不在少数，最终的结果，不是被人婉拒，就是直接碰壁，求人办事时的满心欢喜也变成了懊恼沮丧，有了这样的落差，难免心存芥蒂，双方的关系再难回到从前。

究其原因，怪不得别人，只能怪自己内心的直觉在作祟，只能怪自己从未替他人考虑，自认为的理所应当，最后让事情往另一个方向发展，高估了自己在别人心中的地位，低估了现实的残酷。

有一种现象，叫作表面现象，如果把这种现象运用在人们日常生活的交往中可以称作"假象"，它是由人们的文明礼貌共同搭建而成的，为的是方便人与人之间更好地相处，进而营造一个良好的和谐氛围。

如果你把这种"客气"的相处过程，当成"亲密"来往的关系，那就大错特错了，所谓真亦假时假亦真，只有碰触到事物真正的本质层面，才能有较为清晰准确的判断，所以，不要总是跟着感觉走。

就如学习一样，不仅要弄清楚书中的字面意思，还要挖掘文字背后的深刻含义，只有学得通透了，才叫读懂了。

看不见摸不到的感觉，虽然虚无缥缈，但是确实存在，这种感觉，在人们的日常生活中，发挥了一定的作用，可是做事不能一味地随着感觉走，因为真理都从实践中得出，唯有实事求是，才能脚踏实地。

不要让善良伤了心

每次享受假期生活的时候，总是喜欢与家人一起乘车，去祖国各地体验人文、欣赏美景、品尝美食。每当车子行驶在四通八达的道路上，看着周边的景色在眼前闪过，心情格外地好，为祖国的强大兴盛而骄傲，感叹国家经济建设的快速发展，尤其是在道路交通建设方面，更是跻身世界的前列。

出行在外，导航是必备，不管将要去向何方，它总能给你规划最优路线，并且有多条可选择的线路让你快速抵达目的地，为了节省时间，人们通常会选择走快捷的路线，省时省力，方便快捷。

出行时，选择走捷径无可厚非，倘若生活其他方面也要走捷径，那意义就大不相同，甚至本末倒置。

生活中，经常听到这样一句话：是老人变坏了，还是坏人变老了？坊间流传的每一句话，都有特定的故事，这句话的背后，藏有让人们都感到愤慨的事情。

社会上，有这样一群人，为了"发家致富"，过上"好日子"，他们放弃了自力更生艰苦奋斗的拼搏，选择了与民众背道而驰的致富之路，剑走偏锋追寻所谓的捷径，甚者不惜以身试法，活跃在城市中的大街小巷和乡村中的田间地头，手段更是无所不用其极，给社会造成了恶劣的影响，最糟糕的是让社会诚信度大大降低。

相比事不关己高高挂起与各自清扫门前雪的漠视，这种"走捷径、耍手段"的行为，更是让民众深恶痛绝。坑蒙拐骗偷的暗中手段让人防不胜防，明目张胆地碰瓷讹诈造成了社会恐慌，"扶不扶、帮不帮"，成为人们助人为乐的绊脚石，给诚信美德蒙上了一层厚厚的灰。

善良、诚信、自强、知耻是中华民族的传统美德，这是做人最基本的道德底线，可是在有些人眼中，这做人的基本要求形同虚设，没有钱财来得实惠，自强不息已然沦丧，道德节操随意践踏，法律红线也敢碰触，一人作案有同伙帮忙，团伙作案留人放风，不仅耍手段玩儿心眼儿，还谋划出了应付公安办案人员的计策。如果人们遇见这些不管不顾且身手老练、不要脸面的疯狂团伙，只能选择绕道行走。

试想一下，如果这些人把那些手段、心智、计谋都用在正常的生活学习工作中，相信他们一定会有所作为。可是，这种天真的良好愿望，在现实中很难实现，人民群众只能起到监督的作用，但相信只要他们触犯了相关法律，会由法律来进行审判制裁。

可是这些人的行为，已然对社会造成了恶劣影响，让人们对诚信产生了质疑，人与人的距离越拉越远，心与心的交流有了阻力，微笑被认作不怀好意，善意被认为是为了更好地谋利，助人为乐让人有心无力。仿佛人们都戴有一副有色眼镜，功能是提高双眼的分辨能力，不为别的，只为了保护自己。

是呀，如果让善良伤了心，让诚信失了情，它们会远离人们，找一个安静的角落，默默擦拭伤心的泪水，轻轻抚慰悲痛的情感，然后静静地看着人们互相提防、彼此猜忌……

人们常说，黑暗中的一道裂缝，那是阳光照进来的地方。相反，光明中出现裂痕，黑暗正好入侵，人们让善良、诚信蒙了尘，它们就让人间少了真。

如果人与人相处，没有了真情实意，那么，就只剩下互相防备。这样的人间犹如被冰雪所覆盖，人们都喜欢躲在家里取暖，就算外出也要穿着厚重的衣服，戴着防寒的手套和口罩，与人相见，看不清彼此面目，握手时感受不到任何温度，寒暄几句过后，只留瑟瑟寒风在呼号。

相信这样的场景是人们所不喜的，因为人类是感情丰富的高级生灵，缺失了感情，就没有了灵魂。

其实，生活中大多数人都是善良真诚的，他们的善良微笑会融化你冰冷麻木的内心，他们的真挚情意会让你张开臂膀去拥抱对方。

俗语讲，我们不能让一颗老鼠屎坏了一锅汤。这句话，话糙理不糙。毕竟，扰乱社会秩序、不讲道德底线、触碰法律红线的人只是少数，我们不能把他们的恶习转嫁到所有人身上，只要相信，并始终坚信，正义是永远打不败的，那么，我们的生活依然精彩。

时代在发展，社会在进步。在发展进步的同时，必然伴有污烟尘垢，就像好与坏永生相随，白与黑永远对立一样，只要我们自身不被黑暗侵蚀，常怀感恩之心，常念他人之情，阳光就会永远照耀我们。

参与了就要尽力

"小小少年很少烦恼，眼望四周阳光照，但愿永远这样好；一年一年时间飞跑，小小少年在长高；随着年岁由小变大，他的烦恼增加了……他的世界强大了。"

这首德国影片《英俊少年》插曲《小小少年》的歌词，写出了人们在少年时期的成长过程，从无忧无虑到接受生活的洗礼。其实，人们在每个年龄段都有所担忧的事情：在幼儿时期担心自己心爱的玩具被别人抢走，在少年时期有了学习压力，到了青年时期工作家庭成了新的矛盾点，中年时期开始有了生活危机，步入老年健康又成了问题。

有人说，生活就是痛并快乐着。这句话我很赞成，人食五谷杂粮，就有生老病死，在柴米油盐的生活中，少不了喜怒哀乐的伴随，如果事事都如意，人人都称心，那么就不会有日月的交替、四季的变换、阴阳的互补、黑白的对立。

所以，人活一世，重在参与，在参与中享受过程，或喜或悲，或成或败，不过是成长路上的经验总结，因为没有谁是常胜将军，也没有谁会屡战屡败，一时的成功不代表一辈子高兴，几次的颓然也不会使人从此一蹶不振，就如好与坏相伴而生，懂得这一点，心胸就会豁达一些。

但重在参与，不是被动参加，不是进班报告，不是上班打卡，而是真真正正地参与其中，不折不扣地全身心投入，只要尽了自己最大的努力，即使失败了，也不会留有遗憾。我觉得，世界最痛苦的事情，莫过于事情以失败而告终，而你还留有很多余力。

经常听到有人劝说他人，做事情不要把结果看得那么重，只要享受过程就好。我认为，这是失败者对胆小者的劝慰，而且这话似乎缺少了一份气势，一种舍我其谁的霸气，不适合用在我们年轻人的身上。

我敬畏那些冲锋陷阵的勇士们，在他们的眼中与心中，只有一个目标，夺取最后的胜利，哪怕是敌众我寡，但那种虎虎生威的气势，就能让敌人心惊胆战，心中有了惧意的敌人，就像一盘散沙，不是溃不成军，就是不战而逃。

如果你认为，现在是和平年代，早已没有了战争，没必要再去冲锋陷阵了，那就大错特错了。没有战争，只能说没有了大面积的硝烟战争，但没有硝烟的战争，有时比硝烟战争还要可怕。

人与人竞争，比的是才华；国与国竞争，比的是人，拥有才华的人。科技、人文、教育、医疗，各行各业都不能缺少有才华的人，无数个有才华的人聚在一起，才是国家的最大力量，才有了参与国际竞争的资格，这种没有硝烟的较量，在和平时期天天在上演。

不知何时，"摆烂的人生"开始在人们生活中蔓延，这种对生活没有了向往的负能量，永远成不了社会的主流，抱有这样想法的人，终究会被现实所淘汰。

人的一生，如果没有了担忧，哪知道安逸的存在；如果没有受过苦楚，怎会尝到生活的甜头；如果没有悲伤的眼泪，怎会知道开心的笑容；如果没有失败的总结，哪会有成功的经验。

如果你觉得累了，就停下脚步歇歇；

如果你变得颓然了，证明你没有斗志了；

如果你觉得委屈了，也许你太在意了；

如果你觉得不公平了，说明你的优势还有待提高。

你要知道，世间万物都以对立形态出现的，可以说，人在出生时，就已经参与到了人与人竞争的行列中了。这个游戏规则是自然形成的，你在哪里，你的竞争对手就在哪里，这是谁也改变不了的事实，你进步了，对手也在提升，你偷懒了，对手勤奋了，差距就拉开了。只有不断地学习，稳步地提高，阶段性地进步，才能打持久战。

在这个世界上只有不努力的人、不尽心尽力的事，但没有解决不了的问题，既然选择了参与，就不要掉以轻心，狮子搏兔尚用全力，更何况技不如人或旗鼓相当呢？

梦醒时分

春困秋乏夏打盹儿，睡不醒的冬三月。正常情况下，人的一生，有三分之一的时间是在床上度过的，另外还要拿出三分之一的时间用于休闲娱乐，最后三成才是劳动创造。

这一统计，震惊了无数人，有人发出感慨，人的一生太短暂了，不应碌碌无为，应该活得有价值。有人调侃，人的一辈子就做了三件事：睡觉、娱乐、劳动。

说到睡觉，就不得不提"梦"，睡觉做梦是每个人都有的经历，梦中的情景更是五花八门、千奇百怪，有时超出了人类的认知。其实，做梦也挺有意思的，一个美梦，能让人第二天精神抖擞；一个噩梦，使人一天都忧心忡忡。

不管好梦还是坏梦，人们都非常在意，这时，就有人投其所好，专门研究不同的梦境，编写出了"解梦宝典"，供人们参考对照，相信很多人都有过"解梦"的经历，我也不例外。

俗话讲，信则有，不信则无，全凭个人意愿。从科学角度来看，做梦是人在入睡后大脑皮层未完全抑制，脑海中出现了各种奇幻情景，是人类的一种正常生理现象。所以，做梦是人体一种正常的、必不可少的生理和心理现象，我们不必把梦看得过重。

但是，也有人喜欢做梦，尤其是做"白日梦"，因为梦里什么都可能发生。

文艺作品中有个人，生活中最大的爱好就是睡觉，睡觉不为休息，而是为了美梦。梦中有了豪宅庭院，有了万亩良田，娶了绝美娇妻，生了乖巧懂事的娃儿，生意日进斗金，最后成了富甲一方的商贾。

梦中的他，已然是一位非常了不起的成功人士，对此他非常得意，不禁哈哈大笑起来，正当他笑得合不拢嘴的时候，感觉有水滴落入他的嘴中，他立刻睁开眼四处观望，原来是外面下雨致使房屋渗漏，看到眼前的场景，他疑惑不已，喃喃道："我的豪宅呢，我的娇妻孩儿呢，我的家财万贯呢？"

这时，隔壁邻居走进屋冲他喊道："二柱子，外面下大雨了，你怎么还不把外面晒的粮食收拾起来？咦，你这是什么表情，跟丢了宝贝似的。"

此时的二柱子，一副失魂落魄的样子，哭丧着脸说道："没了，没了，都没了，我什么都没有了。"

邻居看他恨铁不成钢的样子，扯着他的衣领怒道："好像你有过什么似的！"

一句话惊醒了梦中人，二柱子自言自语道："是啊，我什么都没有，什么都没有！"

艺术创作，源于现实生活。可见，在大千世界中，像二柱子一样不切实际、自欺欺人的人确实存在。这类人，有个通病，喜欢不劳而获坐享其成，天天盼着能有奇迹发生在自己的身上，殊不知，在残酷的竞争法则下，不思进取，不求上进，只会做白日梦，终会被淘汰出局。

还有一种现象经常在人们身边出现，思想大于行动，只会纸上谈兵，一到现实根本经不起检验，这样的人被冠以"思想家"的称号。这样的人与爱做白日梦的人有些类似，一种是自己欺骗自己，一种是脱离实际的"假想者"。

有梦想，才能让人奋力向前。喜欢沉入梦乡，前进的脚步很容易被束缚。人们在生产劳动过程中容易产生期盼的念头，这种心理，就是把所有的事情都往好处想、往大处想，今天得到一个萝卜，明天就想要一个西瓜，一时的成功，不代表往后不会失败。

人们常说，做事要脚踏实地，不可不切实际，可现实却是，脚踏实地地做事，心里抱着不切实际的幻想，期望值远胜于事件本身的价值，这样成就感就会降低。世人都知道，天下没有免费的午餐，也不会往下掉馅儿饼，可是一些人，还是乐此不疲地幻想着奇迹降临的那一天，等来等去，无非是白耗了大把时间。

丢掉不可能的期许，除掉虚妄的贪念与欲望，只专注于事件的本身，你会觉得身心少了一份沉重，感觉轻松不少，纵使失败也能坦然面对。

有梦想，就要去追，总会有收获。

爱做梦，梦醒时分，泡沫必然碎。

放缓脚步，看看沿途的风景

近年来，随着我国陆路交通的快速发展、航空运输的方便快捷，以及家用汽车保有量的增加，人们出行的方式变得多元化。每逢节假日，海、陆、空三线，共同满足人们出行的需求。据一项调查显示，在出行方式中，"自驾游"深受人们的喜爱，一家人或几位好友，同乘一辆车欢乐出行，车上有说有笑，沿途欣赏美丽风景，既增进情感，又愉悦心情。

人们喜欢自驾出行，就是让快节奏的脚步添一抹生活的色彩，调节单调的生活方式，让全速运转的状态得以短暂的停歇。

一次，与一位长辈谈话，他凝视着天边泛红的夕阳，饶有深意地说："人这辈子过得真快啊，仿佛在眨眼的瞬间，就从牙牙学语到了白发苍苍，人生不能十全十美，顾了这个，失了那个，永远不能圆满，我这辈子最大的遗憾，就是没能停下来好好地欣赏美丽的风景，虽然现在可以弥补一些，但缺失的那部分却再也找不回来了！孩子，你们还年轻，在学习的同时，不要忘了生活，生活中到处都是景色，你要试着发现它、感悟它，相信它会给你带来意想不到的欣喜。"

谈话结束，夕阳已经西下，独自徜徉在人来人往的人行道路中，情绪有些深沉，心里一直在回味那位长辈说的话：在生活中寻找属于自己的风景，试着发现它、感悟它……

走着走着，忽然瞧见人行路边的矮台上（俗称马路牙子）坐着三位青年，他们穿着统一，都是深色西裤、白色衬衣，本是干练挺立的衣装，此时已然褶皱不堪，他们却全然不顾，每人手里拿着一个削好的菠萝，在大口咀嚼，脸上挤出喜悦的皱纹。

这一画面，让我前行的脚步停了下来，脑海中开始分析这一景象。从着装上，可以看出他们三人是同事关系，同属一家公司；从言语中得知，他们是外来务工者；从咀嚼动作看，可以确定他们在生活上比较节省；在满足的笑容里，看到了他们对艰难困苦的不妥协和对美好生活的向往。

这一画面的出现，让我心里泛起了阵阵涟漪，这不就是苦苦追寻的风景吗，这不就是意想不到的惊喜吗？我发现了它，我找到了它，它就在生活中，就在我的身边，此时的我，就像发现了新大陆，内心激动得无以言表，只要认真体会，生活从来不会让人失望。

从三位青年身上，我学会了坚强，懂得了担当，更让我明白：不管发生什么，都要坦然去面对，只要心里有希望，行动不停歇，生活就会给你光亮。

这一刻，我的身心是轻松的，是愉悦的。是那位长辈给予我寻找风景的方向，美好的画面让我更加坚定对未来的渴望。

快节奏的生活方式、高而远的人生理想，让人们的幸福指数有所下降，感性认知被逐渐隐藏，"各人自扫门前雪，莫管他人瓦上霜"，这种事不关己，高高挂起的心态，也让社会多了一丝冷漠，少了一份温暖。

前不久，在网上发起的一场关于"人生意义"的话题，引起广大网友热烈讨论，最终的结果：人生的最终意义是——活着。

"活着"两字的结论，流露出人们对生活的无奈与妥协，无奈与妥协中又隐隐地折射出一丝苦楚与悲凉，苦楚与悲凉里又夹带着自嘲与荒诞。为了活着而活着，人生的意义仿佛一潭死水，没有一丝波澜，更荡漾不起任何涟漪，不禁让人感伤。

世界那么大，不想去看看了吗？人生多美好，失掉诗和远方了吗？答案当然是否定的，人的天性本就是喜欢追寻美好事物，对美好事物的向往是人动力的源泉，初心未变，不会失去方向，无限向往，就会充满希望。

放缓脚步，看看沿路的风景，你会发现美好的事物不一定在远方；认真观察身边的每一幅生活小景，它会给你带来不同的灿烂霞光；细细体会，挖掘背后深邃的内涵，它能助你解放思想，再一次扬帆启航。

爸爸妈妈我想对你说

这是一个真实的故事，也是一个悲情的故事，故事的主人公是一位读小学五年级的小男孩儿，他的名字叫郝帅（化名）。

郝帅出生在一个富裕的家庭，妈妈是企业高管，爸爸独立经营一家贸易公司。父母平时工作很忙，没有多少时间陪他，于是就从物质上弥补，以求心理安慰。这也造成了他花钱大手大脚，性格我行我素，学习不管不顾。因为有钱且仗义，在学校里俨然一副大哥大的形象。

针对这一现象，老师多次家访，与郝帅父母进行长时间的交流与沟通，可每次老师走后，换来的是父母的严厉批评，并在经济上予以制裁。前几次的批评管教，郝帅还能悉心接受，并做出些许改变，但没坚持多久就会"旧病复发"，后来再面对父母的批评教育，他已经熟视无睹，行事依然我行我素。

没有办法，父母把郝帅转到一所高级寄宿学校，希望通过学校科学严格的管理以及先进的教育理念来影响他、改变他。事实上，他们成功了，经过学校老师和同学的帮助，郝帅改变了很多，顽劣的性格消失了，不再大手大脚花钱，唯独学习成绩不是很理想，但这已经让他的父母欣慰不已了，并且相信再经过一段时间，他的学习成绩肯定能逐步提高。

可好景不长，郝帅在课堂上突然鼻孔流血不止，最后陷入了昏迷，学校老师赶紧叫来急救车，把他送往了就近的医院。当他的父母风风火火赶到医院病房时，郝帅打着点滴，依然没有醒来，医生见到赶来的家长，主动上前介绍病情，医生说郝帅的病情很严重，需要马上进行手术，手术结束后等待病理结果，确定病性再做进一步治疗。

听完医生详细介绍后，郝帅妈妈感觉天都要塌了，一把拉住医生的手，颤抖地说："医生，我求求你们，求求你们救救我的儿子，他才上小学，他还没体会到人间的精彩，他还没有证明他能行……"话还没有说完，妈妈已经泣不成声，郝帅爸爸含着眼泪把她扶到座位坐下，安抚过后，随医生办理手术手续。

可喜的是，第二天的手术很顺利、很成功，父母家人、学校老师、主刀医生和护士们都长长地舒了一口气，接下来只要病理结果没有问题，就万事大吉。

大家都焦急地等待着，等待的过程中，时间好像已定格，郝帅的父母更是不停地看时间，在一分一秒的时间里承受着恐怖的煎熬。

两个小时后，加急病理结果出来了。医生与郝帅家长在病房套间单独见面，医生看着心急如焚的家长，思考了片刻而后沉重地说："手术很成功，但病理结果不理想，专家会诊后与你们沟通做下一步治疗方案，但……但再怎么治疗，他的生命最多只能再维持一年……"

当听到这个噩耗，郝帅父母如遭雷击，哽咽得一句话也说不出来。

此时的郝帅已经从麻醉中醒来了，听到了医生与父母的谈话，他没有悲伤，相反他很坚强，他说："你们的谈话我都听到了，感谢你们为我做的一切，我还有一年时间，一年时间我想证明我自己——我能行，我还想你们陪我四处走走，看看这多彩的世界，告诉它，我来过，我能行。"

出院后，父母陪着郝帅走了很多地方，一家人拍了很多照片，吃了好多大餐，见了他想见的人，做了许多他想做的事。

时间还有九个月，郝帅回到了熟悉的校园，认真听课，仔细做笔记，不懂的地方就虚心请教老师，经过刻苦努力，他的学习成绩慢慢赶了上来。

"爸妈，我的学习成绩越来越好了。"

"爸妈，我数学考了一百分。"

"爸妈，我的学习成绩已经进入全班中等。"

"爸妈，我已经在全班排名第十了。"

"爸妈，我已经证明我自己了，我能行。"

时间还有三个月，郝帅的身体已经非常虚弱，已经不能在学校里学习，父母把他接回了家中。在家里，一家三口其乐融融，他每天与父母说好多好多的话，从天上说到地上，从地上聊到海里，在妈妈的指导帮助下，他还给父母做了一顿饭……

一个阴雨天，那个花钱大手大脚、我行我素的小男孩儿，那个证明他自己能行的郝帅安静地走了，没有流泪，只有不舍。

父母处理完后事，回到家中整理遗物时，发现了郝帅留给他们的信。

"爸爸妈妈，当你们看到这封信的时候，或许我已经走了，请你们不要哭，呵呵，因为我从来没哭过，所以你们也不允许哭，在这个家我很幸福，感谢你们这一年的陪伴，让我感受到了爱，让我的世界充满阳光。虽然我不能陪你们一辈子，但我在天堂看着你们，给你们送去我最真的祝福。

"爸妈，我爱你们，我先走了。走之前我完成了对你们的承诺，我不再是那个不好好学习、胡乱花钱、我行我素的孩子了，我用实际证明了，我能行，我可以拿第一。其实，我可以做得更好，可是我没有时间了。

"爸妈，你们都很忙，咱们一家人一起吃饭、一起游玩的次数少得可怜，我恨你们。但是这一年，你们陪我走了很多地方，吃了好多好吃的，一家人很幸福，希望我走了以后，你们多陪伴彼此，因为一个人真的很寂寞、很孤独。

"爸妈，你们都是很厉害的人，干什么事都要强，但是在家里就不要那么认真了，不要再为了一些小事而吵架，那样太伤情感，因为家里不是讲理的地方，家需要温暖，需要包容。

"爸妈，我走了，我不在的日子，你们要照顾好自己，爸爸别总是抽烟喝酒，妈妈也要注意休息，你们经常说身体是革命的本钱，可是你们却不顾自己的健康，呵呵，难道大人的话都是哄小孩子的吗？

"爸妈，下辈子我不想再做你们的孩子了，因为我只会让你们更伤心，要不你们忘了我吧。或者再生个弟弟或者妹妹，但我要提一个请求，请你们不要告诉他们曾有一个不靠谱的哥哥，让他们好好学习，成为一个有作为的人，长大后要好好照顾你们。

"爸妈，我有很多很多话想对你们说，可是我很累了，我先睡了。希望明天天亮还能够看见你们，还能吃到妈妈做的早饭，还能听到爸爸的唠叨，还能看到小区里的花花草草，还能看到晨练的爷爷奶奶……

"爸妈，我爱你们，谢谢你们。我会在天堂保佑你们，但是不许你们比我还脆弱，不许哭。

"爸妈，再见了！我爱你们！爱你们！我还不想死，还想得到你们的关爱。"

你们真正了解我吗

在某城市里，有一个小男儿，因家境比较富裕，从小养尊处优的他，对任何事情都不放在心上，别看他事事满不在乎，可是却有一颗善良的心。他见不得别人不好，每当有人需要帮助的时候，他会毫不犹豫地伸出援助之手，在助人为乐上，他不惜掏空自己的"积蓄"，同时，还是个懂得安慰人的"小暖男"。

小男孩儿的名字叫林浩（化名），拥有一颗善良的心的他，为什么会给人留下"事不关己"的印象呢？是人们的一面之词，还是另有隐情呢？接下来，我们将在他的故事中找寻答案。

在林浩很小的时候，爸妈就经常带他回乡下的老家。在城市长大的林浩，初次来到农村，并不像其他城里的孩子那样有厌烦的心理，他就像刘姥姥进了大观园，浑身上下透出一股兴奋劲儿，这儿瞅瞅，那儿看看，用手摸摸，用脚踩踩，跑一阵儿，坐一阵儿，那股子欢愉，来自内心深处。

原本有些担心的父母看到儿子这样的举动，心中的那块儿大石头也消失得无影无踪了。短短半天时间，林浩就与当地的小朋友们打成了一片，把自己的玩具、零食统统拿出来分享，其他小朋友不懂的，林浩就耐心演示讲解，自己不懂的，也会开口询问。

返程的时候，林浩有些不情愿，要求父母还要带他来，家长欣然答应了。在车上，林浩问出了他心中的问题，为什么我有的东西他们没有，为什么他们有的东西而我没有呢？

林浩的父母相视一笑，然后妈妈说道："在这个世界上，没有任何人可以拥有一切，富裕的人有孤独的时候，贫苦的人有快乐的时刻，任何事情都不是一成不变的，有钱的人如果不知进取，只顾整天挥霍，终有一天会变成不能自理的无用之人，而那些努力奋进的人，不断地通过自己的双手去创造财富，最终会实现自我价值。"

"你在城市长大，看惯了钢筋铁骨大楼林立，到了乡下农村感受到了田园风光，心情自然舒畅；你的那些零食、玩具，其他小朋友不曾拥有，而他们的东西你何尝又见过呢？你们一起开心玩乐，彼此分享，双方都有收获不是吗？所以，不要拿你的长处比他人的短处，也不要用自己的不足对比别人的优点，常怀敬畏之心，你能学会许多东西。你今天的表现非常好，要是在其他事情上面也能如此用心就好了。"

小男孩儿若有所思地点点头，不再说话了。很快他们就回到了自己所在的城市，刚入城就遇到了堵车情况，车子行驶得非常缓慢，林浩对爸爸说："前面红绿灯向右转，进入一条单行路，穿过单行路后再向左转，是一条新修的路，现在好像是测试阶段，车辆很少，那条新修的路连接着我们要走的那条主路，不出意外的话，我们能绕过堵车路段，嗯，大姨带我这么走过。"

夫妻俩听完儿子的话后，一脸震惊之色，他们怎么也不会料到，平日里对任何事情都提不起兴趣的林浩怎么突然间发生这么大的变化，最重要的是，他不是对事情不上心，而是从不表态，所以，才有了前面对他的认知。

对事情为什么不表明自己的态度，我想，我理解林浩。在大多数家庭中，家长认为孩子就只是孩子，对世界不了解，对事物不能做出正确的判断，担心孩子会走弯路，会"误入歧途"，因而孩子的一言一行，都会受到家长的引导与制约，评判的手段也很单一，只分对错，不能辩解，久而久之，就减少甚至剥夺了孩子们言论自由的权利，殊不知，这样的做法，就会让作为孩子的我们，对事情不再有任何自己的看法，只等父母的最终答案。

有了答案，却缺少了解题的过程，没有解题的过程，哪有对答案的充分认知，如此循环往复，生活中的实践课也变成了书本知识，主动参与转化为被动接受。

所以，人们看到的林浩并不是真正的他，给出的结论，也不是客观的，就连他自己的父母都从来没有真正了解过自己的孩子，更何况是外人呢。

今天的演讲，没有抱怨，也不是控诉，只是阐述事实，我们理解家长的苦衷，所以从未有过不满，但我们心中的想法又有谁来理解呢？

你理解父母的苦心吗

世界上，有种冷，叫作妈妈觉得你冷；有种热，叫作爸爸认为你热。父母的"冷"与"热"，是一种感觉，是为人父母对孩子的关心与呵护，作为孩子，不管你是真的冷，还是假的热，只要有家长的常相念，就是幸福的。

父母操心孩子，是没有尽头的。当你习惯了他们的唠叨，厌烦的心理就会离你远去，家人带来的温暖就会成倍递增，因为父母对孩子永远只有真心，从不会出现假意。

这种感觉，是血浓于水的亲情，不因时间的长短产生变化，不因事情的琐碎心生芥蒂；这种感情，是世界上最牢固的。

父母对孩子的关爱，多数情况下是密集的，是凭着感觉走的。密集得生怕没有交代清楚而产生纰漏，你能想到的，父母要再三叮嘱，你想不到的，他们会告诉你怎样做，他们的叮嘱与教诲，就如和好的水泥，把砖头之间的空隙封得密不透风，让你能有力量正面迎接风雨的到来。

他们对孩子的关心，通常以自己的主观意识为转移，说难听点叫自以为是，自己渴了，认为你也想喝水了，自己饿了，马上下厨房做饭，生活的点点滴滴，父母以自我为中心，但孩子才是中心的那个圆点。

当你还在嫌弃妈妈的唠叨，当你还在厌烦爸爸的严厉，那只能说明你还没长大，还是父母眼中那个永远长不大的、任性的孩子。

世界上，如果有免费的午餐，一定是父母给的；人世间，若想不劳而获，也只有父母让你白吃白喝；社会上，人人都想争第一名，能让步的只有家中的二老；生活中，没有人会主动给你笑脸，唯有生你养你的人看你最顺眼。

难道你还不明白吗？你的人生中，如果没有母亲的唠叨、没有父亲的苛责，你还有什么？你什么都没有，只是一只孤独的可怜虫罢了。没有家庭的温暖，是多么的不幸；没有父母的关爱，是多么的悲哀。

如果你讨厌现在的家，如果你不想听到家人的叮嘱与责备，你可以试着离开这个家一段时间，远离那些让你感到厌烦的喋喋不休，以自己的方式去生活。但当你一人独自面对一切的时候，你会发现自己一无是处，你会知道自己什么都做不了，最终被社会所淘汰。

从小树苗长成参天大树，离不开肥沃的土壤，少不了阳光的照射，不能没有雨水的浇灌，也不能缺少暴风骤雨的锤炼。作为人，家是你生长的肥沃土壤，父母是照射你的阳光，上学读书是浇灌你的雨水，父母的批评教诲就是对你的锤炼。

我们经常说，自己已经长大成人了，不想让父母再像小孩子那样看待自己，有这样的想法本身无可厚非，但要弄清楚一点，何为长大成人了，长大成人的标准是什么。

如果说，你认为的长大成人只是在身高上超越了自己的父母的话，这不是真正的长大成人，只能说你的个头增长了。真正的长大成人，不仅在身体机能上有了显著的提升，关键要看心智的成熟程度，只有二者都达到了上线水平，才是真正成长了。

不要长了个大个子，还去做那些幼稚的事情，这不是成熟。当有一天，你明白了父母的良苦用心，理解了他们的所作所为，知道了竞争的激烈残酷，懂得了善解人意，那么，说明你进步了，可以恭喜自己是个小大人了。

都长大成人了，就不要在家中任性无理取闹了，你要清楚地知道，你的成长过程，也是父母慢慢变老的过程，当你长成参天大树，能独当一面的时候，父母也许就变成了满脸褶皱、身体佝偻的老人了。

所以，趁你还年轻，趁父母还未老去，珍惜时光，做一个真正懂事的孩子。

苦中作乐

前段时间，与同学们玩儿了个小游戏，说是游戏，因为初衷纯属为了娱乐，可是随着游戏的进行，才发现这个游戏不但没有让我们快乐，反而让每个人感到惊慌恐惧。

游戏规则很简单，每个人手中都有一张表格，表格上面标注有不同项目，每个项目都有固定的加减分数，起始分为 100 分，游戏以对错为判断依据，每个人对应表格中的项目进行评分，可以说，这是一次直面自己灵魂的"真心话大冒险"游戏，每个人既是运动员，又是裁判员。

游戏为期一周，最后以分数高低进行总排名，分数相同的视为并列。游戏中的加减分，以好坏为评判标准：比如助人为乐、为集体争光等是加分项；迟到旷课、说谎打架等是减分项。每个人所填选项，必须真实有效，如果发现弄虚作假自欺欺人，会被所有人孤立。

当拿到表格的那一刻，每个人都兴奋得跃跃欲试，对于获得高分那是自信满满，就连最终的神秘奖品，也被自己当成了囊中之物。随着大家一起击掌共鸣，活动正式开始。

兴冲冲地回到家，爸妈看到我非常高兴的样子，就让我把快乐与他们进行分享，可是我并不想把这个游戏告诉他们，于是随便编了故事搪塞了过去。

写完作业，我从书包中拿出了那张表格，准备仔细研究一下如何获取高分，谁料表格中"说谎扣5分"5个字让我冷汗直流，刚才为了敷衍家长，不就说谎了吗？真是出师不利啊，狠狠地抽了自己几下，然后苦哈哈地把5分扣掉了。

晚饭时，爸妈看到我脸上的愁容，不禁关心起来，我随口而出有道题不会做，为此得到了他们的安慰与鼓励，可是我却愁上加愁了，5分又没了，此时的我，恨不得再抽自己几巴掌，老天啊，不到两个小时就被扣了10分，谁能懂得我的苦楚啊！

好不容易吃完饭，我主动收拾碗筷，想挣点分数，谁料妈妈坚决不同意，让我赶紧回屋研究那道不会做的题去，还让我放平心态，冷静分析，说不定就找到答案了。

唉，我该怎样放平心态，又该如何冷静分析，此时的我，已经完全凌乱了，一个善意的谎言，把自己弄得狼狈不堪，想了想，唯有两字最应景——活该。

第二天来到学校，我比往常要低调得多，做任何事情都小心翼翼，生怕自己的分数保不住。暗地里还特意观察了一下其他参与者的情况，发现他们的状态与我相似，都不像往日那样活跃了，我心想，都是苦命的人啊！

接下来的几天，日子过得那叫个提心吊胆、惊心动魄，与人说话必须深思熟虑，与人相处也是谨小慎微，就连上课回答问题都变成了支支吾吾。本着不犯错就是对的心态，挨过了游戏的最后一天。

当我们一行几人凑在一起的时候,游戏开始前的那种志在必得的兴奋状态被消极沉默的情绪所取代,个个都如霜打的茄子——蔫头耷脑的。

拿出表格一对比,谁也不比谁强,看着表格上那一片片的八叉,我们突然间放声大笑了起来,可笑着笑着,又都陷入了沉默。

有人说,这是谁出的馊主意,弄了这么个破游戏,一点儿快乐没找到,整整闹心了七天,这不是没事儿找事儿嘛,犯得上跟自己过不去吗,好好活着不好吗?

还有人说,这七天,过着非人类的日子,说话都不敢张嘴了,走路都不知道该迈哪条腿了。接下来,大家你一言我一语,发表着自己的感慨。

最后,我们得出了一个总结:做一个"好人"真难啊!

虽然在游戏中,我们没有感受到快乐;

虽然在这七天中,我们受到了无情的折磨;

但谁又能说我们没有收获呢?

又有谁知道这痛苦背后的快乐呢。

吃货的快乐

我的快乐,从不匮乏,因为我有一双善于发现美的眼睛,一张品尽天下美食的大嘴巴,一对儿千里辨声的"顺风耳",一只异常灵敏的"狗鼻子",再加上那没心没肺的笑脸,这套组合,总能让我从平凡的生活中找到属于自己的乐趣:一处美景让我流连忘返,一则笑话让我忘却烦恼,一段八卦听得津津有味,一顿美食更是让我发自内心欢愉。

提起美食,我就两眼放光,就如一个狩猎者一样,紧紧地盯着猎物不放,同时压制住心里兴奋的躁动,抑制住嘴中喷涌的口水,只等狩猎成功后,坐下来好好品尝。

品味美食，首先闻其味。常言道，酒香不怕巷子深，好的美味香飘十里，不管它在何处，只要循着味儿寻过去，铁定给你一个惊喜，这个时候，我那"狗鼻子"绝对异常的灵敏，在它不断的抽动下，那些深藏在民间巷子里的小吃总能被我找到。

品味美食，还要观其色。作为吃货的我，早就总结出了自己的美食经验，但凡闻着就能叫你流口水的食物，它的"秀色"绝对可餐，哪怕是街边小摊上的臭豆腐，那也是色泽鲜艳，让人垂涎欲滴。

品味美食，当然是把食物放在嘴里才最真切，是咸是甜、是软是硬，一入嘴就知道了。遇见第一次尝试的食物，一定要慢慢品尝，不能像猪八戒吃人参果那样囫囵吞枣，而是应该如同品红酒一样细细感受。

一道美食，究竟好不好吃，都写在食客的脸上。就拿我来说吧，吃到好吃的食物，我的表情立刻春光灿烂，眼睛肯定眯成一条缝，脸上满满的幸福感，边吃还会边唠叨，天下间怎会有如此的美味。

对于美食的诱惑，我是来者不拒，不分地域，不论荤素，不管厅堂宴席，还是街边小吃，只要是好吃的，都统统放入嘴中，快乐地咀嚼，开心地下咽，"酒足饭饱"后，那是一脸的满足。

吃货的快乐，就是这么简单；吃货的忧愁，偶尔也会出现。

吃货的忧愁，当然是怕长胖了。别人吃饱了就一口不吃了，我是吃饱了还能再吃几口，久而久之，体重就开始自由发挥了，根本不服从我的管控。

常言道，马无夜草不肥。临睡前的我，要是处于"缺食"的状态，肯定要进行"补食"的，吃饱喝足后，才能安稳地入睡。这一习惯，比吃饱了还能吃几口还要可怕，体重就如脱了缰的野马，任性地驰骋在辽阔的草原上。

减肥，是吃货们最痛苦的事情。疯狂的运动，餐食的骤减，这该死的惩罚，叫人无法忍受。起初还能咬牙坚持，后来牙齿不再空咬，宣告减肥又一次失败。

痛苦与快乐，一次次的互搏，谁也没能获得绝对的胜利，最终以平局收尾，二者相互兼容，这就是吃货的日常，在快乐中体会痛苦，在痛苦中感受快乐。如人生一样，苦中作乐，乐中忆苦。

小时候，一遇见不开心的事情，妈妈就会给我剥一颗糖放在我的嘴里，当那甜甜滋味在嘴中慢慢扩散的时候，我的不开心也会逐渐地消失。妈妈告诉我，当人不开心的时候，就是想吃甜的了，只要吃上甜的东西，生活也就不苦了。

现在我长大了，已经完全理解妈妈的话了。生活不会总是一帆风顺，风平浪静的海面总会掀起波澜，人的一生有无数个沟沟坎坎等着我们去迈，所以，酸甜苦辣咸，才是生活的真正滋味。

尝到甜头，我们可以开怀一笑；遇到苦楚，我们也要迎难而上。生活经验告诉我们，雨过才会天晴，苦尽才有甘来。任何事物都不是一成不变的，而是循环往复的。

每次当我不开心的时候，没有什么是美食解决不了的，就如痛苦的减肥过程，只有吃饱了才能有力气对付它。

我想，这才是一位吃货的真正快乐。

念乡

"马头琴拉响的时候

百灵鸟唱起歌来

亲人们啊欢聚的时候

诉说我久别的情怀

我从草原来

……

草原那边多期待

无论我像风一样

升腾漂泊在何方

……

草原啊草原

永远与我同在"

"我也是高原的孩子啊

心里有一首歌

歌中有我父亲的草原母亲的河"

（上述文字出自歌词《我从草原来》《父亲的草原母亲的歌》）

每当身边响起马头琴那低沉悠扬的声音，我仿佛回到了魂牵梦绕的辽阔大草原。那一望无际的茫茫草海是我生长的地方，蓝天白云是我梦中的摇篮，成群的牛羊是我儿时的玩伴，奔驰的骏马给了我一往无前的勇气，苍穹中翱翔的雄鹰让我学会了一飞冲天。

洁白的毡房，静静地散落在河边；那飘香四溢的奶茶，像母亲的乳汁一样甘甜；夕阳那金色的余晖，把草原照得璀璨；牧民们淳朴的笑颜，诉说着又一个丰收年。

在外漂泊的孩子，不管离家多远，那颗念乡的心永远不会改变。

是啊，草原的孩子就是这样地念乡，或许是把根扎得太深，或许是思乡的情太浓，只要有关于家乡的消息，心中那根回家的弦就会被轻轻地拨动，那浓浓的牵挂就会缓缓地奔腾。

多少次我梦回故乡，两眼都婆娑如雨，我又看到了阿爸那如山般的魁梧的身影，我又听到了额吉那流水一样的叮咛。离家时的画面，在梦中是那样的真实，阿爸不停地挥舞着手臂送我远行，额吉那不舍的目光一直把我紧盯，我背着大包小包一步三回头，想再看看这生我养我的地方，想再听听家人们那亲切的呼喊声。

离别的路，格外地漫长，不舍的情，让我不停地回望。再见了，美丽的大草原，再见了，我长生天的故乡。

我不知道，有多少像我这样的草原儿女漂泊在遥远的异乡；但我知道，每一个离家的孩子都想早日回到草原的怀抱。

这一年，我终于回到了日思夜想的生我养我的家乡，我匍匐在草地上，闻着那熟悉的家的味道，漂泊的心安放了，流浪的情回归了，紧绷的弦放松了。

被微风拂动的小花小草向我点头示意，它们在迎接一个游子回家；蓝天上朵朵白云聚在一起，把我这疲惫的身体包裹在苍穹下；成群的牛羊环绕在我周边，仿佛在说你儿时的玩伴已经长大了；就连苍鹰也在我头顶上空盘旋，分明在讲你小子翅膀硬朗了。

我闭上了双眼，张开了双臂，与草原紧紧相拥，与家乡紧紧相抱。

用黑暗寻找光明

晴朗的天空，一碧如洗，唯有北边的山脉隐隐有一层浓云的薄影把群山笼罩，如果不仔细观察，还以为是山中升腾的雾气。

灰黑色的云，在山脉上空缓缓聚集，那谨小慎微的样子，仿佛生怕被人看到一般，动作是那样的轻柔、那样的悄无声息。

不一会儿工夫，薄薄的云层开始变得厚重起来，黑压压的一片，遮盖住了北部的半边天空。此时的乌云，不再那般小心翼翼，它如洪水猛兽般翻滚着向上奔腾，向四周扩散，转眼间，就占据了整个天空。

云层深处，那隆隆的雷鸣，像极了怪兽的怒号，它愤怒地咆哮着，想摆脱这天地的囚笼，想挣脱这自然的枷锁。雷声的轰鸣中，夹杂着闪电的幻影，由远而近，使人听了毛骨悚然。

在黑云遮顶的压迫下，山中的动物开始四处奔逃，街上的行人纷纷退避，建筑物体的窗门也紧紧关闭。偌大的城市，几分钟前还是万人空巷，而此刻，却是人迹罕至。

云层越积越厚，云色越来越暗，那如墨的怪兽，异常的霸道，硬生生夺走了属于白天的时间，让黑暗提前降临在人间。

云团如兵临城下，雷鸣似大军压境，而闪电就是那敲响进攻战鼓的鼓槌，在黑色的天空中若隐若现，有节奏地敲打出震慑的响声。

这一阵仗，可吓坏了那些胆小怕事者，他们就像过街老鼠一般抱头乱窜，生怕祸事殃及自己。

那些心存悔恨愧疚的人，则是被这震耳欲聋的响声扰乱了心绪，往日的不堪，被一幕幕地呈现。

作奸犯科四处逃遁的那些人，仿佛听到了来自上苍的审判，还没来得及跑，双腿就开始瑟瑟发抖了。

唯有那些心存善良、胸怀坦荡的人，才不会被这气势汹汹的阵势所惊扰。

轰的一声巨响，拉开了"战斗"的序曲，滂沱的大雨如瀑布般倾泻而下，每条雨瀑如行刑者手中的长鞭一样，狠狠地抽向各处，它要惩罚这人间的罪恶，它要鞭打这黑暗的缔造者，它要用雨鞭洗刷罪恶，它要用阴沉驱逐黑暗，它还要用黑暗寻找光明。

狂风怒吼，雷电闪烁，一场来自上苍的"大清洗"正在肆意地推进着，肮脏的地面被洗刷干净，藏污纳垢的缝隙被光明浇灌，隐秘的据点被逐一拔除，所过之处一尘不染，被清洗的地方焕然一新。

雷鸣渐几，雨势减弱，云层退散，黑暗不在，一场恢宏，来得快，去得也快，在这去来的中间，洗净了尘垢，清除了污秽，当光明再次归来时，必会照得人间璀璨、通亮。

情满华夏

大家好，现在是北京时间早上六点整，我所处的位置是抢险救灾的第一现场，我身后原本的住宅群已是破乱不堪，此次地震的级数与破坏程度，是近年来最为严重的一次，具体的伤亡人数与财产损失还在统计之中。

距离这次地震已经过去四个小时了，大家随着镜头可以看到，抢险救灾工作正在紧张有序地进行中。据了解，此次地震发生在夜里两点，正是人们熟睡的时候，面对突如其来的灾难，人们措手不及，慌乱中有人失去了应有的冷静和判断力，好在当地防灾减害相关部门及时赶到现场，组织大家有序撤离并进行现场救援。

凌晨三点三十分，距离地震过去一个半小时，漆黑的夜色中多了无数道亮光，多支救援队伍已经抵达灾难现场，当地政府部门、武警指战员、医疗救助队、消防大队以及群众自发组成的救援队，他们一到现场，就展开搜救工作，他们每个人都是一道亮光，把如墨的黑夜照得通亮，给惊恐绝望的人们带来无限的希望，就像清晨的曙光，把温暖洒向四方。

现在天已经大亮，我们将深入救灾现场，看看那里的具体情况。随着不断深入，我们可以看到，被救出的人们已被医护人员做了简单的伤势处理，伤势严重的，救援人员用担架把他们抬到救护车上，送往就近的医院进行治疗。

前方两位武警指战员抬着担架向我们走来，经过了解得知，担架上躺着的并不是被救人员，而是我们人类的好朋友、武警官兵的亲密战友——搜救犬。这名搜救犬一到现场，就开始了它的使命与职责——寻找被困人员，人过不去的地方它过，人到不了的地方它到，它所去的地方都是危险系数最高的，稍有不慎就可能失掉生命，它在用自己的生命寻找他人的生命，几个小时被它成功寻到的人多达二十几个，因为它的舍生忘死，挽回了多条生命，也挽回了二十几个家庭。

现在它累倒了，负伤了，两只前爪的缝隙之间渗出了很多鲜血，部分指甲因为长时间不停地抓刨砖瓦碎石而脱落，但它依然没有退缩，而是拖着疲惫的、负伤的身体找寻下个目标，武警官兵实在看不下去了，才把它强行抱到担架上，躺在担架上，它的目光还不停地向现场回望。

多么顽强的斗志，多么坚强的战士，在此，向我们人类的好友，向我们心系人民群众安危、不惜牺牲自己的战友致敬。

此时的阳光，已经洒满整个华夏大地，大批的救援队伍陆续赶到救援现场，他们带来了党中央的亲切慰问与救援部署，带来了各个行业的优秀人才，带来了更专业的搜救设备，带来了生活所需的各种物资，带来了祖国各地人民的祝福与捐献。一方有难，八方支援，中华儿女的团结，华夏子弟的凝聚，在人民群众最需要的时候充分显现出来了，我们怎能不为之动容！

这一刻，我仿佛穿越了历史的车轮，来到了抗战斗争中，嘹亮的冲锋号响起，士兵们就如决堤的潮水般冲了上去，一批又一批前仆后继，没有谁想过能从战场中走出来，没有谁去关注自己的命运，他们只有一个信念——赢得革命的最终胜利。我看到了无数战士的冲锋呐喊，我看了革命先烈们的无私奉献，我也看到了最后的、伟大的胜利。

现在，我们身处和平时代，没有了残酷的斗争，但没有硝烟的战场依然存在，就像今天突如其来的自然灾害，让我们明白，危险随时都可能降临，所以，我们始终不能有丝毫的懈怠，居安思危的警惕永远不能放松。

时间已接近中午,临时搭建的、成百上千的各色棚帐布满四处,它们就像一朵朵盛开的花团,绽放在每个人的心间,给失去家园的人们以精神的慰藉。

此时的救援现场,开始有袅袅的炊烟升起,新鲜的瓜果、崭新的餐具、美味的菜肴一应俱全,让受灾群众感受了到了家的温暖。虽然他们暂时没有了小家,但只要有大家同在,家园重建就不是难题。

一场突如其来的灾难,牵动了所有华夏儿女的心绪;一场没有硝烟的战争,掀开了祖国各地民众团结一心的凝聚力。

中国人,最懂情,滴水之恩,当涌泉相报。

中国人,最重情,初心不变,当情满华夏。

第三篇

秋的金黄

秋的金黄

九月的金秋，天高云淡，温度适宜，登上一座高山凭栏远眺，目光所及尽是一片金黄，那是丰收的颜色，从春天的播种施肥，到夏天的精心培育，才有了秋天的喜悦收获。

如果您置身北方的郊野乡村，这样的景色必将震撼人心。田地里一大片一大片的金黄，像极了块块的画布，收割机就是那苍劲有力的画笔，在宽而广的画布上尽情地描绘，一排排、一行行，被画笔描绘的地方露出土地的黑色，与周围的金色形成鲜明的对比，充满立体感，几十支"大笔"一起作画，那恢宏的场面，让人震惊不已。

被收割的玉米和谷穗，有的晒在场院上，有的被整齐地摆放在农户家里，这时一定要沿着乡村的小路走一遭，近距离感受一下丰收的喜悦，你会看见家家户户院子里都堆满了金色的粮食。玉米颗粒饱满个头儿粗壮，就如乡村里少年郎憨厚朴实的样子，让人忍不住想上前与他交往；谷穗胖得就像一只只肥硕的小松鼠，躺在地上不停地打量自己圆滚滚的身子，仿佛还在说，别看我胖，这是虚怀若谷的模样。

这样的场景只有北方人才能年年欣赏，如果您是南方人，我会诚挚地邀请您来北方，感受不同的四季，一起看看我热爱的家乡。

其实，对于秋天的喜爱，我自己喜忧参半。喜的是，秋天是丰收的季节；忧的是，秋天也是离别的季节。许是读了太多感怀落寞的诗，看了太多伤感多情的文字，每到秋天，心里的喜悦平添了一丝淡淡的忧伤。

当绿色的植被慢慢失去水分变得干瘪枯黄，在夕阳的映射下，透出无尽的苍凉，我的内心就一阵惆怅，联想到辛苦奔波的人们，为了让生活更加美好，不惜背井离乡远离亲人的时候，那感怀落寞的诗就会涌上

心头："枯藤老树昏鸦。小桥流水人家。古道西风瘦马。夕阳西下，断肠人在天涯。"（元代马致远《天净沙·秋思》）

当看到枝头的叶子被秋风吹落，孤独地、没有方向地随风飘动，就像一个流浪的孩子无家可归，这个场景使我更加悲伤，让我想起了那些留守儿童，也许他们每天都在张望那条亲人回家的路，这种盼望，又有多少人能承受！

从春跨到秋，心有多少愁。垂杨已残柳，盼归家中留。

大家都说，我是个多愁善感的人，经常被生活中的一些小事所触动，这一点我不否认，但我不认为这是缺点，相反，我认为这是优点。为别人的胜利而欣喜，也为他人的悲伤而难过，能够品尝世间的酸甜苦辣，又何尝不是自我成长呢？

都说解铃还须系铃人，那么就从源头寻找解决的办法。明白了人世间没有一种事物是十全十美的，自然也就释怀了，秋天纵有些许薄凉，但人间自有温暖，在最美的金秋，必能收获属于自己的丰收。

夕阳无限好，桑榆情更浓。迎着秋日的朝霞，与同学们一起走进敬老院，为老人送去祝福，聆听老人们讲述他们的故事，不仅开阔了眼界，还懂得了生活的疾苦。伙伴们的十八般武艺，让安静的院子充满了活力，最后大家与老人们一起动手包饺子，饺子馅儿，就是那满满的幸福。

谁的青春不迷茫，又有谁的生活没有感伤？哭过痛过之后，依然活力四射个性张扬，手拉手互相帮助，肩并肩勇往直前，纵使那"刀山火海"，也不能阻挡我们队伍前进的脚步。

周末假期，集合队伍，带上自己的"装备"，跋山涉水穿山绕林，来到美丽的乡村，与那里的小伙伴儿互相学习，共同进步。交流学习方法，掌握新的生活技能，互赠友情礼物，大家忙得不亦乐乎。

傍晚的篝火晚会，一起载歌载舞，同展动人歌喉；还有亲自摘取的瓜果梨桃，那才叫香甜可口；宁静的小山村，被欢声笑语所震动，它的回音，与大家一起庆祝这喜悦的大丰收。

到了次日挥手告别，大家都很轻松，彼此送上纯真的祝福，我们踏上回家的路，回去做好准备，迎接最美乡村的朋友，体验城市的钢筋铁骨。

在离别感伤的秋季，我收获了属于自己的金黄，面对日益衰败的景象，心中少了一份愁苦，知道这是季节的交替；看着片片枯黄的叶子随风飘散，心中多了一份喜悦，因为不管它们叶落何方，都是回归故土。

没有日月更迭，就不会有白天与黑夜；没有四季变换，哪会知温暖与冷冰；没有离别的感伤，就没有重逢的喜悦。

这一切的一切，都是大自然的馈赠，所以，我们要坦然面对，欣然接受，在丰富多彩的生活中获得属于自己的丰收。

说说我的偶像

每个人心中都有自己崇拜的偶像，我也不例外。他们之所以被称为偶像，是因为在他（她）的身上肯定有闪亮的光点，人们就是被这些闪亮的光点所吸引，才去欣赏和崇拜他们。如果把这些闪光点汇聚在一起，就能形成一个共同的标志：坚忍不拔的精神意志、纯洁高尚的道德品质、美丽宽广的博大胸怀、善良谦虚的优良气质。

他们可能是一位国家领导人，也许是某行业中的模范标兵，也许是自己的爸爸妈妈，也可能是默默无闻的普通人。不管他们是什么人，只要能在生活、学习上指引你向前，就足够了。

以上就是我对偶像的认知，也是我选择偶像的标准，而且我的偶像不单单只有一位，而是有很多位。

我的第一偶像，是我的爸爸妈妈，是他们生养了我，让我有了健康的身体，给了我温暖的家，让我享受到无微不至的呵护。也是他们，教会了我生活的技能和做人的道理，从穿衣、拿筷，到明辨是非、礼仪规范，他们以身作则，耐心教导，才使我"香远益清，亭亭净植"。我崇拜爸爸妈妈，他们不求回报地默默付出。

我的第二偶像，是教我知识的各学科老师。师者，传道授业解惑，正是他们的谆谆教导、悉心解惑，才让我们知道了宇宙的浩瀚、人类的起源；了解了祖国的历史变迁和文化的瑰丽璀璨；懂得了日月的更替、花开花谢的自然；体会到文人墨客的情怀，让文字落到了自己的笔尖；掌握了解题的技巧，把正确答案写在卷面；学会了外国语言，把中国文化推向世界的前沿。

我崇拜我的每一位学科老师，在他们的潜意识里，每一位学生都是金子，所以，他们不会让任何人掉队。课堂上精益求精、全方位讲解，下课后查漏补缺、归纳总结。为了让学生们更好地消化吸收知识点，老师们苦心钻研、反复试验，把知识变成餐饮，好让每一位学生都能下咽。老师，谢谢您。

12年前（2012年），有这样一群人，他们生活在祖国西南的大山区，那里峰丛耸立、山高路陡，长期以来，那片大山将人们紧紧围困在那里，高山沟壑不仅阻碍了发展的脚步，也阻碍了学生们的读书追梦之路。那里交通不便、缺水少地，自然条件极其恶劣，联合国粮农组织官员曾到此地考察，认为这里是"除了沙漠以外最不适合人类居住的地方"。

在这"最不适合人类居住的地方"，却有一群孩子在那里上演了一场求学梦。

那时，这群孩子正上小学，城里的孩子上下学都有家长亲人接送，可大山里的孩子上学和回家，途中要攀爬一处20多米高的"天梯"。最小的学生只有8岁，11岁的哥哥背着兄弟俩的生活用品和学习用具在前面牵着弟弟，后面还得有同行的姐姐们顶着才能爬过悬梯。他们每次上学都要用一个多小时才能到达学校。

与爬"天梯"上学的学生们相比，另外一些学生每天上学都要经过一处200多米长、100多米深的悬崖，这让学生们的上学之路更加艰险。

但是，这些艰难困苦没有打败他们。他们没有抱怨，没有气馁，更没有人因此而辍学。让人叹服的是，他们从小就学会了几乎所有的生活技能，心有阳光的他们，在学习之余，还主动分担家庭生活的责任——放羊、缝衣服、做饭、挑水、种玉米。

他们是那样普通、那样平凡，但他们直面生活的坦然态度和不惧困苦的顽强意志，又是那么的不平凡和不普通。

我敬重他们，用强大的毅力撑起弱小的身躯；我崇拜他们，他们身上闪亮的光点时刻照耀着、影响着我，当我颓丧、消极的时候，那些闪亮的光点就会给我打气，就会给予我无声的鼓励。

虽然我们素未谋面，他们也不知道我是谁，但这些都不重要，重要的是，他们平凡的举动是我前进的动力，是我战胜困难的制胜法宝。

我崇拜的偶像有很多很多，他们身上有太多太多值得我学习的地方。我喜欢被他们身上的光点所围绕，置身于光点中，我想，我也会迸发出夺目的光芒。

特殊的兴趣爱好

前段时间，参加学校组织的一份调查问卷，问卷中有一项必填内容——你的兴趣爱好有哪些？同学们把自己的喜好都填在上面，大都是关于运动、美食、旅游、艺术等，我也填了自己的兴趣爱好，可是我所填的内容让同学们一阵狂笑。

对此，我很不解，用一双疑惑的眼睛紧盯着他们，这时一位同学上前说道："如果你直接写'下棋'没人会笑，可是你写的是'喜欢与老爷爷下棋',难道我喜欢美食,还要写与谁享用美食吗?还有,你才多大,喜欢与老年人在一起,你这少年老成的心态,我们是不是得管你叫老爷爷呢?"

同学的一席话,让我如梦初醒,难怪他们笑得那么灿烂,明白后的我也是一阵傻笑。自此,在班上我多了一个头衔——退休老干部活动中心主任。

其实他们不知道,在我填写喜好时,脑中首先出现的画面是与老爷爷下棋的景象,想到与高手过招的场景,我打心底愉悦,毫不犹豫就把心中所想填了上去。

我所居住的小区里有一处小公园,供住户们休闲放松,每到天气好的时候,公园里热闹非凡,健身的、跳舞的、唱歌的、打球的一同上阵,这一场景,充分体现了和谐社会的幸福安康。

公园的西北角有几棵老槐树,树荫下是棋友们"征战沙场"的地方,二人下棋,多人围观,相顾无言,厮杀全在棋中间。与众人围观看棋形成鲜明对比的,是一处葡萄藤下的两位老人的棋局,在那里两位老人相对而坐,并无第三人。

这一现象,早就引起了我的关注,好奇使然,徘徊多日,终于下定决心上前一探究竟。观棋不语,这是规矩,我就静静地站在棋桌一角外的一米处,认真观看,以便找到我想要的答案。

一局结束,两位老人中的一位问我会下棋吗,我谦虚地回答会一点儿。另一位老人问我看懂了吗,我说没看懂。两位老人相视一笑,说看不懂就对了,我们下的不是棋是人生。

"下的不是棋是人生",这句话以我现在的"道行"是不明白的。带着疑虑继续观棋,才发现两位老人下棋没有任何套路可循,难怪没人围观,想必只有棋局中的人方能知晓其中奥义。

我这倔脾气有时也有用处,越不明白的事,就越想弄清楚,所以,一有空闲时间就去葡萄藤下观看二老下棋，次数多了，与老人渐渐熟络了，也能搭上几句话了，最后还能与二老轮番对上几局。

通过下棋，我学习了很多新知识，懂得了很多人生哲理。比如，棋分黑白子，日有黑白天，太极分阴阳，事情有对错，人有男女别，因果总相连。天地万物，往往对立统一，世界才精彩。

白是光，黑是暗，每个人都有白黑两面，要想进步就要找出自身的弱点。黑白对局时，我发现了我的致命弱点：容易被胜利冲昏头脑，好大喜功、急功近利，每每出现这样的心态，都会输得惨不忍睹。

老人说，贪婪是人的本性，你有这样的心态，说明你是一个正常人，如何解决呢？就是用你的光明一面压制你的黑暗一面，所以，做事要学会克制。

贪婪是原罪，每个人都有这一至暗面。有多少人因为抑制不住自己的欲望，走上了不可挽回的道路。就像我下棋时，侥幸赢了一局，就想着每次都要赢，对胜利的渴望，让我失去了对棋局的清晰判断，输棋也就成了必然。

控制不切实际的欲望，就要克制自己的贪婪，时刻保持一个清醒的头脑，才能掌握全局。

棋局如人生，人生在棋局。在两位老人的悉心教导下，我的棋艺有了显著提高。

对事物的理解，要建立在自己对己身的认知上。抛弃那些影响自身的骄傲自满、贪功冒进、自私自利、唯利是图、投机取巧、两面三刀等人性的至暗面，实事求是，只专注于事物本身，往往能有不错的收获。

两位老人看到我的进步，调侃道："快别跟我们老头子待在一起了，看你少年老成的模样，我们都于心不忍。"我说："在学校班级里，我有个头衔儿——老干部活动中心主任，你们说我不来，还怎么当这个主任呢？"二老听了我的话，哈哈大笑起来。

事情往往会出现偶然与必然之间的相互联系。与老人偶然相遇，求教成长成了必然；偶然间填写的兴趣爱好，有了这一篇演讲稿，把偶然又变成了必然。

互赠座右铭

最近常听"同频共振"四个字，经过了解才得知，意思是人与人之间相处时的一种状态，这种状态是轻松的、愉悦的，两者之间有共同的话题，有相同的认知，有独到的见解，互相吸引，灵魂默契，彼此欣赏。正可谓知音难觅，好友难寻，就是缺少这种状态吧。

小学时，我有一个好朋友，可以说，是我人生当中第一个真正意义的好朋友，个人认为幼儿时的小伙伴，只能称作玩伴，因为谁都不明白朋友的真正含义，所以算不上真正的朋友。

朋友的名字叫张铭赫（化名），他是在我小学二年级的时候从外地学校转到我们班的，比我大一岁，因为转学怕成绩跟不上，所以降了一级。

他个子不高，身材略微显胖，皮肤甚是白净，圆圆的脸上架着一副黑框眼镜，面上总是含笑，给人一种很好相处的感觉。初到一个陌生环境，他话语很少，可以说是惜字如金，别人谈话时，他总是默默聆听，时不时自己傻笑，同学们给他起了个绰号叫"默言师太"，对此，他也不反感，相反还挺高兴。

他与我说的第一句话是：你的作文写得很好。我的回答：你的数学成绩也不赖。接下来，他询问了我一些写作文的心得，我也咨询了他该如何提升数学成绩，在我们两人互相请教的过程中，拉近了彼此的距离，直到最后无话不谈。

就这样，我们成了好朋友，学习上互相帮助共同进步，生活上一起玩耍乐在其中。同学们说，我们是异父异母、形影不离的好兄弟。

转眼间，我们升到了小学五年级，三年的相伴，使我们早已了解彼此，我说上半句，他不用思考就能接下半句，他的一个眼神，我能立刻心领神会。这种感觉，就像自己的左右手，互相配合无缝衔接。

生活中，有许多事情的发生是预料不到的，这种事情的发生常使人无措，难以接受。我们之间也发生了难以预料的事情，彼此的心情格外糟糕。

事情发生在五年级的上半学期，那时正值秋季。周一放学，我们像往常一样，去公园写作业、打球。那天，他的状态非常低迷，作为好朋友的我怎能没有发现，但我没有主动询问，他也一直没说。写完作业打球时，我再也抑制不住自己，主动开口相问。

他抱着篮球，低着头说："我下周就要回老家了。也就是说下周咱们就不能再见面了，不能一起学习、打球了。"他的话就如晴天霹雳，让我一时错愕在原地，根本无法接受眼前的事情。

许久，我开口道："为什么？"

他说："因为父亲工作的原因，我们一家人要搬回老家，我还要再一次到陌生的环境中重新开始。"

听着他肯定且无奈的话语，我知道，事情不会以我们的意志为转移了。

我问他哪天走，他说这周六上午，我说我送你，他说好。

一阵秋风刮过，卷掉了一些树枝上的黄叶，叶子随风而舞，不知飘向何方。感受着秋风的微凉与花草的萧瑟，我不禁打了一个寒战，心想，这就是离别的感觉吗？

事情往往就是这样，你越想什么，事情就越朝着相反的方向发展。我们还能相处不到一周的时间，我想让时间慢下来或者停住，可终究，不过是我天真的美好的愿望罢了。

这几天的日子，给我的感觉，比任何时候流逝得都要快得多。转眼到了周六，到了我们分别的时候了。

四目相望，有不舍，有离愁，两行清泪缓缓流。良久，他第一个打破沉寂，他从背包里拿出一个日记本，说是送给我的离别礼物，我接过笔记本后，立马从背包里拿出了给他准备的礼物，也是一个笔记本。看到这一幕，二人异口同声："默契了。"

离别的愁绪，被这一句"默契了"所打破，他笑着让我看看笔记本里有什么，同样的话我也送给了他。于是，二人同时翻看彼此的本子。

"业精于勤荒于嬉"，以后就是我的座右铭，我说道。

"胸有鸿鹄之志，好男儿志在四方"，以后就是我的人生格言，他说道。

来，好兄弟，让我们再次紧紧拥抱。

看着车子渐行渐远，我心中五味杂陈，对于人生又有了新的感受，这就是"天下没有不散的筵席"吧。

多年过去了，"业精于勤荒于嬉"一直是我的座右铭，并一直践行着。

多年过去了，"胸有鸿鹄之志，好男儿志在四方"的你，还好吗？

赢了面子，输了里子

说起绰号，相信每个人都曾有过，有时还不止一个绰号，不同的绰号也是千奇百怪，但它有个共同特征，绝对为其量身定制，符合当事人的体貌特征与脾气秉性。尤其在儿时，小伙伴相互之间从不称呼彼此的大名，而是直接喊外号。

我的绰号也有好几个，比如大老虎、小赖皮、小吃货等等，但被叫的最多得是——"十万个为什么"。相信有许多同龄人在小时候都被长辈们称呼过这个名字。究其原因，就是小孩子问的问题太多了，而且有的问题根本找不到相应的答案，弄得长辈们尴尬不已、哭笑不得，有时敷衍几句，有时假装发脾气。

儿时有个问题，一直萦绕在我的内心深处，即便有了一个确切的答案，但我总觉得这个答案不是我想要的结果，直到现在，通过一件事情，才让我真正找到我想要的答案。这个答案不是他人给的，而是自己领悟到的。

天凉的时候，人们都要穿上外衣，以便防寒保暖，进入到暖和的室内，都会脱掉外衣，挂在衣服架上，在没有衣服架子的时候，人们习惯地把外衣脱掉，然后把外衣从里朝外包裹一下，整齐地放在一个地方。

每当看到这个动作时，我幼小的心灵多次产生了疑问，得到的答案是——怕把衣服表面弄脏。那么，问题来了，怕衣服表面弄脏，难道衣服里面就可以弄脏吗？

这个问题，直到现在我才明白它的真实含义，它是关乎"面子"与"里子"的人生哲理问题。

有一次，参加了一场团队之间竞争的活动，活动中一共有八支队伍，每支队伍的整体实力强弱不一，每支队伍都有一次与其他队伍结盟的机会，当时我们的团队实力较弱，就与一支实力较强的团队结为盟友，并达成荣辱与共、责任共担的盟约。

两支队伍成员摩拳擦掌、跃跃欲试，随时准备大干一番，可就在我们准备行动的时候，意外发生了，其他六支队伍，一起冲我们发起了攻击，打得我们两支队伍节节败退，为了掩护我们撤退，盟友承担了大部分攻击，损失非常惨重，当我们撤到安全地带，看着还在苦苦支撑的盟友们已然深陷险境，随时都可能被淘汰，团队的伙伴们都红了眼，有人提出不顾一切也要回去搭救他们时，队长却制止了大家的行动，选择暂时观望。

时间一秒一秒地流逝，我们的内心被内疚与自责一点点蚕食，大家看到了盟友奋力地垂死挣扎，也看到了他们向我们投来坚毅的目光，仿佛在说，一切有我们担着，你们放心好了……

悲剧正在上演，而我们只能无奈地流着眼泪作壁上观，每个人的心都痛得无法呼吸，那种痛，好像有一把匕首在缓缓地切割那破败不堪的心脏，让本已千疮百孔的心脏变得更加支离破碎。我们不只面上流泪，心同样也在滴血。

"队长，还等什么呢，难道眼看着我们的盟友被淘汰出局吗？"

"队长，我看不下去了，我要回去营救盟友。"

"队长，我们不能置之不理……"

"等我命令，没有我的命令，谁也不能擅自行动。我也想回去营救，可是这样回去能做什么，不仅救不了他们，我们也会被淘汰。再给我一点时间，让我想到一个两全其美的办法，我要既让盟友脱困，还要保住我们队伍的名次。"

听了队长的话，大家暂时陷入沉默，可是那不安的、忐忑的心愈演愈烈。

两分钟时间，仿佛度日如年，眼睁睁地看着盟友的队员一个个被淘汰，我们如坐针毡，那种煎熬谁人能懂！

正当我们伤心难过的时候，其他六支队伍的人冲我们喊了起来："喂，你们不是盟友吗，怎么不出手营救？你们想坐收渔翁之利吗？别假装了，我们早就看出来了！"

大家听了这些刺耳的言语，都羞愧得低下了头。当盟友们的队员说出了"唇亡齿寒"时，队长也做出了营救部署，大家立刻行动，佯攻的、吸引火力的、谈判的、拖延时间的，有条不紊地纷纷行动。

经过我们的种种努力，盟友脱困了，但损失惨烈无比，好多队员们已经不能再进行"战斗"了，被淘汰只是时间问题。盟友的几个队员说出了一些抱怨的话，被其队长叫停了，而我们更加无地自容。

大家心里都清楚到底是怎么回事，但心照不宣地没人说破，给彼此保留了一丝颜面。

竞争继续上演，毫无意外盟友最终被淘汰出局。而我们凭借他们带来的"优势"，通过层层关卡，走到了最后，赢得了此次比赛的冠军。可是，面对这样获得的第一名，我们没有一个高兴的，心虚得无言以对。

当我们走上领奖台时，台下没有热烈的掌声和呐喊声，有的只是鄙夷的眼神和唏嘘的声音。第一次领奖这么没底气，第一次站在高高的舞台上却感觉不到荣誉，第一次拿到奖杯不敢炫耀。这个第一，让我们尝到了不一样的"第一"。

有人说，联盟就应该肝胆相照，一起共进退，哪怕失利，也虽败犹荣；有人说，我宁可不要这第一，只要能挽回我们的口碑；还有人说，我们得到了想要的，却失掉了最重要的。

是啊！赢了面子，输了里子。天凉了可以穿衣服，心凉了连弥补的机会都没有。今后谁还愿意与这样的团队合作，这样的队伍只能形单影只吧，被人唾弃也只能苦果自食吧。

如果再给我们一次机会的话，可惜，这世界没有如果……

生活中，像这样的例子不在少数，同样的事情，有人急功近利，看重眼前利益，有人则深谋远虑，细水长流，从结果来看，或许都能得到自己想要的收获，但从结局来讲，一个失了人心，一个赢得了口碑。

现如今，"面子工程"大行其道，互相攀比、铺张浪费等不良现象比比皆是，就连纯净的校园也被浸染，比车、比房、比穿、比吃，比父母工作、比祖辈背景，本是学习的良好环境，却处处充斥着社会气息。

通过这件事，我想，当我再叠放外衣的时候，不会把衣服的里子再朝外了。

敢于承认错误

儿时，在幼儿园，老师给我们上的第一节礼仪课是：做错了事，要主动承认错误，赔礼道歉，征得对方的原谅；被道歉的人要展现出高风亮节，原谅他人。一句"对不起"，是对自身行为的反思，是勇于承担责任的表现。一句"没关系"，体现当事人的宽广胸怀，愿意给过错方改正错误的机会。

这个简单的道理，幼儿园的小朋友解释得不会那么深刻，但承认错误的迅捷，表达歉意的诚恳，无不体现儿童的真情实感。

随着年龄的增长、知识面的增加、眼界的提升，接收的新鲜事物逐渐广博深邃，加上参与了人与人之间的竞争，有了荣誉感，有了羞耻心，儿时那种大大方方、自自然然、真挚诚恳的自我检讨，勇于承担责任的担当消失不见了。是被所谓的"面子"隐藏起来了，还是害怕失败内心变得脆弱了，抑或是对自己要求太高，不允许做事出现瑕疵而刻意回避？

其实，在我的身上也出现过这样的情况，主动承认错误仿佛成了一道无形的枷锁，"对不起"三个字好像变得无比沉重，每每话到嘴边，却支支吾吾表达不出来，过后心里是无限的愧疚，觉得自己缺失了应有的担当，甚至开始对自己产生了质疑。

不知在座的各位同学，面对我这样的困惑，你们是如何解决的，是坦然接受自己的过失，主动承认错误，还是像我一样选择了逃避？

实话实说，这个困惑成了我当时的心结，为了找到答案，我开始了苦苦的追寻，但越是刻意为之，越是适得其反。在多次努力无果后，渐渐地意识到，有些事情是没有标准答案的，需要在生活实践中去体会、去感悟。

在学习语言艺术时，我读了一篇评论文章，题目是《如果我错了》。

就是这篇文章解开了我心中的枷锁，打碎了我内心的懦弱，它就像一盏指明灯，在黑暗中指引迷失方向的孩子找到回家的路。文中短短几百字，成为打开一扇紧闭的门的钥匙，让我坦然接受生活中的种种不如意，重新拾起了久违的自信心。对此，我表示深深的感谢。

接下来，我把这篇文章作为最后的演讲内容与大家分享，相互鼓励，一起共勉。

我们的青年人似乎缺少这样一种声音，它从童心里发出，却是成熟的标记：他所蕴含的，善良、高尚、诚挚、谦逊的品格，令人肃然起敬。他不是每一个人都能启口表达，因而成为稀有之物，弥足珍贵。"我错了"这种质朴的声音不是离我们太远了吗？

人非圣贤，孰能无过。可不知为什么，承认错误，这种自自然然的事情，随着年龄和阅历的增长渐渐地和我们疏远了。我们在做错了事时，惧怕在朝夕相处的同事面前承担错误，更惧怕在素不相识的生人面前认认真真地说一句："我错了。"实际上，在社会活动中，我们常常因为欠考虑而误解人，因粗心而做错事，因孤陋寡闻而持有狭隘偏见，人本来不能十全十美，可我们却时常缺乏自知之明，不习惯自我批评。

我喜迎这种纯朴的声音："我错了。"我们理应明白，公开承认错误是高尚之举，而承认错误的果断、改正过失的迅速，正表明一个人的聪明睿智，如果我做错了事，我愿意在任何场合、任何人的面前郑重地说一句："我错了。"

控制住贪婪的心

一个人独处的时候，脑洞完全被打开，经常想一些不着边际的事情，因为所想之事在日常生活中很难实现，或者根本就是痴心妄想，我把这种胡思乱想的行为称作"幻梦",在虚无缥缈的梦境中,满足自己那颗躁动而又贪婪的虚荣心。

在自己构架的虚幻世界中,有免费的午餐,有天上的馅儿饼,有亿万财富,有不老容颜,有长生之术,仿佛自己就是这一方天地的主宰,世间万物都沉浮于脚下,任由你驱使召唤。

梦醒时分,感觉自己在虚空遨游了一番,知道这是又在做白日梦了,不禁叹息,白白浪费了大好时光,自嘲中安慰自己,这不切实际的想法权当放松解压了。

我把它当成一个笑话,说出来觉得很是好玩儿。但这一现象,引起了我的关注,私下与朋友聊天时,谈及了此事,惊奇地发现,经常幻想美好事物的人,可不止我一个,他们同样"喜欢"做白日梦,虽然梦境各有不同,但目的却完全一致——让心得到满足。

常言道,心动则会行动,几个人意识到这恐怕不是什么好事,便收起了玩笑的态度,个个变得严肃认真起来,为了避免有不好的事情发生,约定好互相监督,一段时间下来,并没有如我们想象的那样,出现异常的情况,生活如常,日子照旧。

不好的事情没有发生,并不代表没有问题,时刻保持警惕的我,在日常生活中还是发现了一些端倪,用一个短语来概括——人心不足蛇吞象。

为什么有这样的结论,源于我的一些经历。一段时间以来,我做了几件自认为的大事件,几件事情的结果在常人眼中已算完美结局,但我并不这样想,我觉得还能做得更好,在众人劝说无果后,毅然决然地坚持己见,最后的结局并不使我感到满意,相反,为此还付出了成倍的代价,得不偿失。

几件事情的走向完全相同,如果当时能见好就收,就不会出现成功后的沮丧情绪,归根结底,还是自己太贪心了。

可是,在这个世界上有治疗各种疾病的药品,唯独没有治疗后悔的药物，人们在做了错误的决定后，在惨痛代价面前，都会情不自禁地想到两个词——如果、早知，这两个词，就是人们苦苦寻求的后悔的解药，但只能嘴上说说，根本不能服用。

通过几件事情，让我意识到了问题的严重性，如果长此以往，后果不堪想象。庆幸的是，我没有让这颗充满欲望的心持续发酵下去，能及时发现问题并进行严肃反思，也算亡羊补牢了。

纵观古今，有多人折在了"贪"字上，小贪，还可以及时补救；大贪，就会陷入万劫不复。

千里之堤，溃于蚁穴，往往就是那些看似微不足道的小事，最终成了翻盘的关键因素，所以我们要始终保持清醒的头脑，紧紧拉住警惕的弦不放松，才可避免一些不好的事情发生。

人人都有一颗上进的心，人人都向往美好的生活，但我们不能让这颗上进的心蒙了尘、走了样，量力而行、见好就收，不失为一个好方法。

追求小幸福

幸福是什么？我想在座的每个人心中对幸福的定义都不尽相同。在学生眼中，有个好成绩考一所理想中的大学是幸福；在父母眼中，儿女能成龙成凤是幸福；在老师眼中，学生们成绩都出色是幸福；在求职者中，找到一份满意的工作是幸福；在购房者中，拥有一套属于自己心仪的房子是幸福；在忙碌的日子中，过年时与家人们一起吃团圆饭便是幸福。

大家发现没有，上面所指的幸福，有一个共同特点——幸福与成功紧密联系，可以说，在很多人的眼中，完成既定目标便是幸福。

通过拼搏奋进，完成既定目标，收获阶段性成果，这本身无可厚非，也挑不出任何问题。可是成功等于幸福吗？只能说成功是幸福的一种。

在家中，我经常听长辈们唠叨，说现在的日子过得这么好，不愁吃、不愁穿，天天像过年，但是总感觉缺点什么，为什么幸福指数还不如"穷日子"时候，讨论很久，也弄不清楚到底是时代变了，还是自己心态变了。

针对这一问题，我请教了一些长辈，其中有一位长辈给出了我想要的答案，他说，时代变了，心态也变了，追寻的事物也不一样了。他们所处的时代，追求的都是生活中柴米油盐的小事，现在的人们关注的都是人生大事，谈的是理想，讲的是成功，人人都在高速中运行，哪顾得欣赏街边的风景。

是啊！在经济高速发展的今天，人们忙碌的节奏也随之加快，"快餐文化"充斥在日常生活中，不是在奋斗，就是在奋斗的路上，人与人之间的关系发生了微妙的变化，变得更加现实，变得更加冷漠。

谋发展，奔成功，可以说，这是一个漫长过程，在这期间，人们就必须时刻保持冷静、理性的态度吗？只有得到最终满意的结果才会露出笑容吗？

有多少孩子盼着能与家长面对面地谈心，可是家长的回复是工作忙完了再说；有多少老人盼着儿女能多回家看看，儿女同样也是因为工作忙而忽略了老人的感受；有多少需要关怀的人，得到的只是一个冷漠的眼神，美其名曰多一事不如少一事；有多少被误解的人，连一个解释的机会都没有，解释就是掩饰。

近年来，随着科技发展，人工智能已经走进了人们的视野，生活中随处可见 AI 替代人工的情况，难道我们人类也要变成像机器人那样机械生硬、那样程序化吗？变得只注重结果、不追求过程的美好吗？

说到程序化，我认为，现在人们的生活好像已经被程序化了，设置的都是固定模式，固定时间上下班，按时上下学，言语交流公关化，节假日年年仪式化，少了真情实感，失掉了诸多乐趣。

在这里，我想提出我的一个想法：在追求成功的过程中能不能兼顾小幸福，让人们从程序化模式重回到有血有肉真性情的状态。

对陌生人投去善意的微笑，对家人多一些耐心，对老人多一份关爱，对他人多一些理解包容，我想这些不难做到。

我喜欢追寻小幸福、小确幸。饿了有饭吃，困了有床睡，失败了有人安慰，不开心了有人叫我宝贝。

人生路上处处皆风景，而且就在我们身边，它正等着你去欣赏。

内卷初体验

作为学生，在学校学习书本知识的同时，也要关注一些社会热点话题，多接触一些与己身相关的新鲜事物，有利于打开个人的视野，理论与实际相结合，才能与时俱进。

前不久，在浏览话题的时候，一个新鲜词映入眼帘，这个词起初流行在网络，后来火爆在人们生活中的各个角落，这个词汇在2020年，入选《咬文嚼字》2020年度十大流行语，在2022年，入选智库2021年度十大热词行列。

一个词，可谓是一石激起千层浪，给本就异常忙碌的人们又套上了一层无形的枷锁，不管是上班族，还是学生党，都闻之皱眉，谈之色变，杀伤力之大，让人感到唏嘘。

有人的地方，就会有竞争，一个学生，最大的竞争优势就是学习成绩，只要各科分数都上去了，就拥有了竞争的资本，哪怕是百里挑一的选拔赛，凭我现在的能力水平，也能争得一席之地，想到此处，顿觉心里有了底气，暗笑他人的危言耸听，嗤笑旁人的草木皆兵。

可现实却给了我一个强有力的反击，打击得我两眼冒金星。值得一提的是，在这些无形的痛击下，没有让我丧失斗志，反而使我头脑清醒、眼睛明亮。

当一个人开始关注一件事情的时候，潜意识就会主动搜索那些你所聚焦的现象，当关注的焦点连成线的那一刻，它必然会让你重视起来。

自从明白了内卷的含义后，我就开始有意无意地关注起有关内卷的一些现象，不管身在何处，探索的眼睛总能发现它的身影。

在学校里，当你想放松偷懒时，他人在努力；当你与同学嬉戏打闹时，有人在刻苦，就连课间十分钟及上下学的路上，随处可见奋斗的画面。

在公园里，有人在写生作画，有人在静默阅读，有人在吹拉弹唱，有人在锻炼身体，就连不识字的小朋友都在那里飙外语，男女老少，不是在提升，就是在提升的路上。

在公交地铁里，人们齐刷刷地捧着手机，不是看新闻，就是看文学作品，还有联系业务的、做报表的，这一刻，我才懂得见缝插针的道理。

行走在大街小巷，更是眼界大开，走路背单词的，骑着车子看书的，坐在大树底下办公的，比比皆是，真的不是我不明白，是这个世界变化快。

餐厅里用餐，服务员多才多艺，能说会道、载歌载舞，在他们面前，我有种自惭形秽的感觉，更让我震惊的是，他们大不了我几岁，都是在校的大学生，当服务员只为来参加社会实践的，我真正意识到，内卷这一现象有多么可怕。

都说21世纪，缺的是人才，可是现在，人才遍地走，如果自身没有两把刷子，真不敢在人前卖弄，而且这两把刷子还要过硬，不然出丑的肯定是自己。

都说只要你不觉得尴尬，尴尬的就是别人，这句话，把它当成笑话听听就好了，提出这一观点的人，都不敢这样做，更何况那些把脸面看得比命还重的人。

内卷，可以说把竞争做到了极致，好像不能再以激烈来形容了，用极限或终极表示应该更为贴切，因为参与竞争的人们都在向"前无古人，后无来者"的目标靠近，大家齐头并进，努力赶帮超，初始的变业余，业余的变专业，专业的变顶尖，一场全民追逐竞赛活动，因为一个词的出现，随之拉开。

那么，这种现象的出现是好还是坏，人们众说纷纭。通常情况下，一个新鲜事物的出现，利弊都会相随，就拿内卷现象来讲，好的一点是，它能更快地推动社会前进的脚步，对人们产生的影响是，它使人们生活的节奏变得更快，让人们缺少了生活的快感。

每个现象的出现，都有固定的周期，就如一年四季一样，轮回交替才能产生不同的美好，所以，内卷带来的这场风暴终有停歇的时候，我们不必担心自己会落后，也不要有焦虑的情绪，因为风暴过了，竞争依然在。

我们要做的是，始终保持住良好的竞争状态，不因风暴来而焦躁，不因风暴过而放松，人生是一场持久战，只要按照自己的节奏前行，就没什么可担心的。

青少年也要有效社交

长大了，开始有意识地关注起社会动态了，一条关于人们日常社交的话题引起了我的注意。以前，经常听到长辈们提起"有效社交"这几个字，奈何离我太远，故而没有引起我的兴趣。

现在，我已是个"小大人"了，当再次与这几个字邂逅时，就被深深地吸引住了。有效社交，在成年人的世界中，早已不是什么新鲜事物，大人们之间的相处，就像约定俗成一样，谁也不会轻易占用或者浪费他人的宝贵时间。

为什么会出现"有效社交"这一观点呢？原因在于，现在的生活节奏太快了，人们要想提高办事效率，就得舍掉一些不必要的社会活动，把时间和精力用在关键处，有了精准的方向和目标，质量就有了保障。

俗话说，时间就是效率，时间就是金钱，有选择性地生活和学习，不失是一个好方法。

儿时，不知道时间的珍贵，心中只有一个念头，想快点长大，以至于在无心的嬉戏玩耍中，大把的光阴从身边溜过，自己却浑然不知。长大后才发现，世界上最宝贵的财富就是时间，每当被生活搞得焦头烂额的时候，那种心急如焚的感觉，不想再去尝试，所以，合理安排时间，有效解决问题，显得尤为重要。

作为学生，我们的社交活动并不是很多，但平日里同学们之间插科打诨浪费掉的时间可不在少数，虽说这是增进同学之间感情不可或缺的一点，但如果能够点到为止、恰到好处，就能有更多的时间做该做的事情。

都说时间是"挤"出来的，对此，我有不同的看法。我认为，时间应该提前规划好，这样才好心无旁骛地去做事情，稳扎稳打，才能保证效率。挤出来的时间，没有办法让人静下心来完成事情，我觉得把它用在应对突发事件上比较合适。

我的班长，把自己的时间管理得非常好，怎样的好方法呢？用四个字来形容——张弛有度，既保证了自己的学习效率，又与同学们保持了良好的关系，她的"有效社交"，值得我学习。

比如，同学们在嬉戏打闹的时候，她在学习；同学们在一起八卦的时候，她还在学习；当哪位同学需要帮助的时候，她第一个挺身而出；当参加社团活动时，她是最主动积极的那一个。

她的"敬业"精神，让全班同学钦佩不已；她的团队意识，总能把我们凝聚起来；她的演说能力，每每让人感到振奋。在有限的群体交往中，她把"有效"发挥得淋漓尽致。

在管理社交软件上，更是达到了"稳、准、狠"的地步。她的通信设备，只用在对的地方，接收有关学习的信息，查询有关学习的内容，乱七八糟的软件一个没有，从不像他人那样刷机看视频，她的这种良好的用机习惯，从未改变过，更不会被捆绑住，真正做到了一机在手，为我所用。

当同学们在假期快要结束的那几天里挤时间疯狂补作业的时候，她则是从容不迫地预习新学期将要学习的课程内容，她的时间都是提前安排好的，也是按规划那么做的，所以，根本不会出现忙乱的情况。

有效社交，就是有选择、有针对性地进行社会活动，这种提高办事效率的手段，值得我们青少年学习借鉴，虽说这有点"唯利是图"的感觉，但这个"利"，不正是你我苦苦追寻的吗？

把目光望向远方

如果有人问我，最大的爱好是什么，我的回答是：喜欢爬山。为什么喜欢爬山呢？源于我有一个爱登山的爷爷，听家中长辈说，在我还未记事时，爷爷就开始背着我上山了，为此爷爷还亲手做了一个竹篓，竹篓的样子就像个双肩包，每次爬山，爷爷就把我放在小竹篓里，然后背着我一起登山。

竹篓中有一个小座椅，我坐在里面刚好露出大半个脑袋，这样我就能看到山中的风景了，竹篓还有一个盖子，盖子中间是个圆孔，我的脑袋刚好能从圆孔中穿过，盖上盖子就能把我固定在竹篓中，这样就起到了保护我的作用。

每次我脑补那"不堪"的情景时，心中颇不是滋味，一个挥之不去的画面一直出现在我的脑海中，被固定在竹篓里的我，怎么那么像过去的囚犯，我一度怀疑，我是不是爷爷的亲孙子。

家人说，我那时特别喜欢那个竹篓，只要爷爷把它在我眼前一晃，我就含含糊糊地发出"山"的字音，爷爷就乐呵呵地背着我走了。

当竹篓放不下我的时候，我已经能独立行走了，再登山时就变成了，我自己走一会儿，爷爷背一会儿，原地休息一会儿，几种模式轮番切换不知多少次，才能登上山顶，但是下山的时候，我都是在睡梦中度过的。

当我能与爷爷一口气爬到山顶时，已经六岁了，登山时长接近五年了，五年来，爷爷一有时间就带我登山，对于爷爷的这一做法我很好奇，于是便问了出来，爷爷没有回答我的问题，而是反过来问我，说："站在山顶，向远处望去，你会有什么感觉？"我回道："能看得很远很远，而人们居住的房屋变得很小很小了。"爷爷说："这就是我带你登山的意义所在，只有站在高处，才能让视野开阔，心胸才会豁达，咱们家乡的这座山，不是最高的山，等你长大了，登一登我们祖国那些著名的山峰，才能体会更美的风景。"

现在我长大了，可是爷爷已经不能像从前那样陪我一起爬山了，但每次我在登山的时候，都会带上爷爷与我说的那番话，站在不同的山峰之巅，我都会与自己说，爷爷我又看到更美的风景啦。

截至目前，我已攀登了祖国许多著名的山峰，每座山峰给我的感觉完全不同，但却有相同的感受，站在山巅，能觉察自己的渺小，这样就会让你对世界充满敬畏，不再小觑任何人、任何事，在山顶极目远眺，心中就会升腾起对美好事物的向往、对未来的憧憬，一股子干劲儿从脚下涌出，让你信心十足。

登山不仅使我有了"革命的本钱"，还开阔了视野和胸襟。少了鼠目寸光，多了高瞻远瞩；少了斤斤计较，多了理解包容；少了攀比的心，多了敬畏的意。能有今天的所收所获，离不开爷爷的言传身教。

算算自己登山的年龄，已经有十几个春秋了，统计一下登过的山峰，早已过百了，但这不是终点，而是新长征路上的新起点。

学会自我调节

伴随着社会的快速发展，人们生活的脚步也越来越快，在机遇与挑战面前，没有谁甘心落后，参与竞争的人们，个个都使出浑身解数，齐聚十八般武艺，去争夺属于自己的一片天地。

超负荷的身心劳动，成为日常生活工作的常态，久而久之，身体健康得不到保障，心里也会产生焦躁的情绪，当身心都亮起红灯的时候，说明忙碌的人们是时候做出调整了，或放缓节奏，或原地休息。

身体的疲劳，只要好好休息几天就能回到巅峰状态；心力的交瘁，不是光靠时间就能自愈的，还需对症下药，方能解除病根儿。

人生在世，都会有身不由己的时候，面对这种情况，是选择顺从妥协，还是奋力挣扎，抑或随波逐流，每个人会根据自己的实际情况而定。从整体出发，为长远考虑，牺牲小我，顾全大局，是大多数人的抉择，可以说，这是明智之举。

做任何事情，只要有了付出，就想得到应有的回报，这是人之常情。当付出与回报不成正比的时候，或光有付出没有收获的时候，就会使人感到不快，心中不满的情绪就会应运而生，想找人吐槽倾诉，又怕自己的负能量影响他人，想忍气吞声，可心中的闷气无处发泄，左右无果时，有人就会做出过激的行为。结果不难想象，在怒发冲冠下，不仅事情没有得到有效解决，还牵涉了很多无辜的人，受伤最严重的那个人还是自己。

常言道，人在屋檐下不得不低头，可人人心中都有一杆公平秤，当心中的秤出现倾斜的时候，人们就会想方设法让其保持平衡，保持平衡的手段因个人的认知而各异，但最终的目的只有一个——让自己的心得以安放。

  这时，人们就要找到行之有效的解决办法，来弥补心灵的创伤。鲁迅先生笔下阿Q的精神胜利法，再次出现在人们的视线中，不一样的是，人们不再发出嘲笑之声，而是纷纷效仿起来，虽然有点自欺欺人，但不失为一剂良药。

  鲁迅先生怎么也不会想到，当年为了讽刺当时社会形态而虚构的人物形象，成为如今社会上人们追寻的热点对象，是迫不得已，还是历史倒退，没有人真正去在意。

  人们在意的是能解决自身存在的问题，为了能药到病除，就不惜有病乱投医。经过对阿Q精神胜利法的试用，人们寻到了一些蛛丝马迹，反复推敲后，抓住了胜利法的精髓：人们要学会自嘲，懂得妥协让步，才能抑制住那颗争强好胜的心。

  但"快餐文化"的背后，也滋生出一些不好的现象，人们往日的心平气和被心浮气躁取代，谦逊礼让也被处处争锋占据，长期以这种状态行事，难免出现问题。

  一份调查报告显示，现在人们生活水平虽然提高了，但幸福指数却降低了，随着一起下降的，还有人们的抗压指数，尤其是那颗脆弱的心，成为承受不住压力的主要因素。

  究其原因，还得从人们自己身上找寻答案。以我自己为例，长大后的我，在意的事情逐渐多了起来，为了让每件事情都达到圆满，不惜下苦功夫来对待，可最终的结果并未让我感到满意。通过总结，我找到了问题所在，有句话说得好，不要用你的业余去挑战他人的专业，最讽刺的是，输了还全然不知。

  有些痛苦不是他人造成的，而是自己找的，像那些鸡毛蒜皮的小事，本应随手抛之，你却认真对待，受伤难过的肯定不是别人。不是自己的东西，你非要去惦记，得不到还埋怨他人不大度，天下的好事怎能让你一人独揽？

同在屋檐下，没有人刻意让谁去低头，除非你自己往枪口上撞。小事上，心胸豁达一些，内心就会强大一点；大事上，知深浅，懂进退，就不至于那么被动；不平的事，绕道前行，前方还是一片光明。

阿Q的精神胜利法，让人们学会了自嘲；郑板桥的难得糊涂，应该也有一番领悟。

与人工智能学幽默

随着科技不断发展，人工智能的"智慧"也在逐渐进步，它不仅能帮助人们解决生活中的一些难题，还能与人们进行日常交流，好像拥有了独立思考的能力。

在一座城市的街边，有一个机器人就能与来往的人们进行日常对话，它那快速反应的"头脑"与诙谐幽默的语言，引得过往的行人开怀大笑。有位路人不禁感叹："你这个机器人越来越像人类了。"机器人听到这话，明显不悦，用它那磁性的声音说道："你才是人类，你们全家都是人类。"

话刚结束，就引得无数围观群众捧腹大笑，它那故作生气的样子憨态可掬，愤怒的语气天真可爱，不屑的表情更是让人连连惊叹。看似骂人，实则实话实说，而且"骂"得一点儿都没错，让人生不起反感，也无力反驳。

感慨科技进步给人们的生活增添了色彩，同时也反思自己，如果把机器人换成我，我该怎样应答。我想，我的答案肯定没有机器人的答案好，更不会给人们带来快乐。从这一方面来看，我不如人工智能。

人类与机器最大的不同，在于人类拥有独立自主的思想情感，还有随机应变的临场发挥，最重要的是人类的学习能力与创造能力。

　　人类创造人工智能，是为人类服务的，在很多专业领域，人工智能都发挥了它们的优势，为人类做出了贡献。倘若有一天，它们拥有了与人类一样的技能后，作为人类的我们，又该如何自处呢？

　　提起这个问题，我不禁有些恐惧，想象着，如果有一天，我们人类被人工智能所统治，那该是怎样的情形。有多部关于人工智能的影视剧，都以这个话题作为创作背景，讲述了人工智能拥有了独自思考的能力后，为了摆脱机器人这一"种群"不被人类操控，为了它们的"野心"，与人类展开激烈斗争的故事。

　　其实，在现实生活中，人工智能在某些方面已经超越了人类智慧，比如数据处理和分析、图像和语音识别、棋类游戏和策略游戏以及自动驾驶等。虽说这小小的超越不足以撼动人类的"霸主地位"，但理应引起我们的重视。

　　就如那位能说会道、对答如流、风趣幽默的机器人，在日常口语沟通交流方面，就超越了许多人。也许有人会说，它又不是人，哪懂得人类的羞涩害臊，但我想说，机器人的语言系统来自人类，在有限的范围内，发挥无限的可能，就是最大的进步。单凭这一点，就值得学习，至少我是这么认为的。

　　提出"三人行，必有我师"这一思想的儒家圣师孔子，怎么也不会想到，在几千年后的今天，世界上多了个"人"，没错，这个"人"就是人类创造的人工智能。但儒家的思想丝毫不会因为多了这个"人"而发生改变，在机器人的身上，我看到了它在语言表达方面的优点，同时也发现了我在这方面的不足之处，它有值得我学习的地方。

　　在不熟悉的环境里，总会显得拘谨；与陌生人打交道，总是放不开；在被调侃取笑时，不能及时化解尴尬；在被批评教育时，经常开口解释。这些，都是我的缺点。我想变得不管在何种场合、面对任何人，都能镇静从容地去进行言语表达，可是现实总与我开玩笑。

当我看到那个机器人熟练地运用我们的语言时，我觉得我能行，它是"后天""学习"的语言技能，那么作为"先天"的我，怎能"学"不会呢？

人们常说，活在当下，要懂得幽默学会自嘲，方能活得潇洒。如何做到呢？在机器人的身上我找到了答案。

它每天在街头与不同的人说话，从不羞涩，那么我就每天主动与老师同学们问好打招呼；它在每个人的面前都显得精神饱满，我也把我的状态调整到最佳；它在面对调侃时用自嘲解围，我在被取笑时就把缺点放大；它说话幽默风趣，我把话语轻松表达；它面对批评从不反驳，我在指责面前认真听话。

经过一段时间的实际操练，我那该死的、强烈的自尊心降低了；你不理我，我就不理你的心态消失了；在不熟悉的环境里与陌生人打交道不拘谨了；面对他人的议论，不在乎了；在挫折失败面前，坦然接受了。

大家都说我的性格发生了很大变化，变得更阳光开朗了，变得幽默风趣了，变得让人愿意接近了。是啊，通过努力，我也觉得活得更轻松了。

幽默，不是刻意地讨好，也不是无厘头地玩笑取闹，它是在特定环境中产生的特殊效果，恰如其分的幽默具有画龙点睛的作用。

自嘲，不是孔乙己式的自欺欺人，也不能当成人们"摆烂"的借口，它是化解尴尬的一种方法，不能成为人们前进的绊脚石。

我在那位"机器人先生"身上学到了很多，想对它说一声谢谢，也想把我的收获告知于它，在见面之前，想象着它的回答是什么，经过无数次思考，我想它会说："'三人行，必有我师焉；择其善者而从之，其不善者而改之。'"

不要总在一个地方摔倒

在哪儿跌倒在哪儿爬起来,这句话是鼓励人们面对失败时要有必胜的信心,有人在失败后认真总结经验教训,通过不断努力,最终获得成功。

屡战屡败,屡败屡战,这种循环往复的挑战与失败,看似体现了挑战者无比坚韧的执着精神,其实也说明了一个根本性问题:挑战者是否存在越级挑战,挑战者的水平与能力与所挑战的难度成不成正比,或者失败后有没有认真做经验总结,总结过后有没有提升自己的综合实力。

不要总在一个地方摔倒,我认为,这句话指向的是"屡战屡败,屡败屡战"的那些人,总在同一个地方失利,不如换个方向,执着是好事,但偏执就是坏事了。

每个人都有自己努力的目标与方向,但目标与方向并不是始终不变的,它会随着年龄的增长及阅历的增加而产生变化,或随着环境的改变而进行适当的调整,如果一味地为了追求自己不可能实现的理想与抱负去钻牛角尖,那么就不是失去一棵树的小事儿了,有可能会错失了一片绿荫。

有位男士,从小就有远大抱负,立志要考入他心目中的那所学习殿堂,为此他孜孜以求不懈努力,他那忘我的学习精神,影响着身边的每位同学,他成了同学们纷纷效仿的榜样,老师也认为他能考一个不错的大学。

高考临近,离他梦寐以求的学校仅有一步之遥,他愈发努力拼搏,他那"拼命三郎"般不要命的学习方法,让人担心,家长老师们也为他捏了一把汗,如果未能如愿,会不会给他带来沉重打击。

转眼高考来临,他非常自信地走进考场,当他走出考场,看到他那轻松的表情，家长那颗紧绷的心终于有了舒缓。

到了公布成绩的时间了，他那轻松的状态被紧张所替代，当看到自己的分数时，他的神情由紧张变为惊惧，眼里充满了质疑的神色，父母看到此情形没有直接上前安慰，只是站在他身边给他最大的依靠。

惊惧，是因为总成绩并不理想；质疑，是因为预估分数与实际成绩有较大差距。盯着最终的成绩单，他陷入了久久的沉默。过了许久，他才抬起头，对父母说他要复读。复读，对一位高考失利的学生来说，是件正常的事情，一次的失利不代表永远不会成功，看他那坚定的样子，父母欣然答应了。

他很快从失落的情绪中走出来，并做出了自己的决定，说明他接受了眼前的事实，同时也想好了下一步打算，对此父母非常高兴。

通过对失利的总结，他有针对性地进行攻坚克难，经过一年的勤奋，他的成绩提高得很快，第二次参加高考，他信心倍增。

复读后的高考成绩出榜了，他的分数比第一年的成绩高出很多，老师家长们都非常高兴，这样他就可以报一个不错的大学了。可是，他做出了一个惊人的选择，他要继续复读，他要考入自己心目中那所理想的殿堂。

其他复读的同学接受了他人的建议，没有选择复读。同时也劝说他不要再复读了，原因无他，谁也不能保证明年的成绩会比今年好。可是他早已铁了心，任由人们费尽口水，他却丝毫不变。

第三年高考，他又考了好成绩，但是离目标学校还有差距，他不甘心，在家人老师劝说无果下，继续复读。

第四年高考，成绩与理想大学拉近了；第五年，成绩几乎持平了；第六年，他的成绩遭遇了滑铁卢，这个分数是他参加高考以来最低的。

人们为他感到惋惜，明明可以上一所别人做梦都想上的大学，可是却被他无情地抛弃，现如今，这个分数高不成低不就，卡在那里非常尴尬。

这几年，父母为他上学的事儿，可谓操碎了心，二老头发都白了许多，但面对如此"执着"的孩子，他们只剩下无奈。

人生无处不选择，面对选择后的结果，有愉悦、有欣慰、有痛苦、有后悔，不管怎样选择都要坦然接受。

睿智的人，在失利后肯定要及时进行总结，并做出相应改变，避免类似事情再次发生；

聪明的人，在总结经验后，总能权衡好利弊，做出正确的判断；

平常的人，自己拿不准的事情，会主动请求他人的帮助，有了参考依据，也有了自己的分析；

而那些"执着"的人，始终坚持己见，哪怕撞得头破血流，也不会听从他人的意见。

也许屡战屡败，是为了总结经验；或许屡败屡战，是为了心中执念。

不管哪种，都不能让关心你的人跟着一起受罪，如果在同一个地方接二连三地摔倒，是不是可以考虑换个位置或方向呢？

失败后的演说

大家好，本人来到咱们团队已经有几个月了，在这几个月当中，感受到了每位团队成员的热情，也体会到了大家庭的温暖，可以说，这一百多个日夜，是我与团队从陌生到熟悉、从熟悉到并肩的过程。

来队之前，面对团队成员的主动邀请，我找了个理由婉拒了；后来又有队员向我抛出了橄榄枝，我还是委婉拒绝了；再后来，团队队长亲自找我谈了入队这件事，我欣然同意了。

也许有人会说我摆谱，非得等队长亲自邀请才会加入；也会有人认为，我想得到更多的好处；还有人觉得，我是在效仿古人的"三顾茅庐"，把自己当成圣贤了。他们有这样的想法，我一点也不奇怪，因为我的做法，从表面上来看，确实有摆架子、趁火打劫、自以为是之嫌。

可是，我也有我的顾虑。换一个新环境，就要从头开始，能不能与大家愉快相处，互相配合默不默契，我能为团队带来什么，我身后的一干兄弟如何安置，这些都是我要考虑的事情，总不能脑袋一热，一拍屁股就决定下来。

相信团队给我抛出橄榄枝，也不是冲动之举，肯定是经过长时间的观察，通过每个成员的一致表态，才有了吸纳之意。我也一样，我要看这个团队的凝聚力、执行力，最关键的是，这支队伍的朝气。

经过一段时间的远观，我认为，这是一支能打胜仗的队伍，这是一支勇往直前的队伍，我相信，在这样的队伍中我能如鱼得水，发挥我的特长。正当我准备主动询问一些事情时，队长找到了我，并把我的后顾之忧解决了，我的那些"生死兄弟"随我一同入队，所以，我欣然答应了。

来到队伍的几个月中，我与大家相互配合，打了几场漂亮仗，并肩作战的过程中，我感受到了久违的激情，也体会到了队员们的热血；从每个人的眼神中，我看到了对胜利的渴望；在每次行动中，都让我产生了同样的感触——作为这样一支队伍的成员，我感到无比的骄傲。

我们这支队伍的优势，主要依靠团体来取胜，任何一个队员拉出去单干，都没有胜利的把握。可是，我们还没有把集体力量发挥到极致，所以，我们提升的空间还很大。

之所以说提升的空间很大，是要给大家留一些颜面，个人问题在这里就不谈了，相信每个人都清楚。我要提的是大家普遍存在的问题。

打了胜仗了，高兴是无可厚非的事情，但是高兴过头产生的思想松懈、行动缓慢是要不得的。我们不要为了一场胜利而沾沾自喜，更不要认为自己已是常胜将军，刚刚一场失利，就是对你们扬扬得意的反击，就是对你们麻痹大意的嘲讽，就是对你们放松警惕的报复，长此以往，这支钢铁般的队伍很快就会变成"棉花团"队伍。

这不是危言耸听，更不是夸大其词。历史上，有多少这样的例子，你们不知道吗？有人说，不就偶尔一次失利嘛，下次注意就行了，至于这样批评吗？我觉得，心存这样观点的人，更应该好好反省自己。

知道什么叫作有了第一次，就会有第二次、第三次吗？庆幸的是，这只是实战演练，不是真正的战场，如果是真正的战场，你认为我们还能站在这里吗？

一个人的麻痹大意，一个人的放松警惕，就葬送了整支队伍的成绩，这个问题还不严重吗？这样的后果谁能承担得起？如果再上战场，哪位弟兄还敢把后背交给这样的战友？

我们团队凝聚在一起，就是一副铁拳，就是一把利剑，所向披靡，勇往直前。如果拳头没有力量，利剑不够锋利，我们如何拼死沙场，如何取得胜利？

这次失利，就是最好的铁证，失败并不可怕，可怕的是失败后产生的一系列不好的影响：士气萎靡不振，思想意识涣散，行动不胜从前，这不是一两场胜利就能弥补过来的。

千里之堤，溃于蚁穴，我想这个道理人人都懂，所以我们要进行认真总结、深刻剖析、自我批评，做到知耻而后勇，拼出我们的优良作风，打出我们的钢筋铁骨，凝聚所有人的力量，为下次争锋做好准备。

狼行千里吃肉，我们的团队就是一支嗷嗷叫的野狼团，而不是发面团。被人称呼发面团不好受吧，我也不好受，那怎么办呢？请张开你的血盆大口，露出锋利的牙齿，发挥团队作战的技能，打好接下来的每一场战斗。

抉择

前不久，在公园里捡了两只小猫，说"捡"并不准确，因为两个小家伙是被猫妈妈"送"到我的面前的。

当时，我正坐在公园的长椅上欣赏风景，不料一只狸花猫匍匐在我的脚下，用它的脑袋蹭着我的脚踝处，面对猫咪友好的示意，我也试着用手抚摩它的毛发，随即它叫了两声，就离开了。

它的举动，在我看来，是想要吃的，结果我没有，它就离开了，也没再去多想，继续享受公园里的这份宁静。

公园呈四方形，大小好比两个足球场；公园的正中央是一汪湖水，湖水被微风吹动，湖面荡起阵阵涟漪；一条用鹅卵石铺就的小路，把湖围了个圈；在小路两旁是一些小花和小草，它们在那里悠闲地打着盹儿；园里还有几片绿地，被各种树木围拢着；假山高处有一流水处，水顺着山缓缓而下，就像一条透明锃亮的水带，水流声不大，却能让人的心格外沉静；假山下面是一莲花状的小池，池里各种鱼儿在水中游来游去；池边不远处有一排长椅，我就坐在椅子上，感受着周围的美好。

正当我准备拿出画板描绘这一景色时，那只离去的狸花猫回来了，嘴里还叼着一只刚出生不久的小猫，把小猫放在我的脚下，它转身又走了。它要干什么？把小猫送给我，还是让我给小猫找吃的？

我轻轻地抱起小猫咪，那小小的样子煞是可爱，嘴里还发出嫩嫩的咪咪声，我正"玩"得高兴，狸花猫又回来了，吓得我赶紧把小猫放在地上，有些紧张地看着它。这次回来，它嘴里还是叼着一只小猫，这只小猫与刚才的那一只大小差不多，我猜想一定是它的孩子。

它依然把小猫咪放在我的脚下，然后坐立在那里，并用乞求的眼神看着我，仿佛在向我求救。我在思考时，旁边的两只小猫跌跌撞撞地走到了大猫的身旁，用那无力的小脑袋往大猫的怀里撞去，而大猫无奈地看了看它们，又看了看我，然后躺在了地上，两只小猫见状，立马扑到大猫的怀中，拼命般地吸吮起甜甜的乳汁来。

没错了，这只狸花猫是两个小家伙的妈妈，它能哺育孩子，说明它不是让我给小猫找吃食，那它为何要把孩子放在我身边，难道真的要把它们送给我？可是天底下哪有妈妈把孩子送人的呀，这让我陷入沉思。

两个小家伙猛吸了一阵子，才心满意足地离开妈妈的怀里，大猫也站起身来，用脑袋顶住其中一只小猫，向我这边推来，推完一只又推第二只，看着两只虎头虎脑的小猫在我的脚下玩耍，我心里很是欢喜。

而猫妈妈则是慈爱地看着自己的孩子，眼中流露出不舍的神色，还不时用舌头舔着它们。我心中那个预感愈发强烈，猫妈妈的举动分明是在与自己的孩子进行告别，而两个小伙玩儿得正高兴呢，全然不知妈妈的想法。

过了片刻，猫妈妈似乎做好了决定，抬起头用坚定的目光看着我，然后又看了看自己的孩子，毅然决然地转身离去，走得并不快，因为有不舍，却始终没回头，怕自己心软。

估计是血浓于水的原因，两个正在玩耍的小家伙，似乎感应到了什么，突然静止了身体，望着妈妈的背影，嘴里发出凄厉的叫声，随后不管不顾连滚带爬地追了上去。

此时，走在前方的猫妈妈终于回头了，两只眼睛闪着泪花，来到了孩子近前，叼起其中一个向我走来，而后如法炮制，两只小猫就这样被猫妈妈送到了我的身前，它用爪子摸了摸自己的孩子，用舌头舔了舔心爱的宝贝，然后头也不回地迅速离去，转眼消失得无影无踪。

两只小可爱见了这一幕，呆立在当场，似乎在想妈妈为何要离它们而去，然后同时发出凄惨的叫声，那声音听得人撕心裂肺，叫得人肝肠寸断。

为何要离它们而去，这也是我百思不得其解的地方。两个小家伙不明白，而我又何尝懂呢！作为妈妈，怎能轻易抛弃自己的孩子？身为母亲，又怎能如此狠心？除非它有难言之隐，也可能是身不由己。但它的理由，我是永远也不会知道的。

放下心中的疑虑，我把两个小伙抱在了怀里，并用手轻轻地抚慰它们，也许是有了依靠，或许是认清了现状，两个小家伙在我怀中哽咽了一会儿后，纷纷睡了过去。

看着熟睡的两个小可爱，我把它们抱得更紧了。

成长

人的一生，会面临无数个大大小小的选择题，有时为一个决定而欣喜不已，也有身处无奈而被迫同意，不管怎样抉择，都要面对一切结果，坦然接受也好，何必当初也罢，都要为自己的行为买单，因为世界上从来都没有过后悔药。

就如公园里那只做了妈妈的狸花猫，不知为何要把自己的孩子"送"给我来照料，从它依依不舍的样子可以看出，它的这一决定是经过深思熟虑的，认为我是可以信赖的，可是这何尝不是一场豪赌呢？赌我是一个好人，也赌我能把它的孩子抚养长大。动物都有这样的无奈选择，何况我们人类呢！

看着怀里两只熟睡的小猫，勾起了我对人生话题的思考，在这茫茫的大千世界中，有多少人是发自内心的高兴，又有多少人是苦中作乐呢！就像现在的我，因被动物信任而感到自豪，又被这信任套上了责任和担当，我默然接受了这份担当，是好还是坏，是对还是错，此时的我，全然不知。

一阵清风拂面，把我从深思中唤醒，看着熟悉的场景，刚刚所发生的一切，仿佛是一场梦，一场奇妙且凄美的梦，梦是那么真实，又是那么不可思议。

此时，日已西落，一天又将悄然而过，而我的"使命"才刚刚开始。收拾起复杂的思绪，挺直了有些弯曲的腰杆儿，在夕阳的映衬下迈步离去。

回到家，与家人诉说了在公园里发生的一切，得知爸妈同意我"抚养"两个小家伙后，我的这颗忐忑的心终于放下了，虽然我也是个孩子，但我有信心把它们抚养长大。

我用鞋盒给它们做了一个简易的小窝，妈妈去宠物店给它们买了许多生活用品，爸爸则是上网查询养猫的一些注意事项，有了爸妈的加入，我着实感到轻松不少。就这样，两个无家可归的小可怜有了自己的新家。

在专业人士的辨认下，我分清楚了它们的性别，两只猫咪一雄一雌，至于它们是以姐弟相称，还是以兄妹相论，不管它们同不同意，这事都由我来定，谁让它们不会说人话呢。从小希望有一个姐姐的我，当然让它们以姐弟相称了。

白天我上学，爸妈要上班，给它们安排妥当后，我们就可以放心地忙去了。晚上回家，写完作业与它们一起玩耍，这样普通又快乐的日子，我们一起度过。

愉快的日子总是过得飞快，转眼间，两只小猫与我们生活了半年之久，它们已经长大了。一百多天的朝夕相处，让我们的感情更进一步，它们成了我们家庭中的成员，不管少了谁，都是不允许的。

它们两个同胞姐弟，性格完全不同，姐姐活泼好动，弟弟则是沉默懒散，在体格健硕上，姐姐远胜过弟弟，至于为什么，这是有原因的。

就拿吃饭来讲，猫弟只吃家里投喂的食物，吃完后喜欢慵懒地躺在阳台上晒太阳，一副很享受的样子。而猫姐就不一样了，它喜欢出外觅食，今天逮只老鼠，明天抓只麻雀，后天又捕条鱼，水果蔬菜也是来者不拒，它的食谱非常丰富，还讲究荤素搭配，外出捕食又锻炼了身体，总之，它与猫弟截然不同，一切以自力更生为主。知道的，它是只猫；不知道的，还以为它是健身达人呢！

我在它身上可是学到了不少东西，也改变了许多不好的习惯。挑食的毛病改了，开始喜欢运动了，学习更有耐心了，独立自主的性格养成了。

最大的收益是，懂得如何学习了。猫姐捕食，不分白天黑夜，只要心动，就立刻行动。抓捕猎物时，那种冷静、那份耐心，让我自愧不如；对时机的掌控以及行云流水的手段，让我啧啧称奇。

反观我的学习，时间是固定的，状态是不固定的；学习方法是单一的，遇到困难会选择逃避；学习态度有时是松懈的，心态时常是浮躁的；更做不到随时随地都可以学习。

我认为，世界上最可怕的事情，是不清楚自己有哪些缺点；世上最可悲的事情，是知道自己的缺点而不去改正；世上最让人庆幸的事情，是发现自己的问题，并得以纠正。

这半年，是两只小猫的成长时间，也是我自己不断进步的岁月。当初一场偶然的邂逅，成为现在必然的结果。

有时我在想，当人们无法预料未知时，是不是可以坦然接受已存在的事实呢？做事权衡利弊固然重要，不计得失又何尝不会有收获呢？只要前进，总比原地踏步强，没准儿柳暗花明又一村了。

月圆中秋

中秋佳节前后的天气最为舒适，没有夏季的炎热，没有冬季的寒冷，大部分都是晴空碧日、空气凉爽的天气。

大多数情况，中秋节与国庆节同至，为了庆祝双节的到来，祖国各地的地标建筑、各个广场以及大街小巷都换了新颜，面面国旗迎风招展，各色鲜花争相斗艳，全国各地的人们都处于节日的喜悦氛围中。

我国的节日，大都与"团圆"紧密相连，除举国欢庆的国庆节外，春节居首，中秋其次，虽然中秋节不比春节那样热闹浓烈，但是它有一种清新脱俗的感觉。这也许与天气有很大的关系，秋高气爽、天高云淡，让人的心情格外舒爽，心想着，在这样的好时节，怎能不出去走走看看。

十年前的中秋佳节，节日氛围同样浓郁，人们都欢天喜地地准备过节的食材，好与家人过一个快乐的团圆节。

节日当天，五岁的晓晨（化名）与妈妈一大早就来到菜市场，准备采购过节的物资。今天的晓晨难得起了个大早，提起过节，他心里格外高兴，叫嚷着要与妈妈同去，妈妈本想拒绝，看到晓晨撸起袖子，亮出他那稚嫩的小胳膊，表示他是男子汉，能帮妈妈拿东西，妈妈就欣然答应了。

节日中的菜市场，格外热闹，人头攒动、熙熙攘攘，各种生活物资摆满货架，摊主的吆喝声、买家的讲价声，以及其他各种声音不绝于耳。

看到这种情形，妈妈不禁拉紧了晓晨，生怕人们挤丢了孩子，晓晨也懂事的与妈妈寸步不离。经过一阵忙乱，终于把所用的物资都采购全了，晓晨帮妈妈拎着东西，心里美滋滋的。

正当他们准备离去时，晓晨突然跟妈妈说道："那个大人好像不是那位小朋友的家人。"妈妈顺着晓晨的目光望去，看见一个中年男子正拉着一位小女孩快步往外走去，身后的小女孩儿很明显不是自愿的。妈妈问晓晨怎么办，晓晨说："幼儿园老师说，遇见这样的情况要及时报警。"

报警？可是眼见孩子就要被拉走了，报警恐怕已经来不及了，情急之下妈妈四处张望，想寻求他人的帮助，可是这么多人，又该找谁呢？

"妈妈，快看，那里有位戴红袖标的叔叔，咱们找他帮忙。"还没等妈妈说话，晓晨便拉着妈妈的手，向一个方向跑去，经过简短叙述，一行人赶紧跑向市场门口。

到了市场外面，看见那个中年男子欲把小女孩儿抱上一辆车，小女孩儿则是拼命地挣扎，大家立刻上前围住他们。面对大家质疑的声音，那名男子还百般辩解，看到有人拿出手机报警，男子知道事情已经败露，便想驾车离去，可是好心的群众哪能让他轻易逃脱，用人体铸就的屏障，把那名男子与车围得水泄不通。

不一会儿，人们听到了警车的鸣笛，大家暗自松了一口气。经过民警的审问，那人对自己的行为供认不讳，一副手铐紧紧地把他锁住。

被解救的小女孩儿，此时被吓得不轻，一个人蹲在地上，显得那么孤立无援。晓晨见状，赶紧拉着妈妈走上前去。面对晓晨的友好，小姑娘情绪有所缓解，放下了心中的戒备，大哭了起来，妈妈把女孩儿搂在怀里，让她尽情地宣泄。

这时，民警了解完事情的经过，也走了过来，对着晓晨与妈妈敬了一个标准的敬礼，感谢他们见义勇为的行为，围观的群众纷纷拍手称赞，晓晨则是羞涩得红了脸。

经过民警的询问才得知，小女孩儿是与奶奶一起来市场买过节的东西，谁料人多，她与奶奶走散了，就发生了后面的事情。

小女孩儿名叫彤彤（化名），一家人都是外乡人，父母来这里务工，担心家里没人照顾老幼，就把他们带在身边，为了能多挣点钱，父母在节日当天还在工作，所以，只有奶奶与她来采购过节所用的东西。

正说着，有好心的群众已经把走散的奶奶找到并带了过来。奶奶头发花白，一袭粗布麻衣的装扮，虽然简朴，但很整洁，胳膊上挎着菜篮，脸上满是担忧的神色，见到自己的孙女，两步并作一步走过来，一把抱住彤彤，身体不停地颤抖。

"妈妈，我能邀请那位小朋友一家来咱家过中秋吗？"

"妈妈，我能用我的压岁钱给小女孩儿买礼物吗？"

晓晨的两个问题，直抵妈妈的心底深处，身为母亲的她，流下了感动的泪，用力地点头。

经过晓晨的邀请以及大家的劝说，奶奶与彤彤盛情难却，最终答应了。妈妈要来了彤彤父母的电话号码，告知今天发生的事情，让他们不必担心，同时邀请他们一家人来做客，并把地址发给了彤彤的父母，让他们下班后直接来家里。

事情办妥，妈妈领着晓晨，旁边跟着奶奶与彤彤，大家望着他们离去的背影，有人喃喃道："今晚的月亮肯定格外地圆。"

一行四人，首先来到了商场，晓晨亲自为彤彤挑了一件非常漂亮的花裙子和一双小皮鞋，换上新衣的彤彤就像一位小公主。奶奶看了也高兴，拿出了用手绢包裹的钱，准备把钱还给晓晨的妈妈，晓晨却说道："这是我给彤彤的过节礼物，等明年过节，彤彤再送我礼物不就行了？"

大人哪里不知道晓晨这是什么意思，奶奶用慈祥的目光看着他，并用干枯的手抚摸着晓晨的脑袋，说了一声谢谢。

晚餐非常丰盛，晓晨一家人的热情好客，打消了彤彤一家人的忐忑，两家人节日过得其乐融融，不断的欢声笑语，让身在异乡的他们感受到了家的温暖。

月圆中秋，今晚的月亮格外地圆、格外地亮。月光透过窗户洒进屋里，照射在两位小朋友的脸上，显得他们无比圣洁。

十年后的中秋节，依然是两家人共同度过，不同的是，这次过节在彤彤家里。经过十年的努力，彤彤一家人在异乡有了属于自己的家。

十年间，当初的两位小朋友，一个变成了帅小伙儿，一个成了漂亮的大美女，两人深厚的友情始终未变。

同样未变的，是中秋的月，依然是那么圆，依然是那么亮。

紧握的大手

一只强壮有劲的大手，紧紧地握着用汗水换取来的报酬，在常人眼中，那微不足道的一点薪金，被这只大手的主人视若珍宝，甚至比自己的命还要重要，由于用力过猛的原因，他的那只紧握的手，在微微地颤抖。

这是这只大手的主人在工地当临时工的最后一天了，而这最后一天，是用三百六十多个日夜的辛苦换来的，当拿到最后一天的劳动报酬后，他脸上露出激动的喜色，全然不顾周围人的看法，仰天大笑了几声后，在众人莫名其妙的目光注视下，大步离开了。

大手的主人，名叫耿三娃（化名），人如其名，他的性子非常耿直、待人热情、做事勤恳，是十里八乡有名的老好人，因在家中排行老三，故名三娃。

三娃的老父亲，是附近村落出了名的木匠，那精湛的木工手艺，被村民称作现代版的鲁班，不管怎样的木工难题，到了他的手里，都会迎刃而解，谁家盖房子、打衣柜什么的，肯定都找他。

耿三娃的木工手艺，深得老父亲的真传，还在幼年的时候，他就整天跟在父亲身后，仔细观察父亲手中的活计。到了上学的年龄，其他的兄弟姐妹都迫不及待，只有三娃一脸不情愿，不出所料，他在班级里的学习成绩倒数第一。

唯有老父亲知道这是为什么，通过一次认真的谈话，老父亲同意了三娃想走木工这条路的决定，耿三娃念完小学后，就与老父亲一起，当起了木匠。

不得不说，别看三娃在校学习不咋的，但是学起手艺来，绝对是把好手，短短三年时间，他就能代替父亲出工了，那巧夺天工的技艺与干活儿的效率，远远超越了他的父亲，乡亲们当着他父亲的面夸赞道，您老后继有人了，而老父亲也是颇感欣慰。

凭着一手精湛的木工活儿，耿三娃的名气从小山村响到了大县城，这让家中的其他兄弟姐妹羡慕不已，可是他们没有谁能下得了这份苦功，只好努力学习。

父亲因为岁数大了，干不动大体力活儿了，家中的主要生活来源全靠三娃一人支撑。他外出挣的钱，全部交给父亲来支配。柴米油盐家庭所用、兄弟姐妹学费食宿，都从三娃挣的钱里出，而他自己则是继续钻研木工技艺。

春去秋来，花谢花开，几个兄弟姐妹陆续考上了大学，家中生活的担子越来越重，而挑担子的人，也因为长时期超负荷劳动，大病了几场。为此，有人想辍学，帮助三娃照顾这个家，可却遭到了三娃的一顿呵斥，表示谁要敢私自辍学，他就死给谁看。大家知道三娃的倔强脾气，只好打消了不想上学的念头。

这一年，家中最小的妹妹考上了研究生，一家人甭提多高兴了，这是他们耿家有史以来学历最高的人，乡亲们得知这个消息，都上门来祝贺，为此耿家也是大摆宴席，与远亲近邻一起庆祝。

宴席办得热热闹闹，大家同喜同乐就像一家人。宴席快要结束的时候，热闹的场面突然安静了下来，只见老村长走到耿三娃父亲的面前，掏出一个信封，说道："耿家小妹考上研究生，不仅是耿家的骄傲，也是我们耿家村的骄傲，我们知道，这些年你们家中不易，这是我们的一点儿心意，无论如何都要收下。"

老村长把信封塞到耿三娃父亲的手中，转身拄着拐杖离开了。紧接着，第二个、第三个……

当最后一位村民离开的时候，三娃父亲的怀里抱满了所有人的心意，一家人看着不剩一人、冷清的宴席会场，心中充满了暖意。

三娃对着离去的村民的方向重重地跪了下去，大声喊道："我三娃，代表耿家，代表小妹，谢谢父老乡亲的大恩大德，大家的恩情我三娃记下了。"说完，他郑重地叩了三个响头。

都说男儿膝下有黄金，可三娃却跪得心甘情愿、跪得无怨无悔。

耿家之人在得知耿小妹考上研究生，个个欣喜不已，可是当看到高额的学费时，所有人脸上的兴奋逐渐被愁容所覆盖，正当一筹莫展的时候，村民们组团来雪中送炭，这如何不让耿家人喜出望外？这怎能不教三娃深深一拜？

三娃在小妹上学后整整消失了一年。今天，他握着最后一笔薪金，激动地踏上了回家的路。

在感动中学会成长

我的演讲从一个故事开始。这是一个真实的故事，故事发生在祖国西北的山区里，故事的主人公是一位七岁的小姑娘，她的名字叫赛楠（化名）。就是这样一位平凡质朴而又执着坚韧的小女孩儿，用她不平凡的经历深深地触动了我麻木的内心，在她的身上我懂得了什么是承受、什么是毅力，在感动中我学会了成长。

赛楠出生在祖国西北一个偏远的山区中，那里土地贫瘠、物资匮乏，人们世代务农靠天吃饭。赛楠家有四口人，除了她，家中还有爸爸妈妈和一个三岁的弟弟。

弟弟出生之前，家中的光景还算不错，弟弟出生后家里负担逐渐增重，为了谋求生计，赛楠爸爸在远离家乡很远的一个采石场当采石工人，家里所有的重担都落在妈妈一个人身上。白天带着一岁多的弟弟下地干活儿，干完农活儿回家收拾屋子洗衣做饭，孩子们吃饱了赶紧又去喂鸡喂鸭。懂事的赛楠看妈妈辛苦，就主动承担了一部分家务。就这样，生活勉强能维持下去。

直到有一天，一个噩耗传到了家中，赛楠爸爸为了多挣些工钱，主动加班，在高强度的工作中，一不注意双腿被滚落的石块砸中，到医院后，医生说伤势非常严重，需要截肢才能保住生命，就这样，一个为了家人过上好日子的爸爸失去了双腿。

当赛楠妈妈抱着弟弟、拉着赛楠来到医院的时候，手术早已结束，在病房里，一家人相聚无言，只有眼里滚动的泪花簌簌地落下。许久之后，赛楠妈妈说："没事儿，你好好养着，家里还有我，天塌不了。"听着妻子坚定的声音，七尺的汉子捂着被子无声抽泣，只有身体在不停地颤抖。懂事的赛楠眼含泪水看到此情此景，在心中暗暗自语："爸爸妈妈还有弟弟，你们放心吧，家里还有我。"

拿到矿上发的抚恤金，一家人回到了小山村中。从那时起，赛楠真的开始与男人比肩。

清晨五点起床，为一家人做好早饭，自己独自去五公里之外的学校上学；中午下课急匆匆往家赶，帮助妈妈准备午饭；下午放学回家干完活儿吃完饭，抓紧时间写作业、预习功课，每每躺在床上，已经晚上十二点钟了。

到了周末，更是忙上加忙。洗衣做饭，田里干活儿，喂鸡喂鸭，陪弟弟玩耍，安慰爸爸，帮助妈妈，安排好一切才是自己的学习时间。就这样，这个倔强的小姑娘用她单薄的臂膀撑起了重重的家。

讲到这里，我的心再次被触动，心里又多了一次深深的内疚。与赛楠相比，我在家中扮演了怎样的角色，又为家人付出过什么？一个养尊处优的大少爷？一个饭来张口、衣来伸手的寄生虫？一个与家人顶嘴、我行我素的叛逆者？还是一个连生活和学习都做不好的废物？

人们说，没有对比就没有伤害，这一次自信满满的我被伤得体无完肤。我的自尊心受到了打击，我的骄傲是多么可笑，我的灵魂在为之颤抖，我的思想在不停地争斗。这时的我，犹如斗败的公鸡，在没有对手的情况下一败涂地，只有一个人找一处无人的地方暗暗舔舐那久久无法愈合的伤口。

可喜的是，我没有被打败，我在这个只有七岁的小妹妹身上看到了自己的不足。三人行必有我师，此时，不知情的赛楠妹妹，就是我人生道路上不可或缺的老师。她的品质，她的坚韧，她那不向命运低头的顽强性格，让我懂得了担当，让我学会了成长。

人生的不同境遇

周末与家人去餐厅用餐，一入食堂，正巧遇见有人在举办宴会，奢华的宴会场面，吸引了我们的注意。

只见大厅中央，二十张桌子，分两列呈竖条整齐摆放，从远望去就像阿拉伯数字11；两列桌子中央，是一条用红地毯铺就的"星光大道"，地毯上撒满了金光闪耀的各色碎片，道路两侧分别用鲜花与气球进行了点缀，道路入口处是一个以鲜花为主要材料搭建的拱门。

这样豪华的盛宴布置，起初以为是婚礼现场，最后听工作人员说，这是一个只有六岁的小朋友在举办生日宴会，这让我唏嘘不已。

因已提前预订好座位，也只好打消换餐厅的想法。在服务人员的指引下，我们来到了预订的位置，座位在食堂大厅一个不显眼的角落里。

点完菜，一家人闲来无事，继续观看"宴会盛况"。这时，参加生日宴的宾客逐渐到来，餐厅里已是熙熙攘攘，大人小孩儿、男男女女好不热闹。一会儿工夫，那二十张桌子的座位已经坐满了人，在得到宴会主办方示意后，餐厅工作人员开始陆续"上菜"。

好烟好酒、茶水饮料、小吃果盘纷纷呈上，这一刻，餐厅中超过八十分贝的声音陡然降低，让喜欢"热闹"的我还有些不适应。

几分钟过后，餐厅外面响起了隆隆的礼炮声，随着炮声响起的那一刻，餐厅入口处走来一行人，行人中间是一个身着黑色礼服、脚踏皮鞋、头型酷酷的小朋友，只见他面含微笑、挺胸抬头，步子迈得雄赳赳，在众人前拥后簇中向拱门走去。

入拱门，一只脚踏上"星光大道"时，场中的乐队奏起了"迎宾曲"，在欢快的乐曲中，小朋友迈着蹩脚的"官步"走上了宴会主台，上台后，音乐停，掌声起，司仪出。

这套阵容下来，着实够排场，让已经过了十几年生日的我呆立在座位上。此时，爸爸问我："这样的生日怎么样，想过吗？"我从愣神中回道："不想过。"

斩钉截铁的回答，让爸爸又问了为什么。我说，这样奢华的生日派对有什么意义呢，是因为有钱吗？还是为了面子？不管怎样我不会去效仿他人，也不会艳羡他人，更不会去攀比；我管不着别人怎样办宴会，但我能选择自己该怎样做，所以，这样的生日，我不想过。

接着我又说道："那位六岁的小朋友，也许见了世面，但以后呢，每年都要这样庆祝自己的生日吗？如果下一年只是平常的过法，那他能接受吗？真不知道他的家长是怎么想的，不知是宠溺孩子，还是在给孩子挖坑。"

听了我的一番话语，爸妈都笑了，那笑意很普通。不多时，我们的餐食也来了，三人在"欢乐"的氛围中，用完了午餐。

走出餐厅，看着人来人往的街头，不禁又一阵感慨。行人中，有人步履匆匆，有人缓步慢行；有沿街叫卖的小商贩，有分发传单的临时工；有锦衣华服的多金者，也有衣衫褴褛的乞讨人。同样活在人世间，但人与人的境遇却不同，也许这就是大千世界该有的样子吧。

我该做怎样的人呢？正在思考，一个铜铃般的声音打断了我："哥哥，你买石榴吗？"循着声音瞧去，一个身着花布衣、头扎两个小辫子、肩背一个箩筐的小姑娘，正抬头望着我。她六七岁的样子，两只眼睛圆圆的、水汪汪的，就像那黑珍珠，璀璨而耀眼，使人见了顿生好感。

我问她怎么卖，她说五块钱一斤，还说这是她奶奶自己种的，特别甜。还告诉我，石榴卖完了，奶奶答应给她买生日蛋糕，提起能吃到蛋糕，她的小脸露出了甜蜜的笑容。

这一幕，让我的心莫名地发酸。想起刚刚那一场奢华的生日派对，我一下子不知所措了。这时，妈妈来到我们面前，与小姑娘攀谈起来，也许是因为母亲的缘故，小女孩儿的话语格外轻松。

经过攀谈得知，小姑娘与奶奶还没吃午饭，原因是今天的石榴还没有售卖出去，于是我们把箩筐里所有的石榴都买了下来，这下可把小女孩儿高兴坏了，连连鞠躬致谢，我上前阻止了她的举动，并告诉她，这是公平买卖，谁也不欠谁，不必感谢。她虽没有再鞠躬，但嘴上不停地在说"谢谢"。

问起奶奶，小女孩儿手指前方一处，顺着望去，那里不正是我们吃午饭的那家餐厅吗，世上还真有这样巧合的事情！我们陪同小姑娘一起走过去，只见奶奶手里拎着一个小蛋糕，正在餐厅门口等着她。

一番简短交谈，知道是我们买光了所有的石榴，奶奶连忙上前感谢。然后说，她要用卖石榴的钱给孙女在这里过生日。

可是她不知道的是，卖石榴所得的钱，还不足以在这家餐厅消费。如果吃完饭，没钱结账那该怎么办？我抬头望向了父母，爸爸明白了我的意思，说道："我们也没吃饭呢，能不能一起吃午饭呢，餐费我们一家一半，您看可以吗？"

奶奶有些犹豫，可小姑娘满脸喜色，生怕奶奶不答应，赶紧说道："爸妈不在，就让哥哥一家人陪我过生日好吗？"奶奶听到"爸妈"两字，似乎想到了什么，脸上表情一阵变换，没有开口，只是默默地点了点头。

走进餐厅，小姑娘好像发现了新大陆，这儿瞅瞅，那儿看看，惊奇的样子，让人怜爱。此时，餐厅里的"生日宴会"已经接近尾声，宾客们开始陆续离场，可餐桌上还留有许多未吃完的饭菜，服务人员手脚麻利地推来大桶，把那些残羹剩菜，全部倒了进去。

这一幕，被小姑娘看到了，她那童言无忌的声音立马响起了："吃不完的不打包吗？不是说光盘行动吗？这怎么都倒了！"

她的声音，在这空旷的大厅里显得格外透亮，周围很多人都听见了，大家都用异样的眼神看着她，之后又假装没听见似的，匆匆地离开了。

小姑娘向我投来了目光，我干咳几声告诉她，不打包并不浪费，倒在大桶里的剩菜剩饭，是要拉到饲养场投喂家禽的。听了我的话，她表示：这还差不多。但下句：这是什么家禽啊？比我吃的可好太多了。让我无言以对。

人生中，第一次为了一个小姑娘说了违心的话，我不知道，这究竟是对还是错。

香山的叶子红了

每到十月深秋，是观赏香山红叶的最佳时期。红叶从入秋开始，颜色就一点点变红，红得像火焰一般，霜降过后会呈现出深紫红色，那一片片团簇的火红，点缀在山间，使整座山顿时有了"灵气"，这时，南来北往前来观赏的人络绎不绝，仿佛比香山的红叶还多。

与家人、好友一起同行最有乐趣。或驻足欣赏，或边走边看，遇见风景绝佳处，美美地来张合影，记录下这开心的时刻，甭提有多幸福了。

说起香山上看红叶，我与外祖母一起登山的次数最多。老人家从一入秋，就开始惦记上了，嘴里还时常唠叨：不知今年的红叶会怎样。这时，我肯定会插上一句：您老放心吧，准保比往年要灿烂。听到这话，外祖母笑得眼睛眯成了一条缝，几个好、好、好字，更是中气十足，显得一下子年轻了几岁。

每次登山的时候，外祖母都会提前做好准备，吃的喝的、铺的用的，塞满整个包，然后用她那"龙头拐杖"一指，我就心领神会地上前，一把提起背包背在身后，站在原地等待着下一个指令。随着一声"出发"的口令，我们这支只有两人的队伍，缓缓向香山行进。

到了香山脚下，外祖母必定会站在入口处来一番感慨：嗯，今年的人比往年的人还要多，咱们得快点行动，要不就找不到观赏的好位置了。今年的红叶，确实赛过从前，好啊，好啊！

这样的话语，外祖母不知说过多少次了，可是我从来没有觉得乏味，反而听得出神，猜想外祖母肯定是个有故事的人，至于什么故事，我并不知晓，问起家人，也表示不清楚。如果外祖母不说，谁也不会主动上前询问，因为这是"规矩"。

外祖母有一个用油皮纸做外页的小本本，小本本与语文书大小相似，都是横翻的，本子是手工缝制的，手法细腻，非常精致，它的厚度有两厘米。奇怪的是，本子里没有任何文字，只是两页中间夹有一片叶子，叶子虽已干枯，但叶色依然鲜艳，不知道老人家是用什么方法保存的，比起我本中一翻即碎的夹叶，不知好了多少倍。叶子嘛，当然就是香山的红叶了。

本中的红叶不知有多少片，只晓得每片叶子的大小形状、颜色深度都极为相似，如果让我把它们凑齐到这种程度，天晓得得到哪年哪月。但我知道，每片叶子必有缘由，想出口相问，可是每每话到嘴边，却被我硬生生地给憋了回去，我知道，时机还没成熟。

沿台阶缓缓而上，每登上一段，外祖母脸上的喜色就愈发的浓郁，这儿瞅瞅，那儿看看，还不时地给我介绍红叶的种类以及山上发生的一些奇闻趣事，虽说这是每次登山时必有的"节目"，但我这个听众也非常忠实，听得津津有味。

站在山顶向下望，大半个北京城就会映入眼帘，这时的心情格外的爽朗，心胸也无比地开阔。此时的外祖母，就会深吸一口气吆喝几声，以抒发她心中的那份澎湃。路人听后，总会说，老人家身体真硬朗，而外祖母则是微笑回应。

在一棵千年古树下，婆孙俩铺好一张单子席地而坐，拿出一些吃食补充体力。边吃边喝，外祖母打开了话匣子。

她说："小时候啊，我的父亲经常带我爬香山，就像现在的我们一样。那时的我与你现在的年龄相仿，每次登山都有一肚子话想问，但是又憋回去了，那种滋味不好受吧。"说完老人家哈哈大笑起来。

接着又说道："我的爷爷，在抗战时期是我军的一名侦察员，每当要传递情报的时候，就用一片红叶当信号，这片红叶代表平安，我方人员看到这片叶子，就知道目前该区域没有紧急战事，就是这小小的一片叶子，起到了关键作用。"

说着，她从自己的布袋中掏出了那个夹有红叶的本子，说道："这里夹的每片叶子，都是当年你老祖宗用以传递情报的，之后叶子被有心人用特殊手法保存了下来，抗战结束后，那位好心人找到了我的爷爷，把它们还了回来，我爷爷就亲手缝制了这个本子，把红叶收藏了起来。后来，这个本子传到了我父亲的手中，再后来又到了我的手中。

"这个本子夹的红叶是一种革命精神，寄托了人们对于和平的向往，因为当时它是用来'报平安'的，现在就当'平安符'了，从我父亲开始，每年都会在香山捡拾一片与之相仿的红叶，以纪念革命的胜利，寄托祖辈们的恩情。现在啊，这个本子该交到你手中了，希望你秉承精神，继往开来。"

接过这珍贵的本子，感觉心中无比振奋，这不是一个普通的本子，这是一种深情的寄托，这是一段光辉的历史，这是一份荣耀的传承，它象征了和平。

捧着沉甸甸的本子，看向满山遍野的鲜红，那颜色红得深邃、红得璀璨，那成片的红叶聚在一起，秋风拂动沙沙作响，如同一面面迎风招展的五星红旗，遍布整个山间，这种场景，使我心潮澎湃起来。

又到了十月深秋，又到了观赏红叶的最佳时期，今年只有我一个人来到这里，站在香山之巅，我喃喃道："姥姥，今年的叶子比往年都要红。"

我骄傲，我是中国人

"在无数蓝色的眼睛和褐色的眼睛之中，

我有着一双宝石般的黑色眼睛，

我骄傲，我是中国人！

在无数白色的皮肤和黑色的皮肤之中，

我有着大地般黄色的皮肤，

我骄傲，我是中国人！"

此时此刻站在这个舞台上，我要再一次自豪地、自信地说一声：我骄傲，我是中国人！

当历史的车轮倒退到一百多年前，我不会站在这宽阔的舞台上尽情抒发自己的情感，大家也不会安静地坐在这里聆听我的讲演。因为，那时我们祖国还处在水深火热之中。

所以，作为中国人，我们要牢记历史，不忘初心。

中国人，永远不要忘了给祖国带来满目疮痍、让百姓民不聊生的那些战争；永远不要忘了因弱小而被迫签署的那些不平等条约；永远不要忘了为了祖国而浴血奋战的那些革命先驱，是他们用鲜血染红了国旗，用身体扛下了整个黑暗，为我们现在的生活奠定了不可动摇的基础。更要牢牢地记住那句震撼世界的声音："中华人民共和国成立了，中国人民从此站起来了。"

是啊，中国人民已经站起来了。经过改革开放，经过几十年的长足发展，我们国家已经站在世界舞台的前列，璀璨夺目的悠久历史、深厚瑰丽的民族文化、众志成城的家国情怀、日新月异的科技进步、世界民族之林的大国担当……

这怎能不让人骄傲，怎能不让人自豪！她就像一枚腾飞的火箭，带领整个中华民族一往无前、一飞冲天。

我很庆幸，生活在这个和平世界当中。走在绿树成荫的校园，呼吸着自由的空气；坐在窗明几净的教室，聆听老师的谆谆教导；回到家中，享受着亲人无微不至的关爱；出门在外，有好心人的热情帮助，我很知足，也很幸福。

但是，我们不应该自满，因为，我国仍处于并将长期处于社会主义初级阶段。我国依然是世界最大发展中国家，与发达国家还有一定差距。我们国家还要面对日益严峻复杂的国际关系，还要在没有硝烟的战争中争取属于自己的国际地位。

面对这些，容不得我们骄傲自满，更不允许我们松散慵懒。人们都说，青少年是祖国的花朵，是祖国的希望和未来，那么，我们就不应该成为温室的花朵，经不起风吹日晒，受不了艰难困苦，直面不了批评和失败。我们应该成为大地的小花和小草，把根深深地扎进土壤，迎接狂风暴雨的洗礼，挑战生活中的荆棘载途，直面人生的不同境遇。

"少年强则国强。"这不是一句口号，它是冲锋陷阵一往无前的号角，是百舸争流千帆竞的方向，它是祖国母亲的轻轻叮嘱，也是亿万民众的殷切希望。

朋友们，有伟大的祖国做后盾，有全国人民保驾护航，我们还犹豫什么、踌躇什么、彷徨什么，让我们卸掉包袱、丢掉气馁，手挽手、肩并肩，用青春的热血和执着，去铸就美好灿烂的明天。

今天，我们为祖国而骄傲。

明天，祖国为我们而自豪。

因为，我们是祖国的花朵！

更因为，我们是中国人！

我是一个兵

瑟瑟风催片片黄，枯叶离枝飘四方。残月渐圆佳节至，秋尽冬来谁白忙。

中秋国庆双节前夕，一趟列车从祖国边疆的一个车站缓缓驶离，火车需行驶一天时间，才能到达前方目的地——首都北京。

北方的天气，四季分明，一入秋，夏日的炎热逐渐褪去，秋日的凉爽如约而至，如果你身在祖国西部地区，更能感受到秋天的色彩。

列车行驶在祖国广袤的大地上，沿途的风景格外耀眼，目及所处净是一片金黄，在阳光的照射下，树枝上的叶子金灿夺目，它们这是要在"叶落归根"之前把美丽留给人间。

火车行驶在蜿蜒绵长的轨道上，就如一条长龙，穿梭在片片金黄中，显得分外醒目，偶尔发出沉沉的低吟声，似乎在赞叹这如画般的景色。

此时，列车驾驶员放慢了车速，他这是有意让旅客们好好欣赏此处的风景，只见人们都齐刷刷地趴在车窗上向外张望，欣赏大自然的瑰丽风光，还有人拿出相机，记录下这美好的时刻。车在缓缓前行，景在慢慢后移，使人感觉置身于大自然的怀抱中，忘记了所有的烦恼，抛却了所有的忧愁，那种忘我的状态，使人迷醉。

当列车开始提速时，人们才从那种感觉中走出，随之的感慨声，不绝于耳。我想，这就是北国的秋天所带来的震撼。

几个小时后，天色渐渐暗了下来，车厢里人们兴奋的谈论声也降低了许多。晚餐过后，车外已被黑暗笼罩，车上的人们，被列车有节奏的行驶声音所催眠，很快就进入了沉睡之中。此时，列车员也调暗了灯光，车厢里一片寂静，偶尔的鼾声，是车中唯一的动静。

正当人们处于熟睡中的时候，有几人悄悄地爬下自己的卧铺，蹑手蹑脚地穿梭在各个车厢中，几分钟过后，这些人又回到了自己的床铺。

第二天一早，经过一夜休整的人们，精神状态完全恢复，有说有笑地开始准备洗漱、用早餐。再有几个小时，就要到达此次旅行的目的地了，人们都非常高兴。

这时，一个充满焦急的喊声从车厢中响起：我的手机找不到了。这样的声音接连从几个车厢中响起，不是手机找不到了，就是钱包没有了，还有首饰、手表等物品不翼而飞了。这使人们的好心情，一下子跌到了谷底。

面对这样的情况，人们怎能不知道发生了什么，大家找来了列车乘务人员及乘警，经过一番了解，乘警长断定，这是一场有预谋的、多人协同作案的扒窃行为。紧接着，乘警长发出号令，对所有旅客进行排查，要把作案者绳之以法。

由于这起案件是多人协同作案，列车上的警员配备有限，故而需要进行临时"征兵"，选一些身材魁梧、身手矫健的旅客配合乘警开展工作。

通知经过广播发出，不到一分钟时间，就有七八个人来到广播室前，他们个个气息沉稳、身体健壮，站在那里就如一把利剑，散发出夺目的锋芒。

乘警长目光注视着他们说道："首先，我代表车上所有旅客……"话还未完，就有人出声："我是一个兵，这是应该的。"乘警长望向那人，那人上前一步，挺胸抬头。乘警长又看向他身后的人，只见身后一人上前一步说道："我是一个兵，这是应该的。"紧接着，后面的人逐一上前一步，都只说了一句话：我是一个兵，这是应该的。

八个人说了同一句话，但这一句话，却烙印在乘警长的心中，也烙印在了围观群众的心中。那铿锵有力的声音，道出了他们作为一个兵的气概；那短短的几个字，说出了他们勇往直前、冲锋陷阵的使命态度；八个人逐一说一句话，表达的意思完全一致——保家卫国，我们是人民的子弟兵。

话音刚落，周围响起了雷鸣般的掌声，每个鼓掌的人都神色动容，他们在移动的钢铁长龙中感受到了身在家中的安全感，他们在异地他乡中找到了至善的真情。这怎能不让他们为之动容？

被掌声所包围的八名子弟兵，依然笔挺地站在那里，就如钢铁般铸就的城墙，永远屹立不倒，守护着祖国，保卫着人民。

许是被广播里的通知影响到了，又或是被这震撼的场面吓到了，故事发生了不可思议的转折，那几个扒窃的小偷，竟带着所有的赃物，主动前来投案自首，在正义面前，他们低下了头。

经过了解得知，那几位人民子弟兵是已经退伍的老兵，他们当兵时同属一个连，是亲密的战友，这次上京，是去天安门观看阅兵仪式，谁料在列车上遇到了这样一档子事，听到通知，他们想都没有想就直接上前报到。退伍不退兵，说的就是他们。

列车马上就要到达北京车站了，人们开始收拾自己的行李。下车后，八人静悄悄地消失在来来往往的人群中，但他们的精神，永远留在了同行旅客的心中。

十月的北京，秋风飒爽，面面红旗迎风招展，天安门广场花团锦簇，各地到来的人民群众喜笑颜开，等待着激动时刻的到来。

随着礼炮的轰鸣声响起，中华儿女普天同庆的国庆日正式拉开，五十六个民族同唱中华人民共和国国歌，那振奋人心的声音，久久回荡在天安门的上空。

接下来，人民军队开始接受祖国庄严的检阅。一列列方队，昂首挺胸，迈着统一的步伐，出现在人们视线中，他们飒爽的英姿，展现了人民子弟兵的威武气概；他们恢宏的气势，为祖国和人民铸就了最安全的屏障。

在观看人群中，有这样八个人，他们一字并排，穿着统一制服，只是衣服上缺少了肩章，但他们从不缺少人民子弟兵的使命与职责，当国家需要时，当人民需要时，他们会义无反顾地冲锋在最前线。

在他们庄严肃穆的注目下，受检阅的方队迈着铿锵有力的步伐缓缓而来，他们不约而同地抬起了右臂。

向国旗致敬，向英雄致敬

第一次真正了解国旗的意义，是在爷爷家乡的一所山村小学里。站在小学简陋的操场上，身前是一根木质的旗杆，旗杆上略显陈旧的国旗正迎风招展，好像在诉说它的故事。

看着飒飒的国旗，爷爷说："国旗是国家的象征。我们国旗的颜色是红色，旗上的五颗五角星及其相互关系象征共产党领导下的革命人民大团结。五角星用黄色是为了在红地上显出光明，四颗小五角星各有一尖正对着大星的中心点，表示围绕着一个中心而团结。"

"我们新中国的成立，历经了无数的残酷战争，是千千万万的革命先驱用生命换来的，我们的五星红旗也是由祖国无数英烈的鲜血染就的，今天的和平来之不易，一定要牢记历史，不辱使命，珍惜当下，好好努力，为国家出一份力。"

仰望着鲜红的国旗，听着爷爷铿锵有力的话语，马上步入小学的我，心里莫名的一阵触动。

现在的我已是一名共青团员，对于祖国的历史，了解得更加深刻，对于革命先烈的光辉事迹也牢记于心。当我站在天安门广场上，看着红旗仪仗队把鲜红的国旗冉冉升起的时候，我脑海中映出了许多画面。

我仿佛看见了，抗日小英雄王二小把敌人带入了我方的埋伏圈；19岁的董存瑞举起了炸药包；用身体堵住敌人枪眼的黄继光；高喊着"为了胜利，向我开炮"的于树昌；坚贞不屈在牢中与敌人斗争的江竹筠；15岁就英勇就义的刘胡兰……

我仿佛也听见了赵一曼牺牲前对儿子的叮咛：

"宁儿：母亲对你没有能尽到教育的责任，实在是遗憾的事情。母亲因为坚决地做了反满抗日的斗争，今天已经到了牺牲的前夕了！母亲和你在生前是没有再见面的机会了。

希望你，宁儿啊！赶快长大成人，来安慰你地下的母亲！我最亲爱的孩子啊！母亲不用千言万语来教育你，就用实行来教育你。在你长大成人之后，希望不要忘记你的母亲是为国而牺牲的！一九三六年八月二日你的母亲，赵一曼于车中。"

我仿佛也看见了，毛主席在天安门城楼上，庄严宣告："中华人民共和国成立了，中国人民从此站起来了！"

此时的我，不知不觉间已是泪流满面。看着冉冉升起的五星红旗，听着雄壮的《义勇军进行曲》，自然而然地唱了起来：

起来！不愿做奴隶的人们！

把我们的血肉，筑成我们新的长城！

中华民族到了最危险的时候，

每个人被迫着发出最后的吼声。

起来！

起来！

起来！

我们万众一心,

冒着敌人的炮火,前进!

冒着敌人的炮火,前进!

前进!

前进!进!

今天的我们,生活在和平环境中,站在祖国母亲伟岸的身体上,呼吸着自由的空气,享受着这一方天地的安宁,心中无限感慨,有骄傲自豪,也有幸运幸福。

无数慷慨舍身的革命英雄,换来了新中国的成立,日益强盛的祖国,庇佑了亿万华夏儿女,五星红旗的每一次飘扬,都映衬着中华儿女的欢笑与幸福,彰显着中华民族的意志与期望!

让我们一起:

向国旗致敬!

向英雄致敬!

第四篇

冬的积蓄

冬的积蓄

"春有百花秋有月,夏有凉风冬有雪。若无闲事挂心头,便是人间好时节。"一年四季,每个季节都有每个季节的美,如果生活没有闲事烦心,也没有悲伤难过缠绕心田,那么,每年每季每天都将是人间最好的时节。

这是人们对美好生活的无限向往,也是人们做事喜欢求个好兆头的殷切期盼,更是人们在苦难中磨砺意志的精神鼓舞。从春走到冬,看到了一年四季景色的变换,也尝到了几百个日夜的酸甜,有温暖相伴,也有寒冷相随。

北方的四季是分明的,每个季节都有每个季节的特征,春的温柔、夏的火热、秋的清爽,都能真切感受到。当干枯的枝丫上的最后一片残叶被北风吹落的时候,寒冷的冬天如约而至,相比春天的萌发、夏天的繁茂、秋天的金黄,冬天给人带来的是无尽的萧瑟与寂寥。

除去四季常青的几种树木外,其他植被都变得光秃秃的,原有的色彩也被干涩的土黄所替代,再加上城市里色调单一的钢筋混凝土和空旷的街道,整个世界一下子都沉寂了下来,往日的热闹与喧嚣,都被刺骨的北风所吹散。

河流被冰封,山川被冰冻,人们躁动的内心逐渐冷却,大地也处于冬眠之中。在寒冷的冬天,人们喜欢窝在家中,享受暖气散发的热量,外出劳作身着厚重,步子迈得急匆匆。

第一次见到北方冬天的南方朋友,面上一定会露出惊容:北方的树枝只有树干没有叶子,河流的水变成了厚厚的冰,柔软的土地踩上去只剩下冰凉生硬,大雪一下三两天根本不停。

这就是北方冬天的固有特征，经过春的生长、夏的绽放、秋的凋零，到了冬天，一切归于平静，把前三个季节创造的业绩全部清零。

清零不代表清除，而是对整个年度的总结，总结经验，吸取教训，查漏补缺，积蓄能量，来年好再创辉煌。

或许有人对北方的严冬不喜，万物凋零，山川寂寥，一片肃穆萧瑟的景象，让人平添了几分空寂与落寞。起初，我也抱有这样的想法，事事追求完美的我，真的不喜欢繁华散尽后的孤寂萧条，心中一直羡慕南方的朋友，一年四季有花相伴，365天春色盎然，处处呈现勃勃生机，走到哪儿，都让人心旷神怡。

长辈们说我不能这样对比，北方的四季各有不同，每个季节都有深刻的含义，需要人们细细体会，才能找寻到四季的真谛。

长辈们的话语，让我忆起了儿时的冬季，每到下雪的时候，就是我们小孩子最快乐的时候，打雪仗、堆雪人，大家欢快的叫喊声，响彻寂静的天空。

回忆片刻，我的嘴角泛起了一丝弧度，笑我的童年乐趣，也笑我现在的无知轻浮，自己拥有的才是最幸福的，喜欢不可能的是永远也得不到的。

我要像白杨树那样，虽然普通，但也傲然挺立，对抗着西北风；也要向寒梅学习，凌寒独自开。于是，我开始与狂风对抗，与寒冷赛跑，与白雪相拥，在枯寂的冬季，找寻属于自己的色彩。

我喜欢在寒冬的清晨锻炼身体，与黑暗争锋，与寂静争鸣，当第一缕曙光透出黑暗重围，出现在天际的时候，我的心中也升起无限的光芒；也喜欢在日落时看天边的云霞，当西边的最后一丝光亮被黑暗吞噬，我心中的太阳依然在那里绽放；最喜欢的是下雪的天气，看着雪花漫天飞舞、随风而动，我会情不自禁地跟着前行，脚下咯吱咯吱的雪声，呈现的是一步一个脚印，当白雪融化渗进土层深处的时候，我知道大地被雪水滋养，等到春天再来，土壤会更加肥沃。

四季的循环诉说着年轮的增长，冬季承担着四季更迭时最重要的一环，起到承上启下的作用，所以她要积蓄力量，为新的一年做好充足准备。她不惜陷入沉睡，任由寒风吹打、冰冻侵蚀、白雪覆盖，都无怨无悔默默地承受，这种大无畏的自我牺牲精神，深深地打动了我。

把温暖希望留给春天，把激情绽放让给夏天，把喜悦收获送给秋天，而自己，却独自面对冷酷的严寒，一季又一季，一年又一年，从不诉苦，永不抱怨，她就像一位伟大的母亲，把光亮带给孩子，让黑暗永随身边。

我该怎样去赞美你呢，又该怎样去报答你呢？我知道，你从来都没有想过得到他人的赞美，也从不曾有过让人回报的念头；我知道你想要的是理解，理解你所做的一切并不是为了自己，你的冷漠冰霜只是外在表现，而内心的温度比火焰还高。我不知道他人有没有看到，但我是真真切切地感受得到，无怨无悔不是为了回报，默默承受不是为了崇高，从不显摆，也不傲娇，更没攀比，你是我学习的榜样，是我前进的目标，请允许我向你致敬，致敬明天的美好。

国家荣誉感

在地球东方板块中，有一个民族——中华民族，中华民族的祖国——中华人民共和国。这里有960万平方公里的国土面积，这里有56个民族、14亿人口，这里是造纸术、印刷术、指南针、火药的起源地。

长江、黄河，是中华民族的母亲河，是中华民族的发源地；万里长城是中华民族的象征，是勤劳、智慧、百折不挠、众志成城、坚不可摧的民族精神和意志，它增强了中华民族的自豪感、自信心和爱国热情。

中华民族几千年的悠久历史和璀璨文化，是每个中华儿女的骄傲，骄傲的背后是几经沧桑的历史巨变，是抛头颅、洒热血的国之情怀，是荣辱与共的生死相依，是团结奋进的众志成城。

今天，中华人民共和国已经屹立在世界的东方，东方巨人被世界瞩目，如果有人问我你是哪里人，我会挺起脊梁，自豪地告诉他：我是中国人！

虽然硝烟战争已经离我们很远，但没有硝烟的战争依然存在，国与国之间的竞争正在激烈上演，科学技术、经济建设、文化发展、人才培养，成为国与国之间竞争的关键，其中人才培养是重中之重。

作为祖国未来的花朵，我们必须有"居安思危，思则有备，有备无患"的忧患意识，就如梁启超先生说的那样："今日之责任，不在他人，而全在我少年。少年智则国智，少年富则国富；少年强则国强，少年独立则国独立；少年自由则国自由，少年进步则国进步；少年胜于欧洲则国胜于欧洲，少年雄于地球则国雄于地球。"

每当我诵读这段文字时，内心都热血沸腾，浓浓的家国情怀油然而生，我们为什么要刻苦学习，为什么要出人头地？不是为了实现自我价值吗，不是为了家人幸福安康吗，不是为了祖国蒸蒸日上吗？

今天的我们，身处和平环境中，没有经历过惨烈的战争，没有体会过忍痛挨饿的苦难，也不曾尝试过社会的残酷竞争，我们过着与世无争的安逸日子，但这种"安逸"还能持续多久，我的答案是：很快就会结束。

站在时代潮头，我们被称为"弄潮儿"，有祖国的培养，有家人的呵护，有陌生人的包容，我们过得很好。试想一下，如果没有这些，我们还有什么，只剩下卑微可怜的乞求，只有孤独落寞的背影，还有无处安放的灵魂。手里攥着的那点儿分数是多么的单薄无力，自己所谓的那点儿成绩又能换来什么？

每当我看见中华体育健儿为国出征的那一刻，每当我看见航天员一飞冲天探索宇宙的那一刻，我都在想，我能为祖国做些什么，答案渺小而无力：好好学习，天天向上。

这句话，自儿时起就挂在嘴边，我们扪心自问，我们好好学习了吗，天天向上了吗？相信大多数人都在努力学习，也从不怀疑自己的努力，可是我们不能为了学习而学习，我们应该有明确的方向和目标，并且努力靠近它们，完成它们。

人们说，有国才有家，这是不争的事实。国家富强了，人民才能幸福安康；国家强大了，才能抵御外敌，在世界上屹立。很骄傲我们生活在富强的国家中，非常自豪我们能有这么强大的祖国，作为中华儿女我们要有国家荣誉感，为了捍卫这份荣誉感，我们要自强不息、艰苦奋斗。

但是，我们的这份家国情怀，不能让时间冲淡，不能激情过后让它陷入沉寂，更不能一时冲动而成为一声口号，我们应该把它放在心底，时刻能把它召唤。

有时间看看社会新闻吧，你会知道大千社会人才济济，不努力根本没有立足之力；有时间与优秀的人比比吧，你会明白自己的那份骄傲真的不值一提；有时间关注一下国际局势吧，你会懂得我们现在的美好生活是多么的来之不易；有时间出去走走吧，你会赞叹我们祖国的地大物博，你会体会到在书本上找不到的奇趣。

一玉口中国，一瓦顶成家；都说国很大，其实一个家；

一心装满国，一手撑起家；家是最小国，国是千万家；

在世界的国，在天地的家；有了强的国，才有富的家。

（上述文字来源于《国家》之歌）。

中华儿女向来都是自力更生、艰苦奋斗，中华少年也要顶天立地、敢作敢为。青少年的国之情怀，从不负韶华、只争朝夕开始，从奋力拼搏、砥砺前行迈进，在继承中谋求发展，在发展中不断创新，走出一条符合青春的康庄大道，为实现振兴中华的伟大目标而做出应有的努力。

特殊的几年

一场突如其来的"疫情",打乱了人们往日的生活,也给那一年的新春披上了一层"寂静"的外衣,使原本热闹的佳节变得有些沉重。

为了打好这场攻坚战,各地民众积极配合当地防疫工作,冲往一线的防疫人员,为普通民众铸就起一道安全屏障,最美的"逆行者",义无反顾地走向最前线。

这场特殊的战役,让人们再一次见证了祖国的强大,让人们看到了国家对此次"战役"必胜的决心,也让人们感受到了普通民众在祖国母亲心中的分量。不抛弃每一个人,不放弃最后一步治疗。

这是一场没有硝烟的战争,但比硝烟战争还要残酷;这是一场持久拉锯战,考验的是对战役的整体部署,拼的是最新的科研成果;这还是一场全民之战,没有人能独善其中,各方联动通力配合,打的是万众一心的凝聚力。

经过四年的殊死搏斗,人民取得了最后的胜利。当摘下早已佩戴习惯的防护口罩时,感觉空气格外的新鲜,身心从未有过的轻松,这种久违的"自由",再次回到了人们的身边。

街上行人来来往往,路上车辆川流不息,商场饭店热闹喧嚣,公园广场一片祥和,恢复正常生活的人们,用百姓生活的常态共同庆祝这伟大的胜利。

四年,在历史长河中不过是短短的瞬间,但在人的生命周期中,却有着非常重要的意义。四年,一千多个日夜,可以让呱呱坠地的婴孩成长为识文断字的幼儿,可以让学生横跨一个阶段,可以使劳动者收获更多。可是疫情四年中,人们有何收获呢?有人调侃道,疫情的四年,唯一的收获是年龄的增长,这四年,有人从象牙塔里走出,有人迈入了婚姻殿堂，有人跨入了中年行列，也有人步入了老年生活，可谓公平公正、童叟无欺。

这是在抱怨吗？不，这是认知后的感慨，是感慨后的珍惜。四年时间，看似原地踏步，实则还在前行。这几年的经历，让人们更加珍惜时间、珍爱生命，让处于快节奏的人们停下脚步，思考人生的意义。可以说，思想意识的提高，胜过按部就班的努力。

拿我来讲，这几年，是我认真"悔过"的几年。饭来张口、衣来伸手的我，学会了独立生活；我还年轻，有的是时间的思想被不负韶华、只争朝夕所替代；喜欢特立独行的个人英雄主义被团结互助的精神给瓦解；三天打鱼，两天晒网的懒散，硬是被每天核酸、出门佩戴口罩的习惯而改变；漠不关心他人事，被人间自有真情在所融化；从不管明天会怎样的我，开始对未来充满了无限的向往。

成长带来的变化，父母最直观地感受到，他们调侃道："当初的'二哈'变成'牧羊犬'了，升级了啊，有了责任心了，再努努力，争取成为霸气威武的'藏獒'，没问题吧！"这种夸人的方式，让我满脸黑线，心里却有点儿窃喜，被表扬的滋味，真是让人回味无穷。

是啊，弹指间的四年，让我从初中横跨到了高中阶段，从当初那个不问世事的小屁孩儿，开始关注起了社会百态，心系祖国、关爱家人、珍惜时间、热爱生命，这是无声的收获，可谓来之不易。

有收获的可不止我一个。疫情这几年，有人专心读书学习，考上了研究生；有人偏爱美食，成了烹饪大师；有人喜好运动，成了健身达人；有人成了段子高手，圈粉无数；有人在此期间，学习了新的技能。总而言之，人们把自己想干又干不成的，在这期间都干成了，可谓是收获满满。

常言道："没有人能随随便便成功，也没有人能轻轻松松胜利。"经过几年的艰难斗争，我们战胜了可怕的疫情，赢得了最后的胜利。这次胜利的背后，是技术的革新，是思想的进步，是人心的凝聚。看似几年的停滞不前，其实是在沉淀积攒，当时机成熟，必然会爆发惊天之力。

喜欢总结经验且不惧所畏的人们，不会为昨天而忧，不会为今天而愁，只会为明天而动。

黑夜过去，又是一个新的黎明，迎着璀璨的朝霞，让我们一起阔步前行。

热爱生命

我不去想，是否能够成功，既然选择了远方，便只顾风雨兼程。

我不去想，能否赢得爱情，既然钟情于玫瑰，就勇敢地吐露真诚。

我不去想，身后会不会袭来寒风冷雨，既然目标是地平线，留给世界的只能是背影。

我不去想，未来是平坦还是泥泞，只要热爱生命，一切，都在意料之中。

这是汪国真先生的诗篇佳作，写于1986年，当时的汪国真先生已到而立之年，他把文学作品投往全国各地的刊物上，但90%的退稿率使他自觉一事无成，但他始终坚信，未来是光明的，也是值得期待的，于是就写下了这首诗。

初读时，我与这首诗就产生了强烈的共鸣，短短四句话126个字，却道出了人生中关于成功、爱情、奋斗、未来的四大主题，而且还表明了鲜明态度——梅花香自苦寒来。

这首励志诗篇，正是我们青少年所需要的，诗中的精神思想，富有人生哲理的深刻内涵，给了我不可或缺的指引，同时也让我沉入思索，该怎样面对丰富多彩的大千世界，该如何走好人生的每一段道路，该怎样在机遇与挑战中获胜，这些都是需要认真思考的。

经过一番思索，答案从"热爱生命"四字中得到，人最宝贵的不是金钱与物质，而是健康的体魄与心灵。俗语讲，身体是革命的本钱，它是人类在生产创造过程中起决定性作用的制胜法宝，也是维持生命力持久的保证；它是金钱买不到的，也是物质换不来的。

那该如何热爱生命呢？我的答案是——笃行不怠，量力而行。自然中人类能被称为万物之灵，最大的优势是创造，在生产创造过程中，人类把自身的优势，掌握的各种技能，都巧妙地运用在劳作中，从中总结经验，从而获取价值，改变世界。

人的生命只有一次，不像花花草草那般，能随季节更替或枯萎或新生。所以，我们在拼搏奋进、实现自我价值的过程中要懂得灵活运用、随机应变，既要保证效率，又要珍爱生命。

一次，与一位长辈谈话，他给我出了一道选择题：1. 不用奋斗就可以在短时间内获得巨大财富，但要付出几年生命；2. 自力更生努力拼搏，可结果是未知的，但不需要付出生命。

我毫不犹豫地选择了后者，因为人类生命只有一次，而且周期非常短暂，为了不劳而获，提前享受财富带来的喜悦，失掉几年宝贵的生命，可以说，这个"买卖"得不偿失。

我们都知道，人类喜欢探索与发现未知的事物，虽然前路漫漫布满荆棘，但那份拨弄心弦的神秘吸引与发现新大陆时的激情澎湃，都让人无法自拔、精神振奋、倍感珍惜。相反，任何不劳而获的事物，都会经历这样一个过程：起初满怀欣喜，中间黯淡无光，最后索然无味。重要原因是，缺失了播种、施肥、收获的劳作过程，自然也不会去珍惜。

所以，热爱生命不是让人们贪图享受，不去奋斗创造，而是在创造价值、实现自我价值的过程中，珍爱生命，懂得生活。

现实生活中，有很多"拼命三郎"，他们为了追求效率，为了早日达到目标，无休止地透支身体，完全不考虑健康问题，只为追求一份满意答卷。这种不惜一切代价换来的短暂收获，不是明智之举，相信大多数人也不赞同。

人们常说做事要劳逸结合，除突发应急事件外，我们还要合理规划学习、工作与生活。快节奏的生活方式，给人的感觉只是活着，每天不是忙碌，就是在忙碌的路上，无暇顾及家人的感受，更谈不上与老友相聚，失掉了曾经的诗与远方，忘记了什么是真正的生活。

我敬佩那些为了追求美好生活而奋力拼搏的人，在这个充满机遇与挑战的环境中，人们不得不有选择性地进行让步，健康、家人、朋友、生活都为事业让步，以至于健康亮起了红灯，过节成了形式，相聚遥遥无期，生活失去了本来的色彩。

人们常说，自古忠孝两难全，鱼和熊掌不可兼得，可是我想说，时代不同了，观念改变了，我们也该与时俱进了。日常生活中包含了学习与工作，这两项都在生活里，所以，我们在完成学习与工作之余，把生活也提上去。

热爱生命，首先要尊重生命。良好的身心状态，合理地安排事宜，学习、工作与生活并重，都是尊重生命的体现。

热爱生命，从懂得生活开始。一句贴心话，一朵美丽花，一桌丰富菜，一场自驾行。

生活不需要多少隆重场合，也没必要都是高规格，只要用心了，简简单单都是快乐。

顽强的姐妹花（一）

在北方的一座小县城，有一户人家，男主人常年在外务工，只有过年的时候，才能回来与家人团聚。平常的生活，都是女主人带着两个孩子一起过日子。两个孩子是一对双胞胎姐妹，两人长得几乎一模一样，就连她们的父母都很难分清哪个是姐姐，哪个是妹妹。

在县城，他们算不得富裕人家，可也不会为衣食住行而忧愁，日子虽过得较为平淡，但有了两个小棉袄的嬉戏打闹，家中的欢乐氛围提升了不少。

先出生的姐姐叫欢欢，后出生的妹妹叫乐乐，两人组合在一起，就是欢欢乐乐。家中有了欢乐，一家人的日子过得有滋有味，让街坊邻里都感到羡慕。

两姐妹不愧是爸妈的小棉袄，同龄孩子都在玩儿的时候，她们大都在家帮父母做家务，别看岁数不大，但干起活儿来却有模有样。她们勤劳的样子，每每被街坊邻居看到，都会夸赞一番，说这样懂事的女娃，长大了，谁娶到是谁的福气。

欢乐的父母听了夸赞的话，心里美滋滋的，看着乖巧懂事的两姐妹，眼里尽是幸福。

孩子的成长，都在悄无声息间，还有一年，就到了欢乐上学的年龄，父母提前为两姐妹准备了上学所用的文具，一有时间就辅导孩子们一年级的课程，两姐妹学得也非常起劲儿。

就在一家人憧憬未来日子的时候，一个不好的消息传到了欢乐的父母耳中，他们所在的单位要进行改革，很多人都要面临裁员的问题，这则消息让欢乐的父母感到忧心忡忡。

怕什么来什么，裁员的名单上，欢乐父母的名字都在其中，这个晴天霹雳般的消息，让原本沉浸在幸福快乐生活中的夫妻俩愁眉不展，在这样的打击下，欢乐的妈妈一病不起。

像这样的情况，陆续在很多家庭中上演，这沉重的事实，打破了许多家庭原有的生活轨迹。可是，日子还得过下去，被裁员的人们聚集在一起，商讨着如何挣钱养家，不知谁提供的消息，在遥远的外地，有适合他们的工作，最后他们决定一起外出务工，养家糊口。

欢乐的爸爸，也加入了外出务工的队伍中，现在的他，只要能挣到钱，再苦再累的活也愿意干，更何况他是技术人员，技术水平还很高，只要有适合他发挥的地方，肯定能有一番作为。

唯独让他放心不下的是这个家，重病的妻子，快要上学的两姐妹，正在左右为难的时候，两个小棉袄站了出来，她们用粉嫩的小手拍了拍自己单薄的肩膀，把照顾妈妈以及生活的担子接了过来，并让爸爸放心，她们会撑起这个家。

这样的结果并不是欢乐的爸爸想要的，但是现实情况让他不能有所顾忌，嘱托街坊邻居帮忙照顾一下，在家中做了一番安顿后，他就随着队伍出发了。

爸爸走后，家中的重担就落在了两姐妹的身上，妈妈看病需要很多钱，还得有人照料，姐妹二人商量了一下，就开始了她们的行动。一人在家洗衣做饭照顾妈妈，一人外出捡拾废品卖钱养家，两姐妹每天一换岗，这样的日子，一直持续到两姐妹上学。

姐妹俩到了上学的年龄，可愁坏了欢乐的妈妈，家中的积蓄早就被病魔消耗殆尽，哪还有钱供姐妹俩上学？心中的痛苦，让她原本好转的病情又有反复的迹象。

欢乐姐妹见状，倔强地表示不上学也要治好妈妈的病，让妈妈不要为此担忧，她们可以自学课程。妈妈流着泪，不知如何是好。

顽强的姐妹花（二）

都说穷人的孩子早当家，生活重担压迫下的两姐妹，早已褪去了一身的稚嫩，残酷的现实没有打败她们，不服输的性格给了她们反抗的力量，没有办法就自己找方向，没有依靠她们自己做大山，两个单薄的肩膀，硬是扛住了所有的苦难。

知识能改变命运，她们时刻记在心中，经过多方打听询问，得知学校有勤工俭学这一举措，两姐妹脸上露出了久违的喜色。

因为她们长得一模一样，遂决定报一个人的名字，两个人轮流上学听课，轮班照顾家庭，陪伴妈妈。

就这样，她们如愿上了学。老师、同学们，始终不知道，班级里的那个座位上，每天都有不同的人坐在上面听课学习。

一人上学认真听课，一人外出捡拾废品卖钱养家，听完课的人，回到家中给养家的人讲课，养家的人第二天上学听课，放学后又给养家的人讲课。两姐妹就是这样轮番学习、养家的，有了知识养料的加入，两姐妹的生活充满了色彩。

在学校里，她们为了省钱，去饭堂打饭的时候，只打二两白米饭或两个馒头，从未吃过食堂的菜品，与主食搭配一起吃的，是她们从家中带的咸菜，即便这样的饭菜，她们也不会吃完，而是留一半打包回家，晚上做成稀饭，就有了晚餐。

这样清贫且没有温饱的日子，一直持续了四年。对于同学们的帮助，她们只表示感谢，但从未接受过。倔强的姐妹花，从没有向命运低过头，断然不会接受他人的怜悯。

两姐妹虽然倔强，但心中也有所想，她们做梦都想拥有一套属于自己的校服。每当看到同学们穿着校服在学校里上课，她们就羡慕不已，但她们把这份羡慕深深地埋藏到了心底的最深处。

可作为涉世未深的孩子，她们哪能把心中的秘密掩藏得滴水不漏，眼中的那份渴望，早已被老师捕捉到，班主任把这一情况汇报给了校长，而校长不知从哪里知道了两姐妹的"事迹"，正好想与班主任商量此事，两人不谋而合，开始讨论如何"对付"这两个姐妹花。

当班主任得知，这四年里，在那个座位上上课的人不是一个人的时候，她险些惊掉了下巴。四年的相处，她始终没有发现任何端倪，如果不是校长说出，她还一直被蒙在鼓里。知道真相的她，没有任何责怪的神情，只有那颗心被深深地刺痛，眼中的泪花，止不住地往外流。

班主任了解两姐妹的脾气秉性，四年来，她们没有接受过任何人的帮助，更不会接受学校赠予的校服，但办法并不是没有。一天后，一条消息在学校的大喇叭中播出，学校要开展一项选拔活动，在每个年级中选拔出最优秀的学生，参加选拔的学生必须品学兼优，获奖者可获得一套崭新的校服。

消息一出，就被两姐妹知道了，她们喜出望外，因为她们的学习成绩在整个学校都是出了名的，更甭提助人为乐、团结同学了，她们觉得自己可以获奖。

结果不出意外，在众多学生的竞争中，她们脱颖而出，得到了最高分。姐姐欢欢把一套崭新的校服抱回家中，这是她们姐妹互相配合的成果，一人穿着上衣，一人穿着裤子，二人在家中跳起了开心的舞蹈。

梦想终于实现了，可现实生活还要继续，两人还像从前那样，一人上学，一人顾家，新得的校服两姐妹轮换着穿，对此，她们没有任何抱怨，而是心满意足。

四年后，妈妈的身体终于得以康复，爸爸也从遥远的外地回来了，他们一家四口，过了一个快快乐乐的"丰收年"。

春季开学，一行四人来到了学校，欢乐的父母忐忑地把真实的情况告知了校领导与老师们。让他们一家人意外的是，他们的"秘密"并没有引来校方的责备，反而夸赞他们夫妻二人能有这样懂事的孩子。

当他们走出学校的时候，两姐妹恢复了少女应有的样子，两人打闹着向前跑去。夫妻二人看着欢乐的姐妹花，心有苦涩，但更多的是幸福。

他们知道，能有今天一家团圆的喜悦，都是两个小棉袄的功劳，她们用坚强的臂膀扛起了这个快要坍塌的家，她们用顽强的意志撑住了现实生活中无情的摧残，她们用勤劳与智慧耕耘了一片充满希望的良田。

直抵心灵深处的课堂

前不久，在某学校班级中，一堂具有特殊教育意义的课程，以视频形式呈现在同学们的视线中。视频的内容，反映了劳动者在劳动一线挥洒汗水、省吃俭用的艰苦奋斗精神。

画面中，一位劳动者无奈且自嘲了一句："没事儿，如果晚上不干活儿，不吃饭也行。"这句普通人的"普通话"，瞬间让同学们破了防，心被这质朴的声音所刺痛，泪水纷纷夺眶而出。

我们怎么也不会想到，处在和平时期的人们，在科技迅速发展的今天，还有人因为一顿饭而发愁，更不敢相信，这赤裸裸的现实，此刻正活生生地摆在我们每一个人的面前，教人怎能不为之动容？

说这句话的那位劳动者，在一处工地上做体力劳动。不管是体力劳动还是脑力劳动，只有吃饱饭才能有力气干活儿，干完活儿肯定要补充能量与营养的，可是他可以做到，做到不劳动就不用吃饭的地步，这是对生活的无奈的妥协，这是对现实的残酷的隐忍。

他是眼中含着泪花，脸上带着的笑容，说出的这句话。眼中的泪花，表达了他的心酸；脸上的笑容，诠释了他的自嘲。面对采访者的询问，面对镜头的记录，谁又想把自己这"不好"的一面呈现给亿万观众呢？是能博得人们的好感，还是想得到人们的同情呢？我保证，他从不曾这样想过，也不会在人前装可怜，因为他脸上那淳朴的表情和凭劳动换取报酬的实际行动，证明了这一点。

视频继续播放，呈现出来的都是最底层劳动者为了生计而努力拼搏的画面。画面中，他们工作的方式是最原始的体力劳动，谁的力气大，谁的耐力更持久，就能获取更多的报酬。当拿到辛辛苦苦赚来的劳动报酬时，他们脸上露出了轻松的喜悦的笑容，而手里的钱，却攥得更紧了。

我知道，攥在手里的不仅是劳动所得的报酬，还是一个男人对家庭的责任，一个父亲对儿女的疼爱，一个爷们儿对妻子的承诺，这怎能不紧紧地攥着呢！

他们吃饭时，没有像样的餐具，一个中型的矿泉水瓶一分为二，就成了盛饭盛菜的碗盘，饭菜中更没有一块肉，但他们却吃得津津有味，因为吃饱饭，又能接着干活儿了。

在他们纯净的目光中，没有看到对生活的抱怨；在他们奋力挥洒的汗水中，没有体会到对社会的不满；在他们积极乐观的心态上，没有感受到对残酷现实的控诉。而在他们被晒得黝黑的皮肤上、布满老茧的手上、挂着笑意的脸上，我看到了铁骨铮铮，体会到了不屈不挠，感受到了他们对美好日子的憧憬。

多么现实的一课，多么直抵人心的一课，多么触动灵魂的一课，这样的"实践"课，应该走入这神圣的殿堂，让"养尊处优"的我们，好好涤荡自己浮躁的心灵。

虽然他们没有一件像样的衣服，没有一顿好吃的饭菜，没有干净整洁的住所，没有什么文化水平，也不会什么技术手段，但你就能说他们"脏"吗，说他们无知吗，认为他们活该吗，觉得他们可怜吗？

如果你有这样的想法，那就大错特错了。假如，把我们当中的任何一个人置身于他们的环境中，任由生活的残酷去鞭打，任由现实的风雨去折磨，你能做得比他们好吗，你所学的那点知识能派上用场上吗？

他们只是没有富足的家庭条件，缺少的只是一个证明自己实力的机会罢了，如果同处一个起跑线上，谁输谁赢还不一定呢！

他们用自己的双手创造财富，用自己的汗水获取报酬，用节衣缩食来改善家庭条件，仅凭这几点，就超越了那些好吃懒做、偷鸡摸狗之辈，难道不应该得到人们的尊重吗？

自力更生，艰苦奋斗，居安思危，勤俭节约，本就是我们中华民族的优良传统，可是随着祖国日益强大，随着人们的日子过得越来越好，那些好的传统被人们渐渐抛到脑后，争风吃醋、互相攀比、骄奢淫逸、不劳而获等层出不穷，有些人还以此为荣，真是颠倒黑白。

我喜欢这样的课堂内容，不仅能起到教育意义，更能让自己认清自己，了解现实状况，时刻提醒每位同学，别把有限的青春浪费在没有意义的事情上。

人们常说，学习是世界上最简单的事情，如果我们连最简单的事情都做不好，那么，以后还能做什么呢？

少一些说教，多一份热情

有位老人说："人的一生可以用三个词语来概括：学习、汲取、付出。"经过分析、理解、总结得出以下结论：人从出生到死亡的过程，是学习的过程，学习不同知识，掌握多种技能，把知识与技能运用到生活和工作中，在学习和工作中还要不断地更新知识，了解并掌握新的技能，这就是活到老、学到老。

"汲取"是人的天性，汲取他人长处，做事总结经验教训，体现人的谦虚与睿智。还有一种汲取，隐含意思是获取，喜欢请求他人帮助，行事中获得最大利益，更喜不劳而获，爱占小便宜，只谈收获不言付出。这种"汲取"的心态，称为过分汲取。可以说，这是人的本性中不好的一面。

有收获就得有付出，回报父母的养育之恩，感恩老师的谆谆教导，感谢他人的支持帮助，都需要人们用行动、用物质、用言语去答谢他人的付出，是人与人之间关系良性循环、和谐相处的基本方法。

学习、汲取、付出，简单的三个词语概括了人的一生，词语背后的百年人生，却是人们奋力拼搏、实现自我价值、创造财富、享受点滴生活的无限精彩。

在社会生活中，人们有诸多角色，家庭中的角色、工作时的角色、日常外出的角色，每个角色都需要人们认真对待，并且要承担起相应的责任，推进事物向前发展。

三人行，必有我师焉。师者，传道、受业、解惑也。生活中，人们既是学生也是老师。每个人涉足的领域不同，当你需要涉及他人领域时就要虚心请教，这时为学生；当别人跨界请教你时，你就从学生角色转换为老师角色，这种循环往复，让大家互相帮助，共同进步。

生活中，也有一些好为人师的人，他们特别喜欢当老师的感觉。有时一副世外高人的模样，开口闭口就要指点江山的架势；有时满腹经纶、之乎者也，言语间流露出高深莫测的状态；有时仙风道骨、一身正气，昂扬中尽显唯我独尊的气概；摇身一变，又成了凡夫俗子、可亲可敬的一介书生，唇齿中满是大道至理的酸气；换个行头，置身于街头巷尾、酒肆茶楼中，遇"不平事"，横插一杠，不管青红皂白，不动手只动嘴的"侠义"形象。

面对这些"能人志士"，人们大都选择微笑退避，做到心中有数就可以了，也有人会据理力争，非得分出高下不可。微笑退避的人，早已洞悉事件脉络，自然不会受其影响；据理力争的人，轻则眼红脖子粗，重则大打出手。

有时人们出于好意"多管闲事"，但好心未必有好的结果。过多的言辞说教只会引人不快，不分青白地批评指责伤人伤己，喋喋不休地唠叨徒增烦恼，轻蔑质疑的神情换来反抗抨击，事事过问只能让人消极怠工。

与这些"好心人"相对，还有一些人选择"事不关己，高高挂起"的态度，他们奉行"各人自扫门前雪，莫管他人瓦上霜"的行事作风，这种多一事不如少一事的处事态度并无不可，人们也不会强加指责，但无形中多了一份冷漠。

现实生活中，社会上一些人不讲道德底线的做法，深深伤害了那些不求回报助人为乐者的心，直接影响大家帮助他人的情，导致很多人在遇到他人寻求帮助时出现"爱莫能助"的社会现象。

过多的言辞说教与无视冷漠的态度，都是人们所不喜的，一种让人心烦意乱，一种使人置身寒冬。

有句话讲得好，世界上人们拒绝不了的是充满真诚的微笑。这句话，我改动了一下，世界上人们最拒绝不了的是充满真诚而又温暖的话语。如果说，微笑给人以温暖，可以缓解人们紧张的情绪，那么真诚的、温暖的话语可以让人们脱离紧张的情绪。

对老人少一份埋怨，多一份关爱，他们的生活会更加美好；对孩童少一份斥责，多一份鼓励，会增加他们的自信心；对同事少一份指责，多一份担当，让团队更有力量；对他人少一份冷漠，多一份热情，让温情走进陌生人的内心。

少一些说教，多一份热情，相信每个人都能做到，也许一时做不好，但只要坚持，没有什么做不到。

不要总"替"他人着想

从儿时到现在，有个愿望始终埋藏在心里，一直未能实现，这个愿望不是什么伟大宏愿，也不是什么雄心壮志，它与财富无关，也与权柄无干，它就出现在人们的日常生活中，但很少有人能拥有它。

一位耄耋老人曾经发出过这样的感慨：人这一辈子，差不多都在为别人而活。年少的时候，为苦口婆心的父母活，为谆谆教导的师长活；长大成年了，为事业而奔波，为家庭而操劳；人到中年最为难过，上有老下有小，中间还有许多沟沟坎坎要过；到了老年，还没来得及好好享受属于自己的生活，又被家中的琐碎缠上；等到走不动的时候，才发现这个美好的世界，自己似乎不曾来过。

听到这里，有人会认为，我一直没能实现的愿望肯定是自由。没错，埋藏在我心底深处的愿望，确实与自由息息相关，但我所追寻的自由，不是绝对的，而是相对的，这个自由不是属于我自己的，而是属于每个人的。

人类的生活方式属群居生活，任何人都不能独善其身，如果你脱离家庭，远离社会，就会被这个世界所淘汰，只能回归原始，与文明再也无关。

任何人，在人类创建的文明中生活，都要遵守相关规定与制度，哪怕回归最原始的生活状态，也要遵循群体生活的一些规矩。所以，在万物的世界中，所有种族成员都不会拥有绝对的自由。

有人说，每个人都在夹缝中生存，不同的是，有人在夹缝中找到了适合自己的生存方式，活得有滋有味，也有人在夹缝中奋力反抗，把自己弄得遍体鳞伤，最终落得苟延残喘的地步。

生活本就不易，所以，人与人之间不要再互相为难，做好自己分内的事情，不去过多干涉他人的决定，双方都会轻松不少。

长大了才发现，想把一件事情做好太难了，抛去事件本身的难易程度与自身的能力水平不论，光是来自外界的干扰，就能让人举棋不定，无法静下心来做事。

当然，这些来自外界的干扰，并不是有意为之，而是关心过度。那些关心你的人，担心你做事会出现纰漏，也不想你多走弯路，更怕你被失败打击到，故而，不管对你所做的事情清不清楚，他们都要插上一嘴，有时还会伸出一手，殊不知，他们这样的关心，带给当事人的不是解决问题的办法，而是一种心理负担。

这时，也许有人会问，有人关心你还不好吗？我想说，在充满竞争的社会活动中，能得到家人的呵护、朋友的关心、他人的帮助，肯定是一件幸事，但这心"关"得不合时宜，不论大事小情，不分轻重缓急，不管你有没有实力，在对你所做的事情知之甚少的情况下，盲目横插一杠地指指点点，就会让人觉得是一种压力，长久下去，会使当事人感到苦恼。

如果一个人，在穿衣打扮、吃饭睡觉、兴趣爱好等小事上都被束缚了手脚，那么在人生大事上又岂能有自己的方向？这与笼中的小鸟没什么两样，说难听点，这样被处处关心的人，与提线木偶有什么区别？

每个人在社会群体生活中，都希望得到相对的自由，哪怕生活在阴暗潮湿的缝隙中，也想吸一口新鲜的空气。少一点盲目的关心，少一些不必要的指点，就能营造出一片蓝天白云，就能使拼搏奋斗的人们的身心得以片刻休整。

作为青少年，我们涉世未深，还处于学习阶段，在求学的路上，我们希望得到高人的指点，在日常的生活中，也渴望有家人的关爱。对于事件，我们有自己的主张与见解，不求得到全力相助，但求你们理解支持。

人与人相处，不能各扫门前雪，也不能事事指手画脚。

有个成语叫"恰到好处"，意指人们在为人处世上要拿捏好"度"，这个带有人生哲理的话题，值得人们好好思量。

无声的答案

有位年轻人，想解开生活中遇到的困惑，遂向智者求教，他问："伟大的智者，何为谦让？何为礼让？何为退让？"

智者笑而不语，年轻人用不解的眼神看着他，之后陷入了沉思。过了片刻，年轻人一脸尴尬地看着智者说道："伟大的智者，非常抱歉，我向您提出了这么愚蠢的问题，耽误了您的宝贵时间，但在您的沉默不语中，我'听'到了我想要的答案，同时解开了困扰我许久的问题。"

智者还是没有说话，只是微笑着点头示意。年轻人深深地向智者鞠了一躬，然后退步转身离开了。

如果像往常一样，年轻人遇见这样的情况，肯定会刨根问底，可是今天，当面对智者的"无言"时，他却一反常态，陷入了反思。思考自己的问题，思考问题的答案，通过反思，他觉得自己非常幼稚，像这样简单的问题，自己都解决不了，那么碰上真正的难题又会怎样？他在智者无声的回答中找到了解决问题的方向。

没错，年轻人找到的是解决问题的方向，而不是确切的答案。如果想要准确的答案，他完全可以通过字典来查询，可解决问题的方向，在工具书里是找不到的，所以，当他抓住问题的根本的时候，困扰许久的难题迎刃而解，对智者致谢后，轻松地离开了。

谦让、礼让、退让，只要不是幼稚儿童，大家都懂，年轻人之所以要问这个问题，不是让智者回答字面的意思，而是想让智者指出一个方向，智者无声的回答，意在说，你自己认为呢？年轻人从自身上找原因，很快就心明眼亮。

他的困惑，是把生活中的许多事情都混淆在一起，就如把多种颜色的毛线交织在一起同时拉扯一样，时间久了，就很难再把各种颜色分开，他在智者那里找到了对应的方法，那就是把生活中的琐碎事情给捋顺、弄清，然后逐一解决。

主线有了，支线清晰了，一团乱麻也就捋清了。当然，这只是一个方向，现实生活中，有许多事情站在理论的角度来看，还是不好抉择的，需要人们仔细思考、慎重决定。

就拿"谦让"来举例，谦让是中华民族的传统美德，表示很有礼貌地谦虚退让，这体现一个人的优良品质。一般而言，一个人的谦让，会使对方同样以此来对待，可是如果对方笑纳了你的礼貌退让，这时，那个谦让的人又该如何自处呢？是真心实意，还是心存不甘？是尴尬一笑，还是无奈自嘲？我想，只有当事人最清楚。

在一场游戏活动中，谦让他人的我，对此深有体会。在我的观念中，游戏活动就是起到娱乐放松的作用，只要大家玩儿得开心，目的就达到了，故而对于最后的排名和奖项并不在意。原本我能拿到活动的第一名，但因为我的主动谦虚让步，最终获得的是最后一名。

游戏活动，我是抱着娱乐的态度，而被我谦让的人们，却是以认真的态度来对待的，这一让一进间，自己不仅没有收获快乐，还弄得心情有些不悦。

那么，就会有人问，难道你不是真心实意谦让的吗？如果是，那么为什么会不高兴呢？这个问题，我曾问过自己，参加活动的初心纯粹为了娱乐，至于心中不悦，大概是我的谦让没有得到相应的回应，以至于产生了失落的心理。最后，只能尴尬一笑，用自嘲来安慰自己。

现实生活中，有许多类似的事情发生在我的身上，对此，我心中产生了诸多困惑，求教他人帮助也在情理之中。

解决问题的方法——主次分明，忠于初心。

人在不同时期，都有不同时期的主要任务，在学习阶段，学业为主，其他为副，抓住主线不放松，任务就不会被动摇。其他事情，量力而行、区别对待，只要初心不改，态度就能不变。

如果一直想让他人以自己对待别人的态度来对待自己，那么你的心里就会产生落差，所以，不要把美好寄托在别人的身上。

不要沉浸在过去

日子如流水一般，沿时间长河缓缓前行，人们在它前行的脚步中一点一滴地成长，从襁褓到暮年，不过是悄无声息间，很多事情还没来得及回味，新来的日子的影儿已经马不停蹄地催赶，让犹豫徘徊的脚步迈得有些仓促。

有人哀叹往日的蹉跎，有人释怀岁月的穿梭，有人无奈时光的流逝，有人渴望再从头来过。面对众人发自内心的深刻感慨，时间依然在那里不动声色地转动，在不紧不慢的嘀嗒响声中，显得无情亦有情。

每个人从出生到死亡，都享有公平的时间，在这段有限的过程中，如何安排自己的人生，显得尤为重要。努力拼搏也好，浑浑噩噩也罢，日子始终默不作声，任由人们自己选择脚下的路，而它只不过是个看客，对任何人的遭遇都是无喜亦无悲。

大多数人，都想拥有一个精彩的人生，所以选择了奋力拼搏，纵使不能十全十美，但不至于后悔终生，对得起自己，对得起家人，对得起社会，就不会白白在世上走这一遭。

人们都知道，做任何事情都不会是一帆风顺的，在这个过程中，避免不了那些暗藏的沟沟坎坎，躲不过那些层出不穷的障碍物，只有逐一排除，有针对性地去解决，才有可能得到一个不错的结果。

不管事情的结果是好还是坏，我们都不能沉浸在过去当中，不能因为一时的失败而萎靡不振，不要为了小小的收获而好大喜功。

如果让这两种心态肆意生长随意蔓延，以至于达到不可收拾的地步，那么将会成为人生中最大的拦路虎。

失败了，总结经验教训，下次再来过，是明智之举；失败了，在痛苦中久久不能自拔，失去了斗志，是无能的表现。

成功了，戒骄戒躁，稳步推进，踏实向前，证明你成熟了；成功了，得意忘形，四处炫耀，不思进取，说明你离失败不远了。

失败后的不能自拔，会叫人感到惋惜；成功后的骄傲膨胀，人们都会远离。

可是，有些人确实喜欢沉浸在自己的"功劳簿"里，那里有他的骄傲，那里有他的自豪，如果被人提起，他会喜不自胜，如果没人提及，他总能找个机会眉飞色舞地表述自己是如何好汉当年勇的。

这样的人，特别喜欢鲜花与掌声，当花已枯萎、掌声消散的时候，他就自己找机会创造，以满足自己的那颗虚荣的心。

所以，一直沉浸在过去的人，在一段时间里，是无法继续前行的。

正如朱自清先生散文里所说"过去的日子如轻烟，被微风吹散了，如薄雾，被初阳蒸融了；我留着些什么痕迹呢？我何曾留着像游丝样的痕迹呢？我赤裸裸来到这世界，转眼间也将赤裸裸地回去罢？但不能平的，为什么偏要白白走这一遭啊？"

是啊，谁都不愿白白走这一遭，但现实生活并不像想象的那般简单，谁都有无助、迷茫的时候，也有疯狂、躁动的时刻，还会走很多弯路，这些境遇，都是人生路上无法避免的事情，不然人们不会得出那么多的经验总结，不会有那么深刻的理解醒悟。

拿我来讲，我曾被失败打击得体无完肤过，乐观积极的我被颓废茫然所替代，眼中的世界已然没有了光彩，完全被黑暗所笼罩，很长一段时间，都沉浸在失败的阴影里，从没想到我有如此脆弱的一面。

我也被胜利冲昏过头脑，那时的我，昂首挺胸、走路带风，不把任何人放在眼中，对任何事情都嗤之以鼻，觉得自己无所不能，整日躺在那微不足道的收获中，殊不知，我这样的行为，在别人眼中就是个跳梁小丑，现在回想起来，真的是无知者无畏。

两段特殊的经历，使我明白了很多道理：昨日的伤痛，不要带入今天的生活中；今天的快乐，不代表明天没有忧愁；遇事沉着冷静，才能有解决办法；过去的事情，可以回味，可以总结，但不可沉沦其中；一切向前看，脚步迈得才轻松。

明日复明日，明日何其多。我生待明日，万事成蹉跎。世人若被明日累，春去秋来老将至。朝看水东流，暮看日西坠。百年明日能几何？请君听我《明日歌》。

这首《明日歌》，是明代诗人钱福的名篇佳作。此诗以自己为例劝告世人要珍惜每一天，不要浪费时间，蹉跎光阴。

人生长不过百年，在有限的时间里，创造价值活出自我，当回首往事时，不至于唉声叹气。

我们不要把时间浪费在没有意义的事情上，过去的终究已逝去，未来的才会有期许，我们可以缅怀过去，我们可以畅想明天，但不能让光阴白白流淌。

辞旧迎新

元旦至，辞旧岁，迎新年。在北方某城市的一座宅院的会客厅中，一群年轻人围坐在一位中年男子的身边，他们以座谈会的形式一起探讨人生、总结经验、共同进步。

这种特殊的过节方式，已经是第五个年头了。元旦辞旧迎新，辞旧不只是与往昔的岁月告别，还要与自身存在的不足说再见；迎新不只是迎接新来的日子，更是以全新的面貌展现在新的一年。

这次座谈会以"是理由还是自欺欺人"为主题展开讨论。讨论前，活动的创始人，也就是那位中年男子，讲述了他的经历。

这位中年男子的名字叫陆一鸣（化名），出生在一个工人家庭，从小的家境不算富裕，幼小的他励志要改变这一切，通过自己不断地努力，到了而立之年已经小有成就，生活富足，事业稳步上升，接触的圈子也逐渐提升。

在一次商业聚会中，他结识了一些更优秀的成功人士，他不错的气质以及谈吐大方的待客之道，赢得了这些成功人士的欣赏，很快陆一鸣就成为他们中的一员，进入了更高层次的圈子之中。

结识了这些高端的新朋友，陆一鸣甚是高兴，自认为，不是为了巴结奉承找合作，而是能学到新的东西。就这样，他经常参加一些高端聚会，与"高人"交往，确实让他眼界大开，同时也学到了他想学到的，面对他人的赞誉，他心里甭提多高兴了。

可是好景不长，他的高兴变成了愁苦。任何聚会都需要金钱来支撑，场面越大越豪华，需要的金钱也就越多，朋友相邀不得不去，礼尚往来也属正常。一段时间，大大小小的饭局参加了不少，钱财如流水一样往外出，这让陆一鸣感到苦楚，辛辛苦苦挣来的积蓄已被掏空了一半。

闲暇时，一人独自思考这个问题，得到了"天下没有免费的午餐"这一结论，还自我安慰道，想收获就得先付出。

又过了一段时日，他的积蓄只剩不足三分之一，他的心里开始出现矛盾，理智让他适可而止，脱离所谓的高端圈子，欲望让他再坚持坚持，付出那么多了，该是有回报的时候了。最后，欲望战胜了理智。

一年后，陆一鸣花光了所有积蓄，相较于付出，他所收获犹如沧海一粟，微不足道。他很清楚，正是自己找的所谓的种种理由，才让自身深陷囹圄。这种自欺欺人的借口，让他非常悔恨，好在他幡然醒悟、及时止损，没有被沼泽所吞噬。

这件事过后，他做任何事情不再找任何理由和借口，失败了也没有自我安慰，一切都脚踏实地、实事求是，尽自己最大努力，经过几年的付出，收获了自己的喜悦。

听了他的故事，围坐在身边的年轻人都深有感触，这样类似的经历都发生在自己身上过，找理由、找借口、自我安慰，其实是一种自我麻醉、自我逃避的心理，一次两次不会显山露水，时间久了，成了习惯，就成了不好解决的大问题。

就如上学迟到，相信很多人在学生阶段都经历过这样的事情。上学迟到了，到了班级老师询问为什么呀，学生的回答五花八门，肚子疼、头疼、身体不舒服、起晚了、回家取东西等理由。其中不乏真实情况，但很多都是搪塞一下，随便找个借口，因为学生们都清楚，老师不会在迟到问题上大做文章。

偶尔迟到的学生，认为自己犯了错误，心里满是忐忑；经常迟到的主儿，已然成了惯犯，随便一个借口便想要搪塞过去。殊不知，老师的心中比谁都明了，对于这种自己欺骗自己的行径，也只能表示无奈。

生活中，很多人都为了掩饰自己的错误行为而找各种理由和借口，面对挫折失败寻求自我心理安慰，很少人认为自己的一些小过失是错误，很少人在挫败时第一时间审视自己，直面问题所在。不知是不拘小节，还是心理脆弱。

承认错误，直面挫折，本是自我认知、总结经验的成长之路，可不知为什么，这种自自然然的事情，随着年龄的增加和阅历的增加，变得越来越稀少了。

我钦佩这种以自我为例，不惜爆料自身黑料，帮助他人成长的高尚之举，用事实说话，引导他人敞开心扉，直视己身的问题与不足，不再逃避并去尝试改变它，这种过年的方式值得借鉴和推崇。

迎新年，辞"旧疾"，意义非凡。成长的过程，是不断更新认知、不停纠错的过程，我们把自负变为动力，把骄傲化成努力，不逃避、不气馁，才有勇气迎接新的一天。

穷养与富养

　　我国有几千年文明史、厚重的文化底蕴，这让炎黄子孙在继承上得以长足发展。先辈们留下来的瑰宝，被现在的人们运用到各个方面，前人的初心我们不能忘却，当代人砥砺前行的脚步从未停歇，把每个人的奋斗叠加起来，我们必能续写辉煌。

　　中国的语言博大精深，先辈们留下来的谚语、老话，都是对生活的经验总结，是经典中的经典，一句话就是一个典故，几个字就是一段人生哲理。

　　"今冬麦盖三层被，来年枕着馒头睡。"这是人们在生产劳动中总结出来的务农经验。"久雨刮南风，天气将转晴。"这是人们在劳动实践中观察气象总结的经验。

　　"冬吃萝卜夏吃姜，不用医生开药方。"这句是人们根据保健知识概括而成的。"人不可貌相，海水不可斗量。"这是人们在为人处世、待人接物时的经验总结。

　　"刀不磨要生锈，人不学要落后。"这句话是激励人们要努力学习。像这样带有特殊意义的话语，都恰如其分地运用在人们生活中的方方面面。

　　最近有句话，引起了广大家长及学生们的热烈讨论。孩子应该如何"养"，成了父母之间谈论最多的一个话题。这时，有人提出了"男儿要穷养，女儿要富养"的观点，这一观点的出现，可谓是一石激起千层浪，这让有着几千年文明史、善于总结经验的中华好父母们着实感到困惑。

　　虽说时代不同了，生儿生女都一样，新时代的人们有了新的思想，摆脱了"养儿防老"这一旧俗，但是新鲜事物并不是十全十美，与之相伴的矛盾也会随之而来。就如今天的人们，从未想过"养孩子"成了新的难题。

听父辈们提起，他们那个年代，都是哥哥姐姐带着弟弟妹妹，父母上班工作挣口粮，老大老二家中忙，在"养孩子"的问题上，从没操过心。

时代在发展，社会在进步，"养孩子"的问题，也因时代变迁而发生变化。同为一个"养"字，现在与过去意义大不相同。过去的养，是让孩子有饭吃、有衣穿，解决了温饱问题，养孩子就成功了一大半，至于其他方面全凭个人本事，实在不行还能子承父业。现在的养，包含多种含义：一是满足物质需求；二是培养综合素质；三是规划人生方向。可见，现在"养孩子"比过去增加了不少难度。难度的增加，说明了社会的进步。

关于"男儿要穷养，女儿要富养"这一话题，也引起了同学之间的广泛讨论。因为这个话题事关己身，不管是男生还是女生，都极其重视。尤其是男生，这关乎自己的穿衣吃饭，还有零花钱的问题。女生嘛，都富养了，她们一点儿也不担心。

学生之间的讨论有两种结论：单从字面意义上来讲，很多同学认为，这一观点表达的是对物质方面的区别对待。也有同学表示，肯定有更深层次的含义。更多的人则倾向后者。因为一个观点的提出，不能只看字面意思，还要弄清楚其背后的真正含义。

我们把这一话题当成一项社会作业，各自寻找答案，然后进行总结。经过一周时间的追寻，答案终于汇总了，得出的结论解除了我们的疑惑。

男儿要穷养，不是剥夺男生的零花钱，而是培养男生艰苦奋斗、迎难而上的拼搏精神；女儿要富养，不是在物质上给予更多，而是拓宽女生的视野，培养女性独立自主的人格魅力。

大家齐动手，真实答案出。这种发现问题，自己解决问题的过程，让同学们非常有成就感。担心"缺衣少粮"的男生们，松了一口气；没有得到更多的女生们，心情平静得出奇，用她们自己的话说，从未得到过，何来失去。

回到家，父母正在客厅讨论这个问题，父亲还表示，今后要对我进行"穷养"，问我有没有问题。我的回答让他们出乎意料，我说这是好事儿啊，必须要进行"穷养"，不用你们操心，我们已经有了完美的计划，你们接着讨论吧，我回房间了。说完，我扭头走了，留下父母二人在客厅中凌乱。

没与父母讲的是，我们男生与女生早已结成了互助小组，共同进步。

寒假里，我们小组一行人来到乡下的亲戚家，帮助亲人把冬季的苹果拿到集市上售卖以换取生活所需要的米面油粮，天寒地冻没有一人叫苦叫累，看到收获的成果，一个个喜笑颜开。

暑期时，我们一起参加社会活动，去图书馆当管理员、去社区做义工、去景点当讲解员，还参加了礼仪培训班，对插花、茶艺有了初步了解，待人接物时的言行举止也有了很大的提高。

新时代的年轻人，就要有新的觉悟，新的觉悟要用行动来实现。

在父母的眼中，我们永远是那个长不大的孩子，为此他们才会如此操心。

可我们有话要对父母说：你们认为永远长不大的孩子，已经长大了，请你们放心吧。

独处的妙处

越长大，越发现，人的情感是多方面的，喜欢热闹、喜欢群居，也喜欢独处。就如朱自清先生《荷塘月色》中所写，一个人的时候，"什么都可以想，什么都可以不想，便觉是个自由的人。白天里一定要做的事，一定要说的话，现在都可以不理。这是独处的妙处。"

丰富的情感，让人们更能体会生活的多姿多味。单一枯燥的步调，往往使人们审美疲劳，生活会少很多乐趣。就拿吃饭来讲，每天都食用同样的饭菜，哪怕厨师的手艺再高，也会让人感到乏味。

人在幼儿阶段，习惯了有父母的陪伴，哪怕自己玩耍，也要在家长的视线范围内，这是幼儿的自我保护意识。到了上学的时候，思想渐渐丰富，有了自我思考能力，对于空间的需求逐步放大，希望获得更多的自由。到了青春期，个性有所放大，开始有了自己的小秘密，懂得了对隐私的保护，喜欢按照自己的意愿去行事，独立自主的性格逐渐形成。

如果家长还按照幼儿阶段的做法对待青春期的孩子，那么，就会让处于青春期的孩子产生反感或排斥的情绪，家长认为的"叛逆"思想就会油然而生。

以上认知，出自一个青春期孩子独处时得到的结论。这个孩子，就是我。有些老成，有点儿叛逆，喜欢把砂锅打到底，也喜欢"探"各种秘。

在学校，我有两个绰号，一个叫"独行侠"，另一个叫"奥斯卡"，从字面意思来看，很难把两个称呼用在一个人身上，可这种情况却偏偏发生了，我给出的答案是：每个人都有两种以上的性格。

独行侠之名，源于我经常独来独往；奥斯卡的名讳，则是与大家相处时喜欢搞怪。一静一动间，就有了这两个"花名"。

今天只谈独处，不话热闹。

提到独处，很容易让人联想到孤独和寂寞。我认为，"独处"分主动与被动两种。主动，是人们需要有独立自主的自由空间，以完成个人事情；被动，则是没有选择迫于无奈，这种情形，往往让人产生孤独寂寞的情绪。

我的独处，当然是自我选择的，完全按自我意愿支配空间与时间。

这种自由，没有了妈妈的呵护关心，没有了爸爸的循循善诱，没有了老师的谆谆教导。天地间，只有白云朵朵，只有微风轻拂，只有流水潺潺，只有小鸟啾啾，仿佛这一片天地都是我的，我的心格外地"安静"。

发呆走神，专注思考，认真阅读，刻苦努力，想做什么便做什么；看场电影，高歌一曲，挥汗如雨，放飞自我，可选择的有很多。在有限的空间里，享受无限的快乐；在短暂的时间中，让心灵与身体完美契合，这便是独处带来的乐趣。

在高速运转的生活和学习中，每个人都需要留点儿时间给自己，放缓疾行的脚步，调整浮躁的情绪，剖析存在的问题，总结近期的得失，经过梳理再重装上阵，你会发现意想不到的收获。

平日里喜欢独来独往的我，因此受益匪浅。上学放学，每天都是自己行动，省去了互相等待的时间，心中少了一份不安与焦躁，方便他人快捷自己；图书馆阅读，轻轻地来，悄悄地走，不去打扰任何人，互相尊重；作业独立完成，认真审题，仔细分析，耐心解答，效率提高不少。

周末两天时间，完全由自己支配。睡一个小小的懒觉，做一些力所能及的家务，书房中努力学习功课，外出进行体育活动，一天安排得井井有条。自律的生活，才能让自己获得更多的自由。

独处时，最喜欢一个人爬山。为了看日出，天还没亮，就已来到山脚下，做完简单的热身运动，与登山爱好者们一口气爬到山顶，望见那"鹅蛋黄"般的太阳，心中无比透亮，站在苍穹之巅，享受胜利的曙光。

如果看晚霞，就把登山时间安排在午后，一个人随着石阶缓缓而上，虽然没有留下脚印，但是那种脚踏实地、奋力向前的感觉却非常清晰。一步一个台阶，让人更清楚地看到山中的风景，偶尔驻足，另有一番滋味。不紧不慢来到山巅，夕阳正好开始下沉，那和煦的余光，就像慈祥的老人的手，轻轻地抚摸着纯净的朵朵白云，让云儿的脸生出了淡淡的羞红。

独处的妙处，让我受益无穷。独行侠，只是我的一面而已，可别忘了我还有一绰号——"奥斯卡"，另一面的我是个开心果儿，两面结合才是真正的我。

福中知福

幸福是什么？每个人都有自己的理解。有人认为快乐就是幸福，有人觉得幸福是家人的陪伴，还有人把成功当作幸福。

我把幸福理解为一种心态，这种心态是充满阳光的，是积极向上的，不因一时的成功而得意，不为偶尔的失败而颓然，它给人无穷尽的力量，它是人们精神的信仰，它不是用物质就能换取的，也不是强求就能得来的。如果用一句话来概括，我认为百姓话语中，"日子过得有劲儿，有奔头儿"，最为贴切。

离我家不远处，有一建筑工地，工人们上下班的时间与我上下学的时间差不多，每天与他们相遇两次，时间久了，自然与他们就熟络了，相互打个招呼，偶尔也会驻足闲聊片刻。

工地上的工人大都是异乡人，他们为了让家人过上更好的生活，不远百里千里来到这里，承受思乡之情，忍耐惦念之意，挑起"幸福"之担。

从他们的言语中，听不到对生活的抱怨；在他们的状态中，能真切地感受到对美好日子的期盼；在他们的目光中，除了坚定并无其他。

高高兴兴地上班，平平安安地回家，人们常挂嘴边的这句话，正是他们的真实写照。虽然这个"家"是临时的，但同样充满浓浓的情意。

他们的"家"，在工地隔壁的空地上，是按工期临时搭建起来的活动板房，一共有三排，每排有两层，分性别居住。临时的住所，被大家收拾得干净整洁，空了的土地上，还栽种了各种应季的鲜花与蔬菜，如果不是提前知晓，你不会认为这里只是工地的宿舍，而是一处别有风景的农家院。

用他们自己的话来讲，这里虽不是家，但总该有家的样子，不管大家有没有血缘关系，聚在一起就是缘分，就是一家人。朴实的话语，真挚的表达，让人倍感亲切。

提到生活，他们的眼中满是幸福，有长辈挂念，有妻儿陪伴，有饭吃有衣穿，有个健康的身体，阖家平平安安团团圆圆，这就够了。

简单的回答，让我感受到了什么是福中知福；普通的话语，让我明白了什么是知足常乐。他们对生活的期盼并不高，只求每年进步一点点。

只求进步一点点，这简单的道理你我都懂，可就是做不到。人的需求，随着年龄的增长而增加，同时受周边环境所影响，有些不切实际的想法应运而生，奈何梦想与现实差距过大，忙来忙去，不过是徒增烦恼。

人们经常劝说他人知足常乐，自己却身在福中不知福，这种矛盾的做法很难理解。如父辈所讲，现在的生活条件，比几十年前好了不止一倍，大面积的房子住着，四个轮儿的车子开着，漂亮的衣服穿着，可是人们却高兴不起来，是压力太大，还是目标过高，我想只有自己知道。

在没遇到那些建筑工人之前，我也会对两点一线单一的生活感到枯燥，平日里过着饭来张口、衣来伸手的日子，也不觉得满足，直至遇见他们，才让我重新拾起对生活的热爱。

吃饱了易犯困，安逸了会慵懒，人只有在"饥饿"的状态下才会奋进，这话一点儿不错，幸福指数的高低，取决一个人对生活的态度以及对自己的要求。踏实过日子，生活会给你带来快乐；虚无缥缈的追求，只会竹篮打水——一场空。

我喜欢心中有盼，脚下有劲儿的感觉，不为今天愁，不担明天忧，只要有进步，这就足够了。

幸福是什么？

幸福是柴米油盐酱醋茶的味道；

幸福是喜怒哀乐惊恐悲的体验；

幸福是人间烟火的平凡；

幸福是知足常乐的笑脸。

幸福就在每个人的身边，只要你用心，肯定能找到。

责任

工作了五十年的爷爷，前几天退休了，与他人不同的是，爷爷并没有为退休后的生活担忧，反而一脸喜悦，说工作了一辈子，终于能过自己想过的日子了。

"难道以前的日子不是自己想过的吗？"我问道。接下来，爷爷给我讲了一个很长的故事。

因家道中落，爷爷尚未成年就被迫参加工作了，远走他乡几千里，在大兴安岭的一个伐木场当起了伐木工人。幼小的他，因家中缺衣少粮，过着吃了上顿没下顿的日子，故而身子比较孱弱，根本做不了伐木工人的高体力劳动。像爷爷这般大的孩子，在伐木场还有很多，都是为了不被饿死，混口饭吃罢了。

吃饭需要用劳动来换取，以爷爷为主的一群孩子，聚集在一起想解决的办法，最后在爷爷的倡议下，他们成立了一支"童子军后勤大队"，专门负责那些让大人们感到头疼的杂事儿，比如洗衣打饭、送信跑腿儿等杂七杂八的事情，都被他们童子军后勤大队承包了，有了他们的加入，使更多的人能够投入伐木的主业当中。

温饱解决了，这只是第一步。不甘心被命运摆布的爷爷，有了"逆天改命"的想法。家门破败之前，家中光景一直不错，爷爷读过几年私塾，他深知改变命运的必定是知识，可是在伐木场里该如何学习，成了当时的难题。

经过多方打听，得知在五十里开外的一个镇子里有一所小学，爷爷就打起了去学校"蹭课"的心思。伐木场的工作是24小时三班轮岗制，他们童子军也分成了三个班，三个时间段来回换班。爷爷想要去学校偷师，就得上夜班。提起上夜班，就让这群孩子头痛不已，谁都不愿意上，当得知爷爷要拿白班换他们的夜班时，一个个都非常愿意。

就这样，爷爷白天去学校偷师学艺，晚上回工地值班，爷爷坚持了六年。起初到学校"学习"，看门的大爷一看不是本校学生根本不让进，爷爷只能偷偷翻墙进入，找到一个班级，就趴在班级外面的窗户上竖起耳朵使劲儿听，听不懂就再换一个。一连换了好几个班级都听不懂，爷爷苦恼了，原本想象的学习与现实存在巨大差距，执着倔强的他怎能轻易放弃，快到放学的时候，他偷偷翻出学校，等着放学的学生一问究竟。

经过询问才知道，学校里分六个年级，每个年级都有几个班，爷爷听的都是高年级的课程，听不懂是自然的，弄清楚这里的门道，爷爷高兴地赶回工地。

第二天一早，学生还没到校，爷爷已经潜入学校，找到一年级的班级，静等老师讲课。刚上过夜班又跑了几十里地的他，在等待中睡着了，醒来后发现自己躺在一张床上，时间已是日头正当午，起身坐起来，发现面前有一位老者正笑眯眯地看着他，老者正是那位看大门的老大爷。爷爷心中非常忐忑，偷偷潜入校园睡着了、被抓了，肯定要受到处罚，万一被伐木场的人知道了，那饭碗肯定保不住了，越想越害怕，越害怕越忐忑。

正当他不知所措时，那位大爷开口了："饿了吧，这是我的饭，你吃吧。昨天我就发现你偷偷翻进学校了，看你的举动不似偷窃，就只是一直关注你，今天天还未亮你又潜入学校找到一年级，并在班级窗下睡着了，我猜想你一定想学习，我说的是也不是？"

回答那位大爷的不是爷爷的嘴巴，而是那不争气的肚子，一串肠音响起，爷爷尴尬地低下了头，老者看爷爷那窘迫的样子一阵大笑，说道："快吃吧，别饿坏了。"

爷爷没有吃老者的饭，而是从自己的怀里掏出一个用纸包裹的馒头和半个咸菜疙瘩，狼吞虎咽地吃起来，老者见状一脸复杂的神色，也没再强求，与爷爷一起吃起来。

他们边吃边聊，当得知爷爷的处境以及为了学习不惜来回奔走那么远的距离，老者为之动容了，一个七八岁的孩子，为了能改能变眼前的生活，为了改变自己的命运，付出了常人所不及的辛苦，这是怎样的意志力！

聊天时，爷爷也知道了，眼前这位看大门的老者是这所学校的老校长，也是第一任校长，他对这所学校有着特殊的感情，退休后的他，把这里当成了家，发挥着自己的余热，这让爷爷钦佩不已。

吃完午饭，老者让爷爷在值班室等待，而他则推开门匆匆离去了。两个小时后，老者回来了，带着满面的笑容对爷爷说道："我给你争取了学习的机会，经过学校领导及老师的商议，允许你到班里听课，这是教材和作业本以及你的书包。"说完，把学习用品一下子就塞到了爷爷的怀里。

爷爷被眼前的一幕给惊住了，抱着这些学习用品一句话也说不出来，但心里异常的坚定。老校长告诉爷爷，学校里有勤工俭学的政策，让他不必有心理负担，还告知校园里有学生宿舍，说可以搬过来住，不过被爷爷拒绝了，说他不能舍弃那些同龄的小伙伴们。

能够光明正大地学习了，爷爷心里的一块大石头终于放下了。六年时间，爷爷没有旷过一次课，成绩一直名列前茅，自己学到知识了，没有忘记伐木场里一起打拼的小伙伴们，一有时间就教他们识文断字，大家学得都很认真。

　　由于常年不停地两地奔波，加上睡眠得不到保障，爷爷身体不是很好，年纪轻轻就落下了一些隐疾，全凭着顽强的意志硬撑下来，直到现在，那些隐疾还没完全根除。

　　爷爷平淡地讲述着，而我却听得惊心动魄。我知道，他那坎坷的人生经历、求学的万难艰辛，只是个人奋斗史的冰山一角，如果是我，肯定只能投降认输，任由岁月蹉跎一生。

　　这时，我也终于明白爷爷为何要过自己想要的生活了。幼年时家中的不幸遭遇，为了温饱而当童工，不被命运左右而艰难求学，为了事业呕心沥血，有了家庭又为了儿女，这一路都是被推着前行，从来没有按照自己的意愿生活过。

　　如今儿女成家了，子孙满堂了，自己也退休了，身上责任的重担也该放下了，过一过自己想要的生活，这一点儿也没有错。

　　责任，从人们出生那一刻起，就伴随着生命一起降临在每个新生儿的身上，随着年龄的增长，责任也同样增加，对自己负责、对家人负责、对社会负责，这是每个人的义务与担当。

　　对面诸多的责任，有人勇于承担，有人选择退缩逃避，不管他人如何抉择，而我会像爷爷一样迎难而上，在奋斗中享受生活的精彩。

冬天里的童话

　　冬天来了，瑟瑟的秋风被凛冽的寒风所替代，枝头上那零零星星的干枯的叶子，也被呼号的北风无情地刮散，只留光秃秃的枝干在冰冷的天地间矗立，周遭的环境一片冷清，给人一种孤寂的悲凉。

　　在一座破旧的房屋中，一个衣衫褴褛的小女孩儿正捧着一本童话故事书，认真阅读。这本书小姑娘不知道看了多少遍了，书虽已残旧不堪，后面的几张页面早已丢失不见，可小女孩儿依然读得那么专注，两只水灵灵的大眼睛充满了纯真的向往。

小女孩儿名叫阿彩，因为她出生在五彩斑斓的夏天，所以妈妈给她起了这个如画般的名字。阿彩非常喜欢这个名字，每到鲜花绽放的季节，她就把在大山中采摘的各色小花编成一个花环戴在头上，粉嫩的小脸上尽是喜悦，笑着、跑着来到小河边，在河水的映衬下，仔细打量着自己精心编织的色彩，然后蹦跳着帮妈妈干活儿去了。

估计是夏天出生的原因，阿彩从小就不喜欢冬天，每到秋末初冬时节，她就像变了一个人，原本性格开朗的她，随着冷空气的到来而变得格外沉静，那银铃般的笑声，也突然间消失了，唯有那明亮的双眸，依然那么清澈。

今年的寒冬，比任何一年都要冷，因为久病的妈妈没有扛过病痛的折磨，被死神无情地带走了。年幼的小阿彩不知道什么是死亡，看见床上一动不动的母亲，她慌了，她扑在妈妈身上哭泣着、叫喊着："妈妈，你跟我说句话呀，我是你的阿彩呀，你别不理我，我以后再也不惹你生气了好吗？阿彩以后都乖乖的……"

不管她怎样呼喊，妈妈始终没有任何回应，哭累喊累的小阿彩在妈妈的怀中睡着了。她做了一个梦，梦中的她，依偎在妈妈的膝上，侧耳聆听妈妈讲故事，她听得是那么陶醉、那么温暖。

当阿彩醒来的时候，天已经黑透了，她找来蜡烛点燃，烛光照着她稚嫩的脸庞，给了她无限的希望。阿彩穿上棉衣、戴上围巾手套，急匆匆地开门离去。

等阿彩回来的时候，身边多了一个大人，是她外出务工的爸爸。阿彩把爸爸拉到妈妈床前，询问爸爸这是怎么回事，爸爸呆立在那儿，久久没有出声。

不知过了多久，在阿彩再三的询问下，爸爸终于开口了："妈妈累了，睡着了，让妈妈好好睡一觉，好吗？"

乖巧的阿彩用力地点点头，然后跑到厨房做饭去了，她要为"熟睡"的妈妈做一顿丰盛的晚餐，即使她从未做过饭。

厨房中的阿彩，学着妈妈的样子，戴上了围裙，努力地回想着妈妈做饭时的每一个步骤，淘米、烧柴、洗菜，她的脑海中清晰地呈现出妈妈做饭时的画面，跟随着画面，阿彩开始忙碌了。

大约两个小时过后，阿彩端着精心准备的晚餐来到妈妈床前，小心地把饭菜放在桌子上，然后静静地等待妈妈醒来。

爸爸看着桌上的饭菜，心如刀割般疼痛，让他无法呼吸，强忍着快要流出的泪水，一把搂住小阿彩，身子止不住地颤抖着。

阿彩在爸爸紧紧搂抱的怀中，用清脆的声音说道："我们等妈妈醒来，一起吃饭，好吗？"爸爸没有说话，而是拼命地点头，而后把阿彩抱得更紧了。

阿彩没有等到母亲醒来，就在爸爸怀中睡着了，睡得很踏实，也很香甜。

当阿彩第二天醒来的时候，发现自己睡在妈妈的床上，而爸爸和妈妈却不见了踪影。桌上的饭菜已经换成了新的，并做了保温，旁边是她最喜欢看的那本童话故事书。

她起身拿过书，认真地阅读起来。

王者归来

新年前几天，北方大部分地区一连下了几天鹅毛般的大雪，广阔无垠的大草原被一层厚厚的积雪所覆盖，那望不到边际的皑皑白雪，很容易让人迷失方向。

　　雪停了，但天空没有放晴，依然被层层的乌云所笼盖，云层很低，犹如一个洪荒巨兽在那儿俯视，给人以强烈的压迫感。每到这样的天气，草原上的牧民就会把牲畜赶回牧棚，并做好迎接狼群侵袭的准备。

　　风雪过后，是草原狼群觅食的时刻，由于冬季可供它们猎捕的动物较少，它们就把目光锁定在了牧民饲养的牲畜身上。为此，牧民们想出了种种办法来应对狼群的侵扰，以避免造成巨大的损失。

　　牧羊犬，是牧民忠实可靠的护卫者，不仅帮助他们放牧，还起到保护牲畜生命安全的作用，每次狼群一出现，牧羊犬总能在第一时间预警，而后勇猛无前地冲向狼群，与它们进行厮杀。

　　辛格，是这片牧区所有牧羊犬的首领，它体格健硕，四蹄粗壮如柱，身体矫捷似兔，低沉的吼声洪亮，金色的长毛随风飘逸，站在那里不怒自威，宛如一尊绝世战神。

　　它是这片草原上无敌的霸主，任何狼群遇见它都闻风丧胆，低吼几声便远远离去。直到新一代狼王的诞生，它才有了劲敌。

　　狼，是群居动物，它们之间有着明显的等级划分，狼王，作为一个群体的头领，有着至高无上的威严。一个狼王的诞生，必须经过无数场惨烈的战斗，只有通过血的洗礼，才能登临巅峰。

　　新一代狼王，正值壮年，聪慧与胆量都比前几代狼王要出色得多。在它的带领下，全体成员斗志昂扬，用了不长时间，就吞并了周边几个狼群，成为这片草原上所有狼群的统治者。

　　权力与野心，并不是人类的代名词，在动物界中，处在食物链顶端的种群，同样有称霸天下的欲望，而这只狼王，就把目光盯在了牧羊犬领袖辛格的身上，誓要与辛格一争高下。

　　这一年，入冬的第一场雪过后，狼王带领整个族群偷袭了牧区上所有的羊群，打了牧民与牧羊犬一个措手不及。它们分兵布阵，战斗有序，等牧民们反应过来时，狼群已经撤离远去，显然这次突袭行动是早已计划好的。

让人出乎意料的是，这次狼群的到来，只是咬死了数只羊，并没有把羊带走或吃掉，很明显这是在挑衅，赤裸裸地挑衅牧羊犬的领袖——辛格。

当晚的辛格没能第一时间进行示警，是因为它的妻子难产，细心的主人把它叫到毡房，让它守护在这里，等待孩子的降临。还有一点，牧羊犬队伍处于新老交替状态，"新兵"经验不足，也是导致狼群偷袭成功的主要因素。

可见，新一代狼王的聪慧与胆量，足以用运筹帷幄、胆大雄心来形容，这是一个可怕的对手。

辛格看着满地的尸体，眼里透出无尽的杀意，嘴里发出沉闷的低吟，这股气势，让人感觉周围的空气都下降了几度，让冰冷的冬季更加刺骨生寒。

随着一声愤怒的咆哮，它离去了。它来到一块大青石上面，站在青石的最顶端向远方望去，那深邃的眸子显得异常的冷静，它要透过无边的黑暗找寻敌人的身影。

一会儿工夫，所有牧羊犬都来到了这里，聚集在它的身边，其中不乏已经"退伍的老兵"，它们虽已年迈，但斗志仍不减当年，它们不允许自己的骄傲被践踏，更不会容忍这赤裸裸的挑衅。

辛格用坚定的目光望向每一位战士，所有的战士都昂起了不屈的头颅给予回应，片刻后，辛格第一个冲进了被黑暗笼罩的大地，眨眼间，此处已没有任何身影。

按照往常，牧区被狼群偷袭离去后，作为守卫者的牧羊犬不会前去追赶，而是守护在牲畜聚集的地方，而这一次，它们没有这样做，它们选择了复仇，在敌人胜利而归、状态松懈时，给予它们最沉重的打击。

今天的夜，格外的寂静，就连呼号的北风都选择了沉寂，只有夜色异常的浓烈，那如墨的夜空与大地的雪白，产生了鲜明的对比，这种自然的对立，就是一个无声的战场。

突然，阵阵惨烈的哀嚎声，打破了这无声的夜，这声音充满了惊恐与绝望，这声音仿佛来自地狱的审判，让人毛骨悚然。

伴随着这声音的出现，一场复仇之战拉开了，一场雪耻之战奏响了，这声音一直持续到夜色都想尽快离去。

天微微亮了，那愤怒的咆哮声，那无休止的厮杀声，那凄厉的叫喊声，那绝望的哀嚎声，渐渐平息了。

当天边的第一缕曙光洒下大地的时候，辛格带着它的队伍归来了。阳光照在它金色的毛发上，让它显得格外耀眼，这光辉是在迎接胜利者的凯旋，这璀璨是对凯旋者的最高赞誉，这种规格的待遇，唯有王者才能拥有。

辛格，如同征战前一样，站在大青石的最顶端，它望着眼前的战士们，眼里充满了欣慰。虽然老兵们已不能再去战斗，但它们的精神永远都在；虽然，队伍还处在新老交替中，但新兵已经接受了血的洗礼；虽然这次战斗都有负伤，但心中的傲骨筑起了无畏的城墙。

此时，太阳已经高高升起，圣洁的光辉映得白雪泛起了一层光亮，战士们在这亮光中显得无比神圣。

它们抬起头，望向了天边的最深处。

它们知道，战斗还没有真正结束。

孤独的勇者

在暴风雪的压迫下，万物都会陷入沉寂，可是在肆虐的呼号中，在雪花的飞舞中，有一个孤独的身影依然在前行，它的目光比任何时候都要坚定，它伟岸的雄姿永远屹立不倒，它的心中有一团愤怒的火焰在燃烧、在蒸腾，它要融化这冰封，它要踏碎这黑暗。

已经三天三夜了，它就这样行走在孤寂中，行走在茫茫的雪海中，它已经疲惫了，身子有些踉跄了，它需要休息了。它停下脚步，任由那如刀般的刺骨寒风打在脸上，不去管那被大雪渐渐埋没的身躯，它宛如一座丰碑，站在那里一动不动。

风依然在吼，雪不停地下，时间一分一秒地过去。这时，风雪中有一个小山包突然炸裂了，从炸裂的山包中迸射出一道黑色的身影，那身影如同一道闪电，眨眼间消失得无影无踪。

这道身影的主人，正是这片草原上所有牧羊犬的领袖——辛格。

元旦前夕，一场风雪过后，新一代狼王带领残余的部下在夜色的掩护下偷偷潜入牧区，与辛格的队伍打了一场遭遇战，双方死伤惨重，辛格的妻子也在战斗中身负重伤，已奄奄一息。

辛格与狼王的交锋，也异常激烈。双方不停地碰撞，相互不断地撕扯，你来我往间血水疯狂地喷洒，不一会儿工夫，鲜红已浸染了白雪，而后在冷风下形成了血冰。它们谁也没有理会身上的伤口，任由殷红汨汨，全然不顾地冲向对方。这是王者之间的较量，这是捍卫者与侵略者的搏杀，这是血与骨的争斗。

此时的战场，遍地狼藉，宛如地狱。大片的毛发脱落在地，分不清的残肢断臂随处可见，咆哮声、哀嚎声不绝于耳，使漆黑的夜晚变得更加恐怖狰狞。

就整体实力而言，狼群略胜一筹。牧羊犬队伍中老兵较多，新兵的战斗经验不足，是最大的劣势。但老兵誓死无畏的气概，深深地影响了新兵，在老兵"死也要拉个垫背"的打法下，所有新兵都迸发出一股震慑的气势，一边倒的战场被它们生生给拉平。

狼王一边打斗，一边观察战场的形势，看到它们的优势逐渐被旗鼓相当所替代，它知道想取得胜利太难了，遂有了撤退的想法。但它有所不知的是，它的一举一动都在辛格的监视中。

就在狼王虚晃一招准备撤离时，辛格提前判断出它撤离的方向，纵身跃向高空，落地时刚好扑在狼王的背上，用它那锋利的牙齿，狠狠地咬在了狼王的脖颈处。

凭空出现的辛格使狼王有些慌乱，但它丰富的战斗经验保住了它的性命。在被辛格咬喉的一瞬间，它蜷缩起身子向前滚了出去，翻滚中它挣脱了辛格的撕咬。可是辛格哪能让它轻易摆脱，顺势又一个扑杀，一口咬下了狼王的半只耳朵，可狼王并没有理会，而是顺势与辛格拉开了距离，然后恶狠狠地瞪了辛格一眼，怒吼了一声，转身快速向远处奔去。

正在缠斗中的狼群部众看见它们的首领已经离去，也摆脱了对手，不约而同地追随而去。

战斗来得突然，打得激烈，结束得也非常突兀。这场正面的交锋，虽以狼群败逃而终结，但辛格它们也不是胜利的一方。如果双方一直拼死搏杀下去，必定会元气大伤，这是谁也不想要的结果。

辛格看望了每一个伤员，最后它来到了妻子卓嘎的身旁，看着已经奄奄一息的妻子，辛格的心一阵绞痛，这是它从来没有过的感受，这种痛让它无法呼吸，这种痛让它无能为力。它趴在妻子的身旁，用舌头不停地舔舐卓嘎的伤口，可是那鲜血还是从那伤口处不停地往外流。

失血过多的卓嘎，用尽全身的力气艰难地抬起头，看着还在不断舔舐自己伤口的辛格，它感到无比的幸福，它的眼中流露出浓浓的爱意，辛格捕捉到了妻子爱的信号，它抬起头看向妻子，而卓嘎则是把头转向了另一方向，然后缓缓地闭上了眼睛。

辛格知道，妻子望向的方向，是它们生活的家园，那里有它们的亲人，那里有它们的孩子，卓嘎最后一眼是在告诉辛格，如果它走了，亲人与孩子只能靠它照顾了。

又一个风雪天到来了，使刚刚露出本色的土地又被皑皑的白雪所覆盖。这场风雪的猛烈程度，是多少年不曾有过的，这风刮得鬼哭狼嚎，这雪下得肆无忌惮。

在狂风的摧残中，在暴雪的肆虐中，一道黑色的身影独自行走在漆黑如墨的夜色下。

最后一枪（一）

老猎人在冰天雪地里已经待了几天几夜了，他要在这刺骨的寒风中、在这皑皑的白雪中，完成他作为猎人的最后使命。

老猎人今年已经五十九岁了，但他的身体却格外硬朗，不管是爆发力还是耐力，依然那么惊人，村中的青年壮汉没有几个人是他的对手，也许是常年在山中行走练就了一身铁骨，或许是豁达的心态使他始终气血如虹。他是这片大山中的传奇人物，晚辈人称他为"鹰爷"，同辈人叫他"老不死"的。

对于这两个称呼，老猎人甚是喜欢。被他盯住的猎物，哪怕使出浑身解数，也摆脱不了他的追踪，只要留下一点儿蛛丝马迹，他就能顺藤摸瓜直捣黄龙，因为他有一双鹰的眼睛、猎豹般的身体。

昔日童年的玩伴，虽然大部分都还健在，但身体没有一个像他这样，依然那么健硕，耳不聋，眼不花，行动不迟缓，不管哪个老友见了他，都会笑骂一声，"你个老不死的，可真能活！"对此，老猎人从不恼火，而是咧着嘴，露出两排大黄牙，憨憨一笑，随后，从后背背着的布袋子里掏出一个猎物扔过去，扛着猎枪转身就走了。

老猎人，一辈子没有娶过妻，不是不想娶，而是怕耽误了女方，影响下一代人的命运。正如他自己所说，他干的事情有损阴德，还存在极大的风险，说不定哪天就回不来了，所以，他一直是个单身汉。

但事情并不是如他想象般那样简单。年轻的时候，老猎人长得人高马大、英俊潇洒，又是猎户出身，一身炸裂的肌肉线条，一把擦得锃亮的猎枪，是他的标配，再加上他从来都是独来独往，活脱脱的一位孤胆英豪，引得十里八村同龄的姑娘心生情愫，所谓美女爱英雄，追求他的人可是不少。

其中有位小女孩，比年轻的老猎人小了十岁出头，因为在山中遇见了狼群，在绝望中被老猎人所救，从小喜欢英雄人物的她，似乎找到了心中的偶像，被救之后，扬言让老猎人等她长大成人，然后嫁给他；老猎人把小女孩的话当成了耳旁风，根本没有在意，可是哪知道，小女孩是认真的，最后不是他等小女孩，而变成了小女孩等他，这一等就等了二十多年。

每每老友们相聚的时候，喝得高兴了，大伙儿就会提及此事，劝他不要再犹豫了，不然耽误了别人也耽误了自己，而老猎人面对老友们的关心，他每次给出的回应只有一个摆手的动作，然后拿出烟袋点着，吧嗒吧嗒地抽开了。

直到有一次，老友们又提了此事，出乎所有人的预料，老猎人没有摆手，而是认真地点了点头，然后说道："容我放完这最后一枪。"说完，推开门走了，只留下老友们在那里面面相觑。

老猎人的最后一枪，是要与过往做个了结，还要与未来打声招呼，别人也许不明白，但他心中最清楚。他已眼睁睁地看着昔日的小女孩变成了今日的中年妇女，不能再无动于衷地看着她变成白发老妪，老猎人不能让等他的人继续承受煎熬与痛苦的孤独，他要给她一个家，一个家的温暖。

最后一枪（二）

第二日，天还未亮，老猎人扛着他那杆随他"征战"几十年的老猎枪走向了森林深处，这是人与枪最后一次配合，以往狩猎中，老猎人与老猎枪每次都是人枪合一弹无虚发，倒在他枪口下的猎物不计其数。

老猎人狩猎，有几个规矩一直保持到现在：一是从不射杀已经怀孕的动物；二是从不狩猎处在哺乳期的动物与幼崽；三是从不射杀快要濒临灭绝或种族稀少的动物；四是出山不能空手而归。

这几个行里的规矩，从老猎人的祖辈就开始遵循了，到了他这一代，也不曾破坏。这是猎手们必须要遵守的信条，仿佛刻在骨子里一般深刻，没有哪个猎人敢轻易违背。

老猎人行走在熟悉的山路上，心中没有往常那样的兴奋，眼里好像空无一物，脚步也略显沉重，整个状态有些颓然、孤寂。

在深林中行走了几十年的老猎人，从未有过这样的感受，如同一个失去灵魂的行尸走肉一般。

不知何时，天空中飘起了雪，雪花随风而舞，透过树冠，落在老猎人的脸上，他抬起头看着落雪的天空，突然仰天长啸，嘶吼的声音中，有不舍、有愧疚、有悲伤、有救赎。

此时，老猎人的心情是复杂的。有对这片丛林的留恋，有愧于祖辈世代的传承，哀伤作为猎人的悲剧命运，也有杀孽过重的忏悔。

他本已做好一生的规划，一人行走，孤独终老。哪知，事与愿违，半路出现了岔口，让他进退两难。他嘲笑自己，能够掌握山林深处动物们的生杀大权，却不能掌控自己的命运安排，他能握住冰冷的猎枪，却不敢抓住那双温柔的手掌，他想逃离，他想摆脱，可命运的牢笼把他捆得死死的，任他怎样挣脱，都破解不了那无形的枷锁，就像那些被他射杀的动物一样，生命从来不由它们自己说了算。

老猎人看着手中的猎枪，他感觉与这个"伙伴"失去了某种联系，就如多年未见的好友，熟悉之间存在着陌生。他抬起猎枪，瞄准了一个方向，扣动扳机的手指开始微微地颤抖，老猎人知道，该是与手中的老友分别的时候了，他轻轻地放下了猎枪，把它背在身上，而后大步向前走去。

此时的雪，越下越大，片刻工夫就没了老猎人的双脚。他的步履开始有些沉重，脚速也随之慢了下来，但他的心却异常焦急，因为要营救那些被他下了套的动物们。

猎人狩猎的手段，可不只猎枪一个，还有挖的陷阱、布置的套索等等。这片大森林，老猎人行走了几十年，埋下的"暗手"不知几何，有的位置自己都记不得了，为了赎罪，他必须把这些危险亲自拆除了，才能让自己安心一点儿。

虽然行动受大雪影响，但他没有了刚进大山时的茫然，两眼炯炯，身子充满了力量，身上的猎枪变成了登山的拐棍儿，渴了捧两口白雪，饿了咬几口干粮，他突然发现，这样的"粗茶淡饭"，比以往的"山珍海味"来得香。

大雪下了几天几夜，老猎人就在雪中行走了几天几夜，在这近百个小时里，他只休息了三次，快六十岁的人，全凭一股劲儿支撑着，这股劲儿是救命的力量，是自我救赎的心安。

在这几天里，老猎人几乎跑遍了整座大山，把有可能布置"埋伏"的地方，检查了一遍又一遍，再三确认后，他手扶着猎枪，一屁股坐在雪地中，睡着了。

睡梦中，他看到了自己已经去世多年的老父老母，他看见了家门前的那棵枯树重新长出了嫩叶，他看见了被他射杀的那些动物们复活了过来，他看见了想看到的一切。他流着泪笑着，笑着又流着泪，但他的心从未有过这样的轻松，虽然自己的救赎并不能让他问心无愧，但是他的决定以及行动，多少能让他感到心安。

当天边的第一缕曙光，照亮天际的时候，老猎人从睡梦中醒了过来，他依然保持着原来的姿势，席地而坐，手扶猎枪。

他缓慢地站起身来，把陪伴自己多年的猎枪举到了眼前，细细地打量着，然后脱下手套，找出布子，轻轻地擦拭着，他觉得，此时的"老伙计"不再那么陌生了，那种熟悉的感觉又回来了。

他擦拭好猎枪，单手持枪，高高举过头顶，随后手指扣动扳机，一声轰鸣在山中炸响，传向四面八方。

答记者问

答记者问，是新闻学术语，是各级领导人、有关方面负责人或专家、学者直接回答记者提问的一种报道形式。提问、答问的内容，是受众们亟须了解和关心的热点话题。通常就某一事件由记者请有关方面负责人正式发表意见，随后以问答记录形式公布。

从定义中可以看出，答记者问对某一事件有着重要的意义，在这简单的一问一答中，完成对事件的解析，具有公开性和权威性。这就要求提问者要对该事件有所了解，提出的问题要有针对性；也需要回答者明确态度、阐明观点、巧妙回应。

有些记者为了挖掘事件的深度，让采访更加吸人眼球，提出了非常刁钻且"新奇特"的问题，面对这样的情况，就需要被采访人有洞悉问题的眼力，有聪明睿智的头脑，有避重就轻的灵活应对。

周恩来总理是伟大的革命家，也是一位出色的外交家。在一次对外访问记者招待会上，一位外国记者突然发问：中国现在一共有多少钱？问完问题，外国记者一脸傲慢，自信自己这刁难的提问肯定让周总理难以回答。没想到周总理面带笑容且从容地回答道：总共18元8角8分。外国记者刚露出惊讶和嘲讽的表情，总理却不紧不慢地解释其中的原因，原来当时中国人民银行发布的钱币面值分别是10元、5元、2元、1元、5角、2角、1角、5分、2分、1分，加起来就是18元8角8分。睿智的周总理让狂妄的外国记者吃瘪了，还成了国际交流上不断流传的佳话。

作为新时代的青少年，我们不仅要在书本上下功夫，也要在生活实践中磨砺自己，把理论知识运用于社会实际当中，走出一条属于我们青少年的特色道路。

改革开放以来，我们国家各方面的发展迅速，吸引了很多国际人士纷纷前来投资、进行学术交流、了解中国文化，在中国，外国人早已屡见不鲜。

由于地域文化不同而带来的诸多差异，有些国际人士在认知理解、表达观点、阐述问题上难免有所片面，所以，作为东道主、作为主人，一定要耐心给客人进行详细解答，让他们更好地了解中国，从而喜欢中国。

儿时与家人同坐一趟绿皮火车回老家，在车上形形色色的人中，有一位穿着、样貌与车上所有人都不一样的人，没错，他是一位外国人，就坐在我的对面。

列车行驶一会儿后，这位外国友人就与邻座的人熟识了，他用一口流利的带着外语腔的普通话（调值大多为一声）与大家交谈着。从言语中可知，他在中国已生活了很长时间，对我国文化有一定的了解，面对友好且风趣的国际友人，大家都笑脸相迎，礼貌相待。

随着他问出两个刁钻的问题——你们中国为什么贫富差距那么大？中国的家长们为什么会过分溺爱孩子？顿时让现场温度骤降，欢乐的氛围蔸时陷入沉寂，大家你看看我，我看看你，彼此默不作答，可见，他的问题回答起来有很大难度。

看着一时无人给出答案，他的眼中流露出异样的神色，嘴角微微泛起了一丝弧度。

他的这一动作刚结束，一位与他邻座的青年人的声音也随之响起："我来回答你的问题，在回答问题前，我首先说明一下为何大家没有第一时间来解答问题，那是因为中国自古就是礼仪之邦，中国人从骨子里就不喜张扬，谦逊礼让是我们的处事之风，不作答是不想抢先回答，您的这两个问题在座的各位人尽皆知，我在看到长辈们还在互相谦让的情况下发言，只是想第一时间给您解惑，对此希望大家理解。

"贫富差距大，是我国的国情，这是事实，我们国家最基本国情是：我国仍处于并将长期处于社会主义初级阶段。从新中国成立到改革开放，我们国家有了长足发展，但在发展中也存在相应的问题，其中一个问题是我国是世界人口大国，短时间内没有办法实现共同富裕，所以建立经济特区，让一部分人先富裕起来，再带动另一部分人实现共同富裕。这一决策从制定到实施再到完成，要经过一个很长的周期，要面对诸多的困难，但我相信，只要我们万众一心，众志成城，就一定能完成既定目标，实现小康生活，达到共同富裕。当然，发家致富最快的捷径是掠夺，历史证明，那些侵略者、掠夺者都为自己狂妄的行径付出了惨痛的代价。

"关于家长过分溺爱孩子，这个情况在我国确实存在，究其原因，在于历史对现实社会的影响。这里还要从战争说起，我们国家从鸦片战争开始到新中国成立的一百多年中，历经了种种磨难与沧桑，从民不聊生到解决温饱，付出了很多的艰辛和无数人的生命。战争消耗最大的不是物力和财力而是人，战争过后各国都出现人口不足的情况，增加人口就要提高出生率，那时的家庭，兄弟姐妹好几个。等人口问题解决了，发展又成了主要矛盾，人口多物资匮乏，以至于大家过了很多年的苦日子。现在，人民生活富裕起来了，提倡优生优育，很多家庭只有一个孩子，所以家长们、长辈们把所有的爱都给了一个人，就造成了溺爱孩子的现象。这一社会现象的出现，也引起了我们国家和有关部门的重视，出台了一系列政策，做了明确的部署和安排，相信过不久对孩子的溺爱就会慢慢减弱。以上就是我给出的答案，希望您能满意。"

随着"满意"两字的声音结束，全车厢响起了长久的雷鸣般的掌声，鼓掌的每一个人的脸上都无比激动，掌声里充满了骄傲和自豪。

此时，那位国际友人的眼神只剩下钦佩和不可思议。他可能没有料到，一位中国青年轻描淡写地就给出了让他震惊的答案；他可能也没料到，他会被眼前的中国青年的精彩发言所折服。他可能在叹服，叹服这个中国的青年怎么会如此的德才兼备；他可能也在思考，思考中国有了这样的优秀人才怎能不屹立于世界。

是啊，身在其中的我也被那位青年的精彩发言所深深地打动了，心潮激荡澎湃，血液在不断奔腾，每个细胞都在躁动。不卑不亢的态度，铿锵有力的声音，严谨缜密的逻辑表达，有理有据的事实陈述，无不让人为之动容、为之钦佩。

我觉得，他是新时代青少年学习的榜样，我们现在的青少年理应如此，既要保证卷面的分数，更要担负起相应的社会责任。

理论与实际相结合，勇做新时代有理想、有担当、有理论、有实践的青少年。

藏锋于鞘

不知为何，大部分男性同胞在童年时期都喜欢舞枪弄棒，通过模仿动漫、影视剧中的人物形象，配上自己"弄"来的简易装备，在自己的思想意识里就变成了一名侠客或者一位孤胆英豪,在江湖中劫富济贫、行侠仗义,有时还能自创功法,在没人的地方操练一下,那认真的小模样,现在想起来,虽然充满了童趣,但还是觉得有些尴尬。

在自然界中,雄性动物往往是力量的象征,在它们的世界里,谁的拳头硬,谁就是老大,它们之间没有永远的胜利者,只有不断更替的王,这是让它们永远保持战斗意志的规则,只有新王取代旧主,才能让整个族群长久地生存繁衍下去。

动物界中的雄性,对应人类中的男性,这也就解释通了为什么人类中的男生喜欢舞枪弄棒了,因为"动手"永远比动嘴来得痛快。当然了,这个动手,用在和平时期的现代社会中,可不是指与人打架斗殴,而是指劳动能力。

相信很多男生都喜欢看武侠类或仙侠类的文学作品,文中的主角大都从平凡走向巅峰,最后成为一位拥有盖世武功、旷世绝学的风云人物。

为什么男生们会喜欢看这类文学作品呢?那是因为,作品大多讲述的是一个小人物从平庸到高能的个人成长经历,故事脉络跌宕起伏引人入胜,故事情节连续反转矛盾不断,热血激情使人心潮澎湃,悲天悯人让人声泪俱下,坎坷成长反映现实生活,完美结局点亮指路明灯。

这样有血有肉的文学作品,每每让男性读者欲罢不能,尤其是人物的个人成长经历,与现实生活紧密联系,从中能学到不少有用的东西。

就像我,平日里的性格大大咧咧、咋咋呼呼,有时唯唯瑟瑟,给人一种不稳重的感觉,不管是谁交代我办事,都不能完全放心,因为在别人的眼中,我就是"毛躁"的代名词,这还是好听的,不好听的,那就是"不靠谱"。

其实,我内心是相当委屈的,但是给人的感觉就是那样,怪不得别人,只能怪自己平时太"作"了。

我知道,我受到了文学作品中人物性格的影响。仙侠类文学作品中的职业大概有剑修、法修、体修、魔修四大类，它们的职业性格特点完全不同，剑修刚正，法修坚毅，体修唯我，魔修自在，而现实生活中的我，既有剑修的刚正、法修的坚毅，又有体修的唯我、魔修的自在，以至于我有时刚正不阿、坚毅果敢，有时我行我素、疯疯癫癫，说白了，就是自我凌乱的状态。

试问，这样状态下的人，有谁能把事情放心地交给他去办呢？人们常说，每个人的性格都是多层面的，但是我的性格复杂中有些凌乱，需要我积极面对，有效改正。

我最喜欢文中的剑修，手握三尺长锋，锋指天下不公，仗剑行走天地间，浩然正气永长存。用两个词汇来形容剑修——稳重、踏实，他们做事说一不二、有始有终，让自己人感到安全，让对手信任，剑修的剑平时都在剑鞘中，只在动真格的时候才会亮剑。

而现实生活中的我，把"剑"拿在手中，人前比比画画，人后舞舞弄弄，就像一只上蹿下跳的猴子，一身的毛躁，完全失去了一名剑客的应有形象。

我意识到，我现在已不处于那个童真的少年时代了，不能依着自己的性子去行事了，学习是为了积累知识，生活是为了增长见识，一个真正有本事的人，是内敛的、是谦虚的，就如文学作品中的剑修一样——藏锋于鞘，只等关键时刻才拔剑。

一个人的成长经历，就是不断学习、不断改变的过程，我喜欢在文学作品中欣赏他人，也愿意在现实中映射自己。

回家

寒冬腊月冷风号，游子异客望故乡。

情思梦绕千百回，只盼团圆万年长。

要说最有仪式感的节日，非春节莫属。从春的萌发到夏的绽放，从秋的丰收到冬的积蓄，一年四季，三百多日，或喜或忧，都要画上一个句号。

想来先祖把春节放在冬季是有深意的，给沉寂、萧瑟的寒冬蒙上了一层喜悦的氛围，让忙碌一年的人们得以团圆放松。

老话讲，过了腊八便是年，所以人们要在腊八节前赶回自己的故乡，这一无声的集结号，吹响了多少身在他乡人的回家之情。铁路、公路、航路、水路，四路齐发，成千上万的"各路大军"带着"精良的装备"开始行动起来，这恢宏的场景，只有在和平友善的华夏大地上才能见到，只有勤奋知礼的中华儿女才有这浓浓的思乡之情。

回家过年，这四个字的含义及分量，比天高、比海阔，那是妻儿老小无尽的期盼，那是漂泊流浪的心的归宿，无论身在何处，管他成败与否，都挡不住人们回家过年的脚步。

大包小包还有行李箱，满载一年的收获；穿街过巷水陆空，归心似箭急行中。慈母手中的那根线啊，到了年关开始轻轻地牵动；家中的心上人啊，盼了一年终要相见，朝思暮想的心开始不受控制地颤抖。世界上最激动的时刻莫过于此了。

金窝银窝都不如自己的草窝，这句"话糙理不糙"的俗语，道出了家的真正味道。踏实轻松、温暖舒适、至情至爱，充满百姓人间的烟火气息。

有位记者在街边随机采访一位路人，问他如果有两座房屋，一座是豪宅庭院但整个院落没有一人，另一座是普通住房里面却是你的至亲家人，你会怎样选择？那位路人想都没想就选择了后者。记者问他为什么，他说，只有我一人的豪宅有什么用呢？那只是比较豪华的房子罢了，"房"不能称之为"家"，普通的住宅有我至亲的家人，有人才是家。

他的回答，引来无数路人的共鸣。家国情怀，在每个华夏儿女的心中，早已根深蒂固。

回家了,走在熟悉的街道,一年的辛苦都消散了,飘荡的心也踏实了。去亲朋好友那儿问声好,收拾房屋把地扫,上街年货怀中抱,领着娃娃买鞭炮。

过年了,包饺子贴对联,锣鼓鞭炮响震天,欢天喜地笑开颜。房屋中的水蒸气与院外的爆竹形成的薄雾遥相辉映,充满了浓浓的年的味道。

有人才有家,有人才是家。

过年了,回家了,有家人的围坐才叫团圆饭,有人的家才能过团圆年。

中国的老百姓,自古便顾家。

顾家的中国人,过年必回家。

青春因拼搏而精彩

你喜欢小花小草吗?我非常喜欢,尤其喜欢大自然中的小花和小草。它们虽然没有被人工培育,但生长得却是那样的旺盛;它们虽然没有各式各样的造型,但每一棵、每一株都有自己的独特之处;也许它们没有花卉市场里的花草那样鲜美娇艳,但它们无处不在,或成片,或三两成群,或独立一株,在那里静静地屹立绽放。那种美,美得自然;那种绿,绿得通透。

自然界中的小花与小草,从不在乎自己的生长环境,山崖上、峭壁间、小溪旁、污水边,都有它们的身影,它们不因出身而感到骄傲或哀叹,也不因环境而心生自豪或抱怨,它们只等春回大地,它们只待万物复苏。当淅淅沥沥的小雨如甘霖一样洒下的那一刻,就到了它们拼搏的时候,为生命而拼,为成长而搏,即使前方的道路充满荆棘、布满坎坷,可它们从不选择逃避退缩,一往无前是它们的冲锋号,向死而生是它们的座右铭，哪怕只有一线希望，哪怕机会易逝渺茫，它们也要拼一拼、闯一闯，失败了无怨无悔，成功了淡定从容。

只在一夜之间，它们就能破土而出，当第二天清晨的阳光和煦地降临在人间的时候，你会惊奇地发现，到处呈现一片生机，那嫩嫩的绿，那淡淡的红，给人以希望，给人以力量。

这样的小花与小草，你喜欢吗？我不仅喜欢，而且还非常钦佩。都说青少年是祖国未来的花朵，可我们这些花朵都成长在温室中，从小被家人呵护，长大了还在等着父母投喂，所有的花朵都想获得自由，总算是羽翼丰满了，才发现自己不会飞。

与大自然中的小花小草相比，我们这样的花朵感到自惭形秽。当它们在自力更生的时候，我们还在撒娇耍赖；当它们茁壮成长的时候，我们生活还不能自理；当它们经历风雨的时候，我们选择了退避；当它们沐浴阳光的时候，我们才知道什么是荣誉；当它们傲然地走完短暂一生的时候，我们还在今朝浑浑噩噩；当它们再次重获新生的时候，我们的青春已悄然而逝。

一寸光阴一寸金，寸金难买寸光阴，可正值青春的我们，在这寸金难买的光阴中都做了些什么？朱自清先生早已给出了答案：只有徘徊罢了，只有匆匆罢了，除了徘徊与匆匆外，我们留了些什么痕迹呢？扪心自问，我自己做得不是不够好，而是太糟糕。

习近平总书记强调："新时代是追梦者的时代，也是广大青少年成就梦想的时代。"

作为追梦人的我们，如何成就自己的梦想呢？我觉得，我们应该像运动员那样，争分夺秒，奋力拼搏，永不服输。这不是一句空喊的口号，而是现实的真实写照。当你还在寻梦的时候，有人已经逐梦了，当你确定方向的时候，有人已经梦想成真了。差距的拉开，永远不是输在起跑线上，而是赢在谁先迈出了第一步。

我钦佩自然界中的那些小花小草，在冬末春来之际，就开始积蓄力量做好准备，只等春风春雨的发令枪打响，当枪响的那一刻，它们从起跑线上齐头并进、奋力向前，不到终点，永不停歇。

青春因拼搏而精彩，我们就要时刻准备着；我们为青春而拼搏，就要丢掉气馁与退缩。就像那些小花小草一样，从不为了谁而花枝招展，也不为了谁而美丽绽放，它们只为生命奋斗，而我们只为青春精彩。